U0580491

一步千年

中国减贫事业的怒江实践

中共怒江州委 怒江州人民政府 中国人民大学/编

人民出版社

怒江第一湾

草果成为独龙江乡群众脱贫致富的"金果果"

珠海市援建的泸水市格力小学

怒江州美丽公路

贡山县独龙江乡雄当村扶贫动员会

背包工作队出征仪式

设施配套齐全的易地扶贫安置点

兰坪县城易地搬迁社区

贡山县独龙江乡孔当村开展就业培训

搬迁群众在政务服务医保窗口办理业务

福贡县搬迁群众在扶贫车间接受草果编织培训

兰坪县缝纫扶贫车间

怒江大峡谷起始段

怒江皮划艇野水世界杯挑战赛

兰坪县集中式光伏发电站

高黎贡山自然保护区巡护员巡山

福贡县怒族千人达比亚弹唱

贡山县各族同胞载歌载舞

白族拉玛人表演"开益"歌舞

兰坪县江头河社区民族团结公约

升国旗唱国歌

边境巡逻

边疆人民心向祖国

独龙族纹面老人抚摸国旗

（以上图片均由怒江州委宣传部提供）

铭记这场波澜壮阔的减贫战争

　　贫困是人类社会的顽疾，也是中华民族千百年来始终难以摆脱的一项沉重负担。一部中国史，就是一部中华民族同贫困作斗争的历史。建党百年来，中国共产党人始终牢记为人民谋幸福、为民族谋复兴的初心，筚路蓝缕、艰苦卓绝，矢志不渝地探索人民富强、民族复兴的发展道路。特别是党的十八大以来，在习近平总书记精准扶贫思想指引下，按照"中央统筹、省负总责、市县抓落实"工作体制，全国构建起党政军民学齐上阵的大扶贫格局，组织实施了人类历史上规模空前、力度最大、惠及人口最多的脱贫攻坚战。经过8年攻坚战，我国近1亿人彻底告别上学、就医、住房、交通等老大难问题，近1000万人通过易地搬迁实现生产生活跨越式提升，占世界人口近五分之一的中国全面消除绝对贫困，提前10年完成联合国可持续发展议程减贫目标，实现了中国人民的千年梦想、百年夙愿，创造了彪炳史册的人间奇迹，向世界昭示了中国特色社会主义制度的显著优势和强大力量。

　　在这场波澜壮阔的减贫战争中，作为我们党亲手创办的第一所新型正规大学，中国人民大学与云南怒江傈僳族自治州牵手同心，共战贫魔，结下了和平时期特殊的民族情谊。怒江州地处滇西边陲，山川秀美，民风淳朴，受自然、交通、民族等因素影响，长期与世隔绝，鲜为外人所知。

2015 年我第一次到怒江州时，看到峡谷绝壁上搭建的杈杈房，人畜混居，村民在"大字报"地里刀耕火种，很多年轻人听不懂普通话，一些老年人一辈子没有下过山，七八岁孩子走五六个小时去上学，深感怒江人民生活极其艰难，怒江州脱贫任务极其繁重。2017 年，怒江州被国家纳入深度贫困"三区三州"，成为全国乃至世界瞩目的脱贫攻坚"上甘岭"。习近平总书记高度重视怒江州脱贫攻坚工作，一次会见、两次回信、多次批示、一次听取工作汇报，大大激发了怒江各族干部群众奋发图强、战胜贫困的信心和决心。在怒江州委州政府坚强领导下，在全国各地帮扶队伍共同努力下，经过 3 年鏖战，怒江州发生了翻天覆地的历史性巨变：26.96 万建档立卡贫困人口全部脱贫，泸水、福贡、贡山、兰坪四个县（市）全部摘帽，独龙族、怒族、普米族等人口较少民族整族脱贫，10 万余人告别绝壁谋生恶劣环境，搬入配套齐全的易地安置社区，千百年来重压在怒江人民头上的贫困大山彻底抛进了奔腾咆哮的怒江。2020 年我和刘伟校长回访怒江州时，看到道路畅达，楼宇林立，百姓容光焕发，干部精神抖擞，"感恩共产党，感谢总书记"的标语高耸在易地搬迁社区，处处流淌着山乡巨变的壮美画面，心里顿生感慨：在如此偏远、贫困程度如此深重的地区，都能如期打赢脱贫攻坚战，足见我们党和国家矢志消除绝对性贫困的强大信心、勇气和能力。怒江州就是彰显我国脱贫攻坚伟大成就的一面旗帜！

　　八年来，中国人民大学始终秉持与党和国家同呼吸、共命运的优良传统，把对口帮扶怒江州纳入学校与地方合作发展框架，顶层设计方案，责任落实到部门到个人，全校上下形成"师生都是扶贫人"的思想共识和浓厚氛围。学校利用学科优势和政治优势，竭尽全力调动校内外力量，积极探索高校参与脱贫攻坚、服务地方社会经济发展的模式，在教育、智力、产业、文化、消费等领域做出了"人大人"应有的贡献，助力怒江州如期打赢脱贫攻坚战，与全国人民一道迈进全面小康社会。学校师生们在参与脱贫中得到了磨砺，受到了教育，收获了成长，赢得了友谊，先后被党和国家授予"全国社会扶贫先进单位""全国脱贫攻坚组织创新奖""全国脱贫攻坚先进个人"等荣誉称号。

2020年5月，怒江州委州政府委托中国人民大学专家总结提炼怒江州脱贫攻坚经验，学校倍感荣幸，高度重视，将之作为"用学术讲好政治"的重大课题，安排国家发展与战略研究院牵头，在全校范围内遴选专家组成课题组，由著名扶贫专家汪三贵教授担任组长。7月，课题组召开视频会议，与怒江州相关部门展开交流，明确工作重点、调研计划和内容，同时对接人民出版社商洽出版事宜。8月，在怒江州委宣传部、州社科联等部门组织协调下，课题组分两批赴怒江州四县（市）走访调研，深入机关、村寨、易地搬迁社区、企业、学校等地，与行业部门、扶贫干部、贫困户以及珠海、中交集团等帮扶单位开展座谈，收集整理扶贫工作文献，亲身感受怒江州"一步千年"的社会巨变。8月29日，怒江州委州政府组织召开调研座谈会，听取调研组意见反馈，州委书记纳云德同志系统阐释了怒江州脱贫攻坚的做法、精神与经验，为课题组工作指明了思路和方向。

根据怒江州委州政府建议，课题组按照六个专题组织撰写报告，形成结论性观点。第一专题"边疆直过民族地区摆脱区域性整体贫困的实践与探索"，运用历史维度考察怒江州扶贫政策沿革，揭示"全人口""全地域"统筹谋划脱贫模式，概括脱贫攻坚成效全貌，提炼出民本思想、扁平治理、系统政策等经验。第二专题"易地扶贫搬迁对怒江州经济发展和社会进步的深层次影响"，聚焦怒江州10万村民搬迁安居的"愚公移山"工程，揭示怒江州整体性贫困治理体系和系统性工作机制，形成有效对接乡村振兴的高质量发展格局。第三专题"深度贫困地区现代文明素养提升的怒江实践"，着眼于怒江州在新发展理念指导下系统提升全社会精神文明的实践，其中新时代文明实践中心打造的新生活教育为城乡融合治理提供了学习型自治典范。第四专题"在一个战场打赢'深度贫困脱贫攻坚'与'生态文明建设'两场战役的实践和探索"，运用大量案例展示"两山理论"与脱贫攻坚相融合的怒江样本，归纳出怒江州在安居规划、交通建设、产业发展、环境修复等领域的生态治理特色。第五专题"脱贫攻坚与民族团结进步'双提升、双达标'的实践与探索"，考察脱贫攻坚语境下民族团结进步示范创建工作，凸显以脱贫攻坚促民族进步、以民族团结促社会发展的互嵌治理机制。第六专题"深度贫困地区抓党建促脱贫攻坚的怒江经验"，探究怒江州脱贫攻坚有序开展的政治动员与组织保障，追溯"有情怀有血性有担当"的扶贫干部、"怒江缺条件，但不缺精神、不缺斗志"的脱贫精神、"苦干实干亲自干"的脱贫作风的熔铸过程。六个专题相互独立又互为补充，全面呈现了怒江州脱贫攻坚工作特点、经验，以及党中央对云南发展战略定位的怒江实践。

总结怒江州脱贫攻坚经验具有显著的政治、政策、社会与学术意义。政治方面，作为长期封闭落后的"直过区"，怒江州通过脱贫攻坚实现全地区全民族全社会的千年跨越，极大压缩了社会发展的时限和跨度，充分体现了我们党"小康路上，一个民族都不能少"的政治承诺。政策方面，针对怒江州多因素致贫状况，国家启动"三区三州"倾斜扶贫政策，加大易地搬迁扶贫力度，充分调动定点帮扶、东西部协作、社会帮扶以及省内帮扶力量，形成全国一盘棋精准扶贫精准脱贫的大格局。社会方面，怒江州作为深度贫困"三区三州"中贫困发生率最高的地区，短期内完成千年跨越，面临着文化转型、民族互嵌、城乡融合、治理升级等后脱贫时代问题，在巩固拓展脱贫攻坚成果与乡村振兴有效衔接中具有典型的样本意义。学术方面，中国人民大学有幸参与怒江州扶贫并承担怒江州脱贫经验总结工作，以实际行动"把论文写在中国大地上"，课题研究以中国特色和风格构建学术话语体系，担负着中国特色社会主义大学扎根人民、服务社会的政治责任。概言之，怒江州脱贫攻坚浓缩了中国脱贫攻坚伟大壮举的全部精髓，向世界减贫事业馈赠了中国样本和中国方案。因此，总结怒江州脱贫攻坚经验，不仅对我国构建持续减贫长效机制具有重要的现实意义，同时也具有重要的世界意义，有助于为全球贫困治理贡献更多的中国智慧和中国经验。

脱贫只是第一步，更好的日子还在后头。习近平总书记对怒江独龙族同胞创造美好生活的期望，也是中国人民大学与怒江州各族人民共同努力奋斗的方向。站在第二个百年奋斗目标的新起点，中国人民大学师生将弘扬中国共产党伟大建党精神和脱贫攻坚精神，践行初心，担当使命，把学校事业发展与国家战略部署紧密融合，充分发挥"人文社会科学领域独树一帜"的办学特色，继续与怒江州各族人民携手同行、并肩奋进，共同创造和谐、幸福、美丽的新怒江！

靳　诺

中国人民大学原党委书记

目　录

第一章　边疆直过民族地区摆脱区域性
整体贫困的实践与探索

一、边疆直过民族前世今生

"直过民族"是指新中国成立后直接由原始社会跨越几种社会形态过渡到社会主义社会的民族。改革开放和脱贫攻坚的深化，使边疆"直过民族"迎来了"第二次跨越"，从制度增量向发展增量转变，从社会制度和生产关系跨越向生产力和生活质量的改善转变。

（一）中国的直过民族

"直过民族"一词是我国在特定历史条件下对部分民族使用的特定概念。这些民族在解放前夕处于原始社会、奴隶社会、封建领主制社会等社会形态，新中国成立后，在党和人民政府的扶持下，直接跨越社会历史发展阶段，过渡到了社会主义，所以被称之为"直过民族"。"直接过渡民族地区"简称为"直过区"。

对于"直过民族"和"直过区"而言，自新中国成立始即从原始状态跨越多个阶段直接步入社会主义，发生"一步跨千年"的沧桑巨变，堪称"第一次跨越"；随着改革开放又迎来"第二次跨越"，即从制度增量向发展增量的转变，从社会制度和生产关系跨越向生产力和生活质量改善的转变。这次跨越的历史契机就是脱贫攻坚战。

1. 直过民族的形成

新中国成立之初，我国面临着幅员辽阔、少数民族众多、发展水平不均等问题，云南地区尤其严峻。民族问题不能刻板地"一刀切"。为维护边疆繁荣稳定，党中央决定对当时占云南全省人口 4% 的少数民族地区实行"直过政策"。

1949 年，时任西南局第一书记的邓小平与第二书记的刘伯承提出："云南的全面解放关键和建立人民民主专政革命秩序的前提，在于'民主团结、民族团结'。"1950 年，邓小平在中央民族访问团大会上指出，要在少数民族地区研究出另一套政策。1951 年，周恩来在《中国人民政治协商会议第一届全国委员会第三次会议的报告》中提出，各民族内部的适当改革，是各民族发展进步，逐步跻于先进民族水平所必须经历的过程，但这种改革必须适合其本民族当前发展阶段的特点，必须根据本民族大多数人民的意志，并采取妥善步骤。"直接过渡"的提出不是一蹴而就的，而是经历过两次大的调研和实验后才最终决定。1953 年，云南省委根据调研提出，对山区及缓冲区不采取土改政策，这些地区将直接过渡到社会主义。1954 年，中央西南局提出，要保证这些民族地区直接但逐步地过渡到社会主义。

"直过民族"走上社会主义道路的变革过程并非首先通过生产力的积聚与质变，而是通过政治变革改变生产关系的性质，而后利用政权的力量去创造建设社会主义所必需的"文化水平"。社会主义在解决"直过区"发展问题上不断取得新认识新经验。

2. 直过民族的分布

20 世纪 50 年代，新中国在部分民族地区开展"直接过渡"实践。西藏的门巴族、珞巴族，内蒙古和黑龙江境内的鄂伦春、鄂温克等民族或民族聚居区的"直过民族""直过区"身份得到确认。云南省内的景颇、傈傈、独龙、怒、佤、布朗、基诺、德昂、拉祜等民族及民族聚居区被确认为"直过民族"及"直过区"，其中独龙、景颇和基诺族被认为是整体"直过"民族，其余民族以地区划分，属于部分"直过"民族。

云南"直过民族"居住区主要涉及省内的 13 个州（市）、58 个县（市、区）的 271 个乡（镇）、1179 个行政村，人口共 232.7 万人。"直过民族"的聚居区主要分布于滇西、滇南、滇西北的广大地区，拉祜、佤、景颇、布朗、德昂族多聚居于半山区域，而傈僳、怒、独龙族分布于怒江州、独龙江两岸的山林中，形成了"大杂居、小聚居"的分布特色。

到 2019 年尚未脱贫的"直过民族"都聚居于云南省 4 个集中连片的深度贫困区中，这些贫困区坐落于山地高原形成的坝区范围之外，深山巨谷的上坡位置、原始森林保护区以及国境边疆处。这些地区有着共同的特点：交通条件非常落后，居住环境十分恶劣。

（二）怒江州的直过民族

怒江州是"直过民族"的聚居地之一，集边疆、民族、山区、宗教、"直过"为一体。从解放初建州开始，怒江州一直都是我国贫困面最大、贫困程度最深、致贫因素最复杂的地区之一，一直是我国扶贫攻坚的重点对象，也是"三区三州"脱贫攻坚战略中的三州之一。截至 2017 年底，怒江州 43 万农业人口中，有 16 万建档立卡贫困人口，贫困发生率 38.14%。这里居住着傈僳族、彝族、怒族、独龙族、景颇族、白族、普米族等 22 个民族。其中，"直过民族"的贫困问题尤其突出。

1.怒江州直过民族的特征

（1）怒江州"直过区"的由来

1949 年 5 月 10 日，在中共滇西工委的领导下，通兰人民自卫大队和平解放了兰坪，为怒江地区的解放创造了条件。1953 年成立中共怒江边疆工作委员会，领导碧江、福贡、贡山、泸水四县。兰坪县于 1956 年底划归怒江州；泸水县片马镇于 1961 年 6 月从缅甸辖区重新回到祖国怀抱。

解放初期的怒江州，面临严峻形势：一方面，国内外各方势力的挑衅，境外敌对势力妄图利用边界、宗教、民族等问题制造事端，国民党残部伺机利用民族关系与新生的人民政权对抗。另一方面，怒江州各民族生产力发展水平低下，社会发育程度低，交通闭塞，经济极其落后。当地居民普遍还是以刀耕火种、采集狩猎来获取生活来源，以原始刻木结绳来记事。绝大多数群众居住在茅草房、篱笆墙的木结构房屋，有些还住在崖洞里，没有铁器刀具。历史遗留下来的民族问题尚未解决，民族隔阂比较突出。

中共怒江特区工委对怒江州边四县的社会经济、民族情况、宗教信仰等进行调研，形成了《怒江特区社会经济情况的调查》和《怒江特区宗教调查》，提出："本区以少数民族为主，无地主亦无富农和雇农""土地属于各氏族，只要氏族成员，可以自由耕作"等结论。1953 年秋和 1954 年春，云南省委和丽江地委分别派出调研组，深入怒江区，形成了傈僳族、怒族、独龙族、勒墨人的专题调查报告，明确指出：怒江区经济民族内部虽有阶级分化但不明显，土地占有不集中，怒江州各民族的落后不是因阶级剥削造成的，而是生产力水平低、社会发育程度低所致。基于上述情况，中共云南省委对这些民族采取特殊的"直接过渡"方针，即不进行土地改革，不划分阶级，以"团结、生产、进步"为长期工作方针，使其直接但是逐步地过渡到社会主义社会，实现了怒江州社会发展跨世纪的历史性飞跃。

（2）怒江州"直过区"范围

怒江州"直过区"的范围在历史上有过调整，主要是由以下因素发生变化造成：一是怒江州各民族历史上存在迁徙的习惯和政府实施异地安置以及撤销碧江县等原因，"直过区"的范围和地域相应地发生了变化。如居住在原碧江、福贡等县的傈僳族、勒墨人等，有的迁至泸水县上江乡、六库镇等地居住，形成单个的自然村落或行政村。二是解放初期的土司管辖地区属于和平协商土改，但因怒江州的特殊性，在土司辖区内没有地主、富农。三是兰坪的傈僳族同祖同源，生产力发展水平相近，社会发育程度基本相同。四是泸水县的片马镇，1911 年 1 月 4 日被英国强行占领后，直到 1961 年才回归祖国。当时成立片马行政管理委员会和中共片古岗工作委员会，接受丽江地委和泸水县委的双重领导。1969 年，怒江州革委会宣布怒江州完成"直过"以前，都享受党的"直过"政策，"边四县"县区乡镇之间没有政策上的区别，同样享受党的温暖，同样执行党的政策。

怒江州"直过区"的范围是：泸水市：洛本卓白族乡、古登乡、称杆乡、片马镇、鲁掌镇、大兴地镇、上江镇的大部分。福贡县：架科底乡、鹿马登乡、上帕镇、石月亮乡、匹河怒族乡、马吉乡、子里甲乡。贡山县：茨开镇、普拉底乡、捧当乡、丙中洛镇、独龙江乡。兰坪县：营盘镇、中排乡、石登乡、兔峨乡、啦井镇、河西乡。4 个县（市）29 个乡镇中 26 个乡镇有直过区。涉及的民族主要是傈僳族、怒族、独龙族、景颇族、部分白族等，这些民族均属于全省"直过区"居住的民族。"直过区"人口由解放初期的 10 多万人发展到 40 多万人。

（3）怒江州"直过民族"基本情况

傈僳族：傈僳族是云南省 4 个特困民族之一，2019 年末全州傈僳族人口 29.7 万人，全州 4 个县（市）29 个乡镇都有分布。独龙族：2019 年末全州独龙族人口 6482 人，主要集中在贡山县。怒族：2019 年末全州怒族人口 36197 人，主要聚居在福贡、贡山、兰坪 3 个县 10 个乡镇的 34 个建制村 231 个村民小组（自然村）。泸水县境内"直过"的白族总人口 12747 人，主要集中在 6 个乡镇 23 个村委会 122 个自然村。

怒江州"直过民族"可以从民族历史、居住特征、生产劳动特征、文化特征四个方面来做具体分析：

① 在民族历史方面，怒江州的"直过民族"都有着悠久的民族发展史。怒江地区流传的神话传说《创世记》提到，远古时期，洪水淹没大地，一对兄妹按照神的旨意，生下九男九女，后来分别演变成汉族、白族、纳西族、藏族、傈僳族、怒族和独龙族，这些民族之间有着密切的渊源关系。

如傈僳族早在两千多年前就居住在四川的雅砻江以及金沙江流域，其先祖在唐朝时逐渐迁徙到滇西北。怒族在怒江和澜沧江沿岸居住已有一千多年，有关怒族的文字记载始于明代。传说独龙族曾生活在丽江、剑川、兰坪一带，后来逐渐迁居到怒江州流域的贡山，元、明、清史书上对独龙族有了文字记载。

②在居住特征方面，怒江州的"直过区"分布于怒江州两岸。怒江州地处滇西北，高山峡谷地形占该州国土面积的98%以上，坡度大于25度的土地面积占84%，高耸山崖形成天然路障。怒江州流域立体垂直气候明显，山顶为积雪区，山腰处为高原草甸区，山脚处为亚热带雨林区。因为雨水丰沛、地势陡峭，导致泥石流、山体滑坡、山洪等自然灾害频发，给当地"直过民族"人民的生产生活造成巨大影响。据《云南"直过民族"全面实现小康社会综合研究报告（2011）》，独龙族聚居地的道路均为山间小道，路况险阻，散居两岸的群众横渡独龙江仅能靠三座吊桥和过江溜索。吊桥和溜索维护难度大，危险系数高。居于海拔较高地区的村寨甚至会因大雪封山阻断与外界的联系。

③在生产劳动特征方面，怒江州的"直过民族"基本上还是小农经济，产业结构单一，以第一产业为主，第二、三产业占比极低，生产力低下，管理手段粗放，对商品市场生疏。所产粮食仅能供给自己半年所需，其余时间靠挖野菜充饥。大面积"刀耕火种"的方式导致该地水土流失严重，极大破坏了生态环境的平衡。畜牧业方面，傈僳族群众的养殖方式更加原始化，粗放散养的家畜极易受到山林中猛兽的侵害，导致养殖户仅有的经济来源受创。

④在文化特征方面，怒江州的"直过民族"保留着浓厚的原始氏族社会的文化特征。宗教上呈现"四多"：信教群众多、教职人员多、宗教活动场所多、宗教团体多；少数民族是宗教信徒的主体，民族问题和宗教问题交织；区位特殊、地缘特殊，怒江州的宗教问题国际化较为突出。文学艺术上，怒江州"直过民族"缺乏文字，一般靠口承文学传承民族文化，例如傈僳族的祭天古歌，由祭天师在祭天仪式上唱诵，通过口头形式代代

传承。这些古歌记录了傈僳族人民的发源、迁徙、文化，是珍贵的民族叙事长诗，但存在的意义主要是偏实用，纯粹的精神价值和作用较少，整体来说还比较原始。

2. 怒江州直过民族的区域性整体贫困成因及特征

（1）直过民族的贫困

新中国成立初期，随着全国大部分地区的解放，我国开始由新民主主义社会向社会主义社会过渡。但由于历史上存在着各民族发展状况的不平衡，各民族在向社会主义过渡阶段存在先天性巨大差异，一些人口较少的民族长期依附于人口较多的民族（如西藏墨脱境内的门巴族、珞巴族在历史上受藏族奴隶主的奴役压迫）。由于这些自然和社会因素构成的障碍，到中华人民共和国成立初期，这些民族仍处于刀耕火种、茹毛饮血的原始生活状态。

（2）怒江州直过民族贫困的总体原因

"直过民族"向社会主义的直接过渡，是在生产力的发展与生产关系的要求极不协调的情况下进行的，"直过区"的政治、经济、文化发展还是明显落后。

时任云南省委党史研究室主任的王元辅（2007）把影响"直过区"发展的主要原因归于制度性障碍、生产力水平阻碍、缺乏科学布局规划、对"直过区"的实际投入落后、社会发育程度低下等。另外，外界文化浸染导致民族文化丢失、毒品泛滥和吸毒人员增多等是犯罪率提高的主要原因，阻碍脱贫的文化和法治建设。

总体而言，"直过民族"贫困可归因于三个方面：一是物质发展方面；二是精神发展方面；三是政策方面。

物质发展方面："直过区"处于自然灾害频发的偏远山区，土地贫瘠且可利用率低，自然条件直接阻碍经济社会发展；"直过区"生产力水平低下，以传统农业生产方式为主，农产品单产量低；"资源虹吸"现象将"直过区"有限资源和人力引向发达地区，加剧了当地贫困落后。

精神发展方面：社会发展起步低，原始文化意识强烈，自然经济观念占领高地，缺乏现代发展意识。文化教育水平落后，总体上思想固化，守旧意识严重。信奉鬼神、顺应天命，容易产生惰性和依赖思想，形成群体性的不思进取。脱贫最根本的就是要解决"直过民族"存在的"人文贫困"。

政策方面：政府对"直过区"的扶持曾一度中止。1966年，云南因"直过区"政策被认为是"边疆特殊论"而中止了对"直过区"的特殊扶持。有学者对沧源佤族"直过民族"的调研中提到，当地政府财政困难导致无法给"直过区"足够的扶持拨款；长期处于原始生产阶段的"直过区"对社会变革不适应，对于改革开放后的家庭联产承包责任制表现出水土不服；缺乏针对性的脱贫研究，导致扶贫政策无法在实际中发挥全力；"直过区"大多位于国家山林保护区，承担着生态环保责任，无法"靠山吃山，靠水吃水"；"直过区"人民还承担着戍边重任，不能轻易搬迁。另外，"直过区"基层组织建构不完善，党政人员工作能力参差不齐，也是致贫的原因。

（3）怒江州直过民族贫困的具体原因

一是贫困面大，贫困程度深。怒江州是全国深度贫困"三区三州"之一，全州所辖4个县（市）均为国家扶贫开发工作重点县和滇西边境山区县。按2011年的贫困划分标准，全州有农村贫困人口31.29万人，贫困发生率为71.1%。自2014年国家统一识别扶贫对象建档立卡以来，全州共精准识别6.94万户26.78万贫困人口，全州29个乡镇中有21个贫困乡镇，255个行政村中有249个贫困村（其中深度贫困村218个），是全国脱贫攻坚的"上甘岭"。

二是地理环境特殊，自然条件恶劣，基础设施薄弱。全州有10万人居住在滑坡、泥石流频发地区，生存条件恶劣。随着扶贫攻坚的深入，怒江州剩余贫困人口分布呈现"大分散、小集中"状态，区域间、民族间的经济发展和农户间的收入增长不平衡凸显。群众自我发展能力低，返贫率高。在怒江州，易地扶贫搬迁是脱贫攻坚战的头号工程，涉及10万群众的搬迁和安居就业，搬迁比例占全州总人口的17.9%。

三是交通不便，通信阻断。怒江州路况差，无高速公路、无机场、无铁路、无航运、无管道运输，与云南省内较为发达的省会——昆明市也有500多公里的路程，十分遥远；怒江州内道路等级低，多为山间土路，仅有怒江、澜沧江沿岸两条柏油路，因为滚石塌方经常发生，道路维护难度大，未通公路的自然村占44%，由于道路和通信的不畅，对经济发展造成极大影响。

四是教育水平落后，民族教育任重道远。怒江州少数民族人口占总人口的92%，解放前文盲率高达99%，教育基础设施薄弱，教学设备不足。怒江州教育水平在云南省处于倒数。师资严重欠缺，学历参差不齐，教师待遇没有竞争力，教学水平难以提高。此外，适龄儿童失学率高，部分原因是民间尚学精神不足。教育水平低下的直接后果是观念陈旧，法律和商品意识淡薄，并形成恶性循环，导致脱贫道路困难重重。

二、怒江州脱贫攻坚的实践探索

（一）怒江州扶贫开发的历史演进

中华人民共和国成立以来，中国共产党一直在带领全国各族人民进行反贫困斗争，经过71年的艰苦奋斗，中国人民从极端贫困走向全面小康。随着国家经济社会的发展，中国的绝对贫困治理大体经历了五个阶段：保障生存阶段（1949—1977年）、改革发展阶段（1978—1985年）、解决温饱阶段（1986—2000年）、巩固温饱阶段（2001—2012年）、全面小康阶段（2013—2020年）。怒江州的扶贫开发历史演进与全国扶贫开发历程息息相关。

1. 保障生存阶段（1949—1977年）

新中国成立前，在帝国主义、封建主义、官僚资本主义三座大山的压迫下，中国底层人民的基本生存难以保障。新中国成立后，在中国共产党的领导下，通过改变生产关系，有效提高农业生产效率。社会主义改造后，通过改革农村分配制度、建立农村社会保障制度以及发展农村公共事业，有效提升农村人力资本、降低死亡率，缓解了人民极端贫困的生活状况。云南省委和政府针对怒江州社会经济发展状况，对泸水、碧江、福贡、贡山"边四县"实施"直接过渡"政策，带领怒江州从原始社会末期直接过渡到社会主义社会。这一时期，党和政府派出了大批支边干部、边疆民族工作队和解放军武装工作队，扶持生产，救济生活，逐步发展文化教育卫生事业，有效改善了怒江州各族群众的生产生活条件。怒江州第一次实现跨越千年的发展。

2. 改革发展阶段（1978—1985 年）

1978 年，改革开放的春风吹遍了中国大地，推行了一系列农村改革措施，农村经济体制发生了重大变化，反贫困实践取得了巨大成效。1980 年，国家设立"支援经济不发达地区发展资金"，用于支持包括革命老区和民族自治县在内的贫困地区发展。1984 年，国家出台《关于帮助贫困地区尽快改变面貌的通知》，提出要帮助山区、少数民族聚居地区和革命老区根据地、边远地区的人民首先摆脱贫困。这一时期，怒江州委州政府全部减免了农村的各项税收和公余粮征购任务，实行包干到户责任制，极大调动了农业生产的积极性，全州各族群众吃饭、穿衣困难问题得到有效缓解，改变了大多数地区长期依靠返销粮的状况，农村普遍贫困的状况一定程度上有所缓解。怒江州少数民族群众的思想观念、风俗习惯、生产生活方式也发生显著变化，农业科技在怒江州得到初步推广和应用，商品交易的萌芽开始出现，以物易物的交易方式逐步转变为以货币为主的交易方式。

3. 解决温饱阶段（1986—2000 年）

1986 年，国务院贫困地区经济开发领导小组及其办公室（1993 年更名为国务院扶贫开发领导小组及其办公室）成立，我国政府开始实施有计划、有组织、大规模的扶贫开发战略，确立了开发式扶贫方针。1994年，《国家八七扶贫攻坚计划》提出力争用 7 年左右的时间基本解决全国农村 8000 万贫困人口的温饱问题。1987 年，怒江州委成立了扶贫工作领导小组，扶贫开发进入新时期，经济社会发展也进入新阶段。1986—1995年，怒江州变救济式扶贫为开发式扶贫，前五年主要以打基础、建支柱为重点，基础设施的改善成效尤为显著。截至 1989 年，怒江州约 90%的乡（镇）、30%的行政村都通了公路。后五年怒江州的扶贫开发以解决温饱和开发式扶贫为主攻方向，扶贫方式从直接扶贫发展生产向注重智力扶贫、科技扶贫、提高劳动者素质等综合扶贫转变。截至 2000 年末，人均纯收入 500 元贫困标准下的农村贫困人口下降到 7.7 万人，基本实现了当时提出的"871111"减贫目标。

4. 巩固温饱阶段（2001—2012 年）

随着减贫事业的推进，贫困人口的分布向中西部集中。2001 年和2011 年，中央政府分别颁布了《中国农村扶贫开发纲要（2001—2010 年）》和《中国农村扶贫开发纲要（2011—2020 年）》，确定了"政府主导、社会参与、自力更生、开发扶贫、全面发展"的方针。这一阶段国家完善了贫困瞄准方式和贫困标准，确立了 15 万个重点贫困村。扶贫开发战略更加注重综合开发、全面发展，尤其强调提升人力资本。这一阶段，怒江州的贫困人口分布和贫困状况的特点出现新的变化，扶贫对象由县进一步向贫困村和贫困人口延伸，开始以村为单位实施扶贫开发项目，扶贫方式和扶贫政策以解决温饱和巩固温饱为目标，重点做好产业开发、基础设施建设、社会事业发展、生态建设等。截至 2010 年末，人均纯收入 865 元贫困标准下的农村贫困人口下降到 8.99 万人。2011 年，中央确定了 14 个连片特困地区作为今后的扶贫工作重点区域，怒江州的 4 个县（市）属于滇西边境片区贫困县，贫困发生率 71.1%，居云南之首。

5. 全面小康阶段（2013—2020 年）

随着扶贫开发的深入推进，"支出型贫困""插花贫困"等问题凸显，以往"大水漫灌"的扶贫方式面临"精英俘获"等问题，区域性扶贫开发的带贫益贫效果减弱。在此背景下，2013 年习近平总书记在湘西考察时提出实施精准扶贫、精准脱贫方略，强调建立精准扶贫工作机制。2015年中央出台了《中共中央　国务院关于打赢脱贫攻坚战的决定》，提出到2020 年，稳定实现农村贫困人口不愁吃、不愁穿，义务教育、基本医疗和住房安全有保障（简称"两不愁三保障"），确保现行标准下（2300 元，2010 年不变价）贫困人口全部脱贫。2014 年，怒江州委州政府坚决贯彻落实中央精准扶贫、精准脱贫方略，按照国家农村现行扶贫标准，对每个贫困村、贫困户进行了摸底排查和致贫因素分析，首次实现了扶贫对象精准识别到户到人。截至 2014 年末，怒江州精准识别贫困人口 17.33 万人，贫困发生率 38.65%。全州绝大多数行政村贫困发生率超过 20%，村卫生室基本没有达标，近 20% 的农村群众住房安全没有保障，80% 的农村群众喝不上安全饮用水，产业发展小、散、弱，内生动力严重不足。2016—2018 年，怒江州委州政府按照"六个精准""五个一批"的要求，构建完备的组织体系、健全的政策体系和严格的监督机制，积极引导各方力量参与，形成"三位一体"的大扶贫格局。怒江州的脱贫攻坚事业进入历史新阶段。

（二）怒江州直过民族的脱贫攻坚

1. 组织体系的建构

怒江州委州政府严格贯彻落实"中央统筹、省负总责、市县抓落实"的要求，州设有扶贫开发领导小组，市（县）设有脱贫攻坚指挥部，乡（镇）设有脱贫攻坚实战大队，村设有脱贫攻坚实战中队，户有帮扶责任人，同时辅之以严格的督查机制，确保责任、政策和工作落到实处。在这种组织体系下，州、市（县）、乡（镇）党委和政府把打赢脱贫攻坚战作为重大政治任务，加强政治担当和责任担当，层层传导压力，进一步增强责任感和使命感，保证脱贫攻坚的行动自觉。

2018年10月，为解决贫困群众脱贫最急需的突出问题，怒江州委州政府根据当时存在的"两不愁三保障"短板弱项和重点任务，成立十大工程指挥部，明确怒江州脱贫攻坚的重点任务，确保在2020年区域性整体贫困问题基本解决。指挥长由至少副厅级干部担任，任务较重易地扶贫搬迁工程由州委书记和州长任总指挥，增设常务副总指挥和副总指挥。各指挥部要求统一办公，实行联席会议制度，每个季度召开一次联席会议，充分发挥指挥部的作用和协调各方的工作职能，促进脱贫攻坚工作的制度化、规范化以及决策的民主化和科学化。

为解决基层治理能力不足的问题，怒江州除了采取对每个贫困村派驻驻村工作队的常规措施外，还分别在县（市）、乡（镇）、行政村、自然村设立脱贫攻坚和基层党建实战队，有效补齐了基层治理"短板"，确保各级扶贫政策落到实处。

2. 政策体系的配套

（1）贫困县涉农资金统筹整合政策

2016年，国务院办公厅出台《关于支持贫困县开展统筹整合使用财政涉农资金试点的意见》等相关文件，旨在通过试点，激发贫困县内生动力，提高资金使用精准度和效益。同年，怒江州4个县（市）开始实施整合资金试点政策，将与中央和省整合同口径的资金都纳入统筹整合范围。涉农资金整合以来，州委州政府高度重视，为做好涉农资金使用方案，加强涉农资金使用方案与脱贫攻坚规划相衔接，州财政局和州扶贫办每年都举行培训会议，邀请相关业务负责人对如何编制整合方案、如何加强扶贫资金管理和项目库建设、如何对涉农资金进行监管审计等一系列在实际操作中面临的问题进行解答和培训，为各县整合资金提供分类指导，确保中央精神传达到位、中央政策落到实处。

（2）教育扶贫政策

怒江州委州政府把控辍保学作为最严肃的政治任务，实行高位推动、强势推进，提出"立体式宣传、拉网式排查、一对一包保、官告民推进、全方位提升"的控辍保学五项措施，确保适龄少年儿童义务教育有保障。其一，广泛宣传《义务教育法》《未成年人保护法》等法律法规，让"不送子女入学违法"的理念家喻户晓、老幼皆知。其二，联合公安和教育部门对义务教育阶段适龄少年儿童户籍和学籍进行比对，组织力量对辖区内适龄少年儿童开展拉网式排查，摸清底数。其三，各县（市）根据当地实际情况制定了控辍保学"一县一案"，根据失学辍学学生情况，建立"多对一、一对一、人盯人"的劝返包保责任体系。其四，针对部分劝学后仍然顽固不化的贫困家长，开展"官告民"行动，维护义务教育阶段少年儿童的义务教育权利。其五，实行全方位提升计划，为学校配齐必要的硬件设施和软件师资，保障学生良好的生活、学习环境。

（3）危房改造政策

怒江州危房改造任务点多面广，实施管理半径大、链条长，是怒江州脱贫攻坚的"拦路虎"和"硬骨头"。面临如此艰巨的任务，州委州政府主要领导高度重视，亲自指挥部署，建立每旬一调度制度。州、县（市）、乡（镇）三级成立了农村危房改造和抗震安居工程建设工作领导小组、农村危改工程指挥部；村级成立联合建设委员会或联合建设小组，负责组织施工单位、村级建筑工匠和农户建立村组施工队伍，广泛动员本地建筑企业积极承担社会责任，积极引导农户参与投工投劳。住建部门专业队伍驻村蹲点跟踪指导业务。针对部分因对危改政策理解偏差造成不愿意参与危改的危房户，全州还组建了背包队、暖心团等工作队伍下沉动员，详细讲解新建住房面积限制、补助标准、建房贷款贴息等政策，充分打消危房户的相关疑虑，让贫困人口切实享受到党和国家的好政策。

（4）健康扶贫政策

2017 年末，怒江州因病致贫返贫 7590 户 29099 人，占 15.97%。面对艰巨的健康扶贫任务，怒江全州卫生系统干部围绕让贫困人口"看得起病、看得好病、看得上病、少生病"的目标，精准施策，统筹推进，采取一系列措施防止因病致贫、因病返贫。一是结合怒江州实际情况，建立了"基本医疗保险＋大病保险＋医疗救助"的政策保障体系，建档立卡贫困患者住院治疗费用实际报销比例达90.2％。二是严格落实"先诊疗、后付费"和"一站式结算"服务，有效减轻贫困人口"垫资跑腿"负担。三是做实做细家庭签约服务，将常驻建档立卡贫困人口纳入家庭医生签约对象，按照"签约一人、履约一人、做实一人"的要求，落实签约后的履约服务。四是通过设置全科医生岗位、面向全国专项招聘优秀高校毕业生和深入开展技能培训等方式，不断充实基层医疗人才，提高基层医疗人才的业务水平。五是通过积极推进医疗服务体系和医疗中心建设，保障县(市)硬件设施满足贫困群众的健康需求。六是深入开展全民健康教育，有效提升贫困群众卫生健康意识。

（5）饮水安全政策

怒江州委州政府坚持以人民为中心的发展思想，切实把农村饮水安全作为脱贫攻坚的硬指标，建立农村饮水安全工作领导机构，健全农村饮用水水质提升工作联席会议制度，制定农村饮用水水质提升专项行动方案，对照脱贫摘帽水量、水质、取水方便程度和供水保证率四项规定标准要求，做到一村一策、一户一策，确保措施不减、标准不降。一是以"大投入、大整合、大推进"强力推进农村饮水安全巩固工程。二是围绕易地扶贫搬迁安置做好饮水保障，确保易地扶贫搬迁安置点供水稳定。三是针对饮水设施"重建设、轻管理"的问题，建立服务承诺、水费收缴、管护维修等制度，不断加强农村饮水工程建后管理工作。四是建立"三个一"饮水安全应急预案机制，对发生突然性饮水管道中断、自然灾害受损、季节性缺水及水源枯竭引发的缺水问题，启动应急机制，解决因突发情况造成的群众饮水困难。五是全覆盖排查整改，采取"四不两直"方式，实行"包乡、包村、包工程"全面排查，及时整改，确保每一户贫困群众都能喝上安全饮用水。

（6）易地扶贫搬迁

怒江全州地域相对狭小、沟壑纵横，仅怒江流域六库镇至贡山县243公里长的范围内就有148条泥石流冲沟。在这样的自然环境限制下，只有实施易地扶贫搬迁工程才能彻底解决"一方水土养不起一方人"的问题。

怒江州委州政府根据实际情况，科学研判，在国家发展改革委等各级部门的大力支持下，大力推进易地扶贫搬迁工程。创新探索"三靠近选址""三点长督战""EPC建设模式"等行之有效的选址建设机制，开展"背包上山"和"暖心扶贫"专项行动，有效加快了全州易地扶贫搬迁进程。

只有"搬得出"还不行，还必须彻底"稳得住"。怒江州委州政府一直把解决"稳得住"问题作为重中之重，在贯彻落实国家和省关于易地扶贫搬迁后续帮扶措施的基础上，先后出台了一系列指导性文件，确保贫困群众"稳得住"。一是用"绣花功夫"抓基层组织管理。在千人以上集中安置点构建社区"一体化"基层治理体系，组建感恩宣讲团、文艺宣传队，常态化开展精神文化创建活动。二是多措并举抓实产业就业。围绕安置点科学规划产业布局，带动搬迁群众就近发展产业并获得务工收入。选派500名干部，组建15支千人以上安置点新增劳动力转移就业小分队，专项开展易地搬迁转移就业工作，鼓励无力外出的搬迁群众劳动力就近就地务工增收。三是激发群众脱贫致富内生动力。先后选派扶贫工作队、背包工作队、扶贫暖心团、感恩宣讲团、文艺宣传队入驻安置点，引导贫困群众摒弃"等、靠、要"的思想，摆脱思想贫困，树立主体意识。

（7）产业就业扶贫

怒江州委州政府始终将产业就业作为实现永久性脱贫和改变贫困面貌的根本性措施来抓。产业扶贫方面，一是突出规划引领，坚持"生态脱贫"的发展战略，着力打造"绿色食品""绿色香料"和"甜蜜事业"三张牌。二是强化"科技支撑"，保驾产业发展，充分发挥行业优势，以农业科技培训和科技推广为抓手，全力做好农业科技服务，着力解决农业产业建设"最后一公里"的问题。三是创新"带动发展"，推进利益联结，大力发展合作社等新型经营主体，引导新型经营主体以生产合作、股份合作、劳务合作等多种形式与建档立卡贫困户建立紧密利益联结机制，加大带动扶持力度，不断提高产业扶贫组织化程度。四是借助电商和新媒体平台，积极"展示展销"，围绕提升怒江州生态农产品知名度，借助今日头条、抖音、西瓜视频等平台的信息技术和流量优势，线下线上联合发力，推动怒江州农特产品出山进城。

就业扶贫方面，一是深入推进农村劳动力转移就业，以东西部扶贫协作和定点扶贫为契机，主动与珠海市、中交集团、大唐集团、云南能投集团等对接，不断拓宽贫困群众转移就业渠道。二是大力开发就近就地就业，针对"无法离乡、无业可扶、无力脱贫"的贫困群众，怒江州委州政府坚持依托项目建设接收一批、扶贫车间帮扶一批、自主创业带动一批，扩大贫困群众就业渠道。三是精准开展劳动力就业技能培训，积极整合教育、农业、林业、工会、妇联、共青团等就业培训力量，根据用工市场需求和劳动力培训意愿，统筹培训资源，科学分类培训对象，坚持"实际、实用、实效"的原则，提高贫困群众的就业技能。

（8）社会保障政策

针对无劳动力的贫困人口，怒江州严格落实"脱贫不脱保、救助渐退"、单人户施保等社会救助政策，扎实开展"兜准、兜住、兜牢"专项行动，确保"不漏一户、不落一人"。提高低保标准，从 2020 年 6 月起，将保障标准提高到每人每年 4560 元，略高于扶贫标准，筑牢无劳动力人口脱贫的"最后一道防线"。强化数据分析，健全返贫和新增致贫预警机制，通过与扶贫系统数据比对分析和入户调查等方式，完善动态跟踪监测机制，全面监测脱贫不稳定人员、未脱贫人员和低保边缘群体，将符合条件的人群及时纳入，将超过保障标准的人群及时剔除。

3. 社会动员的形成

（1）定点帮扶用真情

中国交通建设股份有限公司（简称"中交集团"）、中国长江三峡集团有限公司（简称"三峡集团"）和中国大唐集团有限公司（简称"大唐集团"）是怒江州的定点扶贫单位。脱贫攻坚以来，三家企业始终把帮扶怒江州作为一项重要的政治任务，高度重视，狠抓落实，切实用真情开展帮扶工作，用真心帮助怒江州发展，用真爱关怀贫困群众。截至2019年底，三家单位累计投入帮扶资金21亿元，大力实施四大工程，有力助推怒江州打赢脱贫攻坚战。

一是坚持"志智双扶"，做好"素质提升"。定点扶贫单位一直坚持"扶贫先扶志，治穷先治愚"的工作思路，从源头上阻断贫困的代际传递。通过援建教育基础设施、设立"爱心扶贫超市"等做法，改善贫困群众的生活习惯，帮助贫困群众摆脱思想贫困、精神贫困，提振贫困群众脱贫致富的精气神。二是助力易地搬迁和危房改造，解决贫困群众住房安全问题。定点扶贫单位将推进易地扶贫搬迁和危房改造作为帮扶怒江州贫困群众脱贫的首要任务，大力推动"安居房"建设、"民族团结宜居工程"建设和易地搬迁住房环境配套工程建设，补齐了当地住房安全保障缺口资金，改变了之前贫困群众居住由竹木混搭建成的"千脚房"状况，让贫困群众住上安全房，切实增强贫困群众的幸福感、获得感。三是立足民生，提升公共服务保障条件。定点扶贫单位充分考虑怒江州实际情况，精准实施县乡村道路桥梁建设工程、乡村医疗卫生设施工程、饮水安全巩固提升工程和党建阵地建设，消除群众迫切期盼的民生"痛点"。四是发展产业就业，引导群众自力更生。定点扶贫单位根据帮扶贫困村的特色资源和条件禀赋，分别开展旅游扶贫、光伏扶贫，发展特色种养业，做好劳动力培训和劳务输出，坚持"授人以渔"而不是"授人以鱼"，助力贫困人口可持续脱贫。

（2）东西协作暖人心

2016年以来，珠海和怒江两市（州）高度重视东西扶贫协作工作，怒江州成立了珠海怒江扶贫协作领导小组，主要负责研究决策珠海市扶贫协作的重大事项以及对接、协调扶贫协作工作事宜。据统计，开展帮扶工作以来，珠海市选派干部和专业技术人才支持怒江州发展，共投入各类帮扶资金超过13亿元，而2016—2019年怒江全州从中央到县级各级政府财政涉农资金统筹整合为86个亿。珠海的帮扶措施主要是以下方面：一是投入2.1亿元，援建6个易地扶贫搬迁点和4个危房改造点，共解决2618户8530名群众住房问题；二是投入资金1.96亿元开展131个产业帮扶项目，受益贫困户6万多人；三是通过创建"怒江员工之家"、实施"双百工程"、扶持劳务经纪人、培育致富带头人等措施，共转移到广东贫困劳动力16000多人，其中转移到珠海就业的累计达到7000多人；四是分别从援建硬件设施和提供培训交流机会两个方面提升怒江州教育水平；五是先后派出168名医疗人员常驻怒江州，安排18家医疗机构与怒江州14家医院开展常态化结对帮扶；六是推进"携手奔小康行动"，珠海18个镇、8个村、175家企业、57家社会组织分别与怒江州贫困乡（镇）村结对帮扶；针对怒江州搬迁人口比例高、新建社区多、农民变市民的情况普遍，动员珠海3个社区与怒江州易地搬迁社区结对，帮助开展社区管理和党建工作。

4.考核监督机制的建立

除了有效的执行体系外，怒江州委州政府还构建了完备的考核监督机制。2017年，怒江州委州政府成立四组脱贫攻坚督战组，分别对怒江州下辖4县（市）开展监督检查，监督检查的主要内容为各县（市）党委政府扶贫工作成效、脱贫攻坚实绩、目标任务完成情况和经济发展情况。2018年，为了进一步督促县（市）党委政府落实脱贫攻坚主体责任，怒江州委州政府决定进一步调整充实脱贫攻坚督战组，选派专人驻县（市）开展脱贫攻坚常态化督战工作，督战内容主要为责任落实、政策落实和工作落实。脱贫攻坚督战组的设立有效增强了内部监督机制，为脱贫攻坚工作取得显著成效提供监督和激励保障，确保减贫成效真实可靠。

除了建立严格的监督体系之外，针对监督结果的处理方式也是监督机制的重要内容。2019年，中共怒江州委办公室、怒江州人民政府办公室印发《怒江州脱贫攻坚约谈实施办法（试行）》，对出现推动州委州政府决策部署事项落实不及时、工作推进不力、工作成效不明显的，对帮扶工作不落实、帮扶责任不到位的情况约谈相关责任人。约谈结果作为领导班子和领导干部年度考核、脱贫攻坚年度考核、综合绩效考核、评先评优、干部选拔任用的重要依据。怒江州建立健全监督考核机制的做法赢得了全州人民的信任，激发了全社会参与脱贫攻坚的热情。

5. 内生动力的激发

据统计，怒江州"直过区"人口占全州总人口的 62%。长期落后的生活方式和陈旧的思想观念造成了社会发育程度低，"素质型贫困"和"能力型贫困"的问题凸显。因此，内生动力的激发是怒江州脱贫攻坚的重点难点。

2016 年，珠海向怒江州贫困群众提供了一批转移就业岗位，当时怒江州有 120 多人到珠海就业，但是因为适应不了当地朝九晚五的工作时间，适应不了工厂的管理约束，将近 100 人都从珠海跑回怒江，回到之前的生活状态，最终在珠海务工的只有 20 多人。近年来，怒江州创新工作方式，提高外出务工的积极性：一是充分发挥村干部的作用，引导村干部带头外出务工，打消村内群众外出务工的疑虑。对动员农户外出务工 3 个月以上的村组干部、劳务经纪人、劳务中介公司、务工带头人、驻场跟踪服务的驻村干部进行奖励。二是对外出务工的劳动力提供就业奖励和务工交通补贴，就业满 12 个月的贫困劳动力每人可领高达 9000 元的稳岗补贴，有效调动了劳动力外出务工的积极性。截至 2020 年底，珠海市驻怒江州扶贫协作工作组共转移 3.5 万余人赴云南省外就业，其中到珠海务工的就有 7400 余人，越来越多的怒江人愿意长期在当地务工，愿意融入珠海当地的社区生活。

除了物质刺激以外，精神教育也相当重要。怒江州委州政府广泛动员基层干部组成一批批"背包工作队""党员突击队""暖心扶贫团"，深入基层开展夜话座谈，在推动文明创建、感恩教育、丰富居民文化生活方面起到了重要作用。值得注意的是，怒江州农村地区党员比例超过 10%，在全国农村地区位于前列，党群活动和党员在激发群众内生动力上发挥了重要作用。2016 年以来，怒江州广泛开展脱贫攻坚政策宣讲、升国旗唱国歌、驻村工作队"三讲三评"、广场舞等活动，推进"乡村能人"培养、"脱贫能手"竞赛等工程，改善群众的精神生活，提振群众的精气神。怒江州先后成立新时代农民讲习所和新时代文明实践中心，扎实宣传习近平新时代中国特色社会主义思想，宣传党的路线方针政策，培养健康文明的生活方式，提升文明素质。通过物质奖励和精神教育相结合，怒江州委州政府探索出了一条激发贫困群众内生动力的新路子。

（三）怒江州扶贫开发的主要模式

怒江州以易地扶贫搬迁安置为抓手，以儿童义务教育、青年培训就业、干部学历提升、老年社保养老为保障，创新性构建了全人口谋划与全方位保障的人口脱贫、全地域统筹与全周期响应的空间脱贫的扶贫开发模式。

1. 全人口谋划扶贫保障模式

（1）全员教育扶贫模式

学生义务教育方面，怒江州启动了 14 年免费教育，建立起从学前到大学全过程、广覆盖的资助体系，实施牢筑基础、多方协作的教育提升策略。一是硬件建设。围绕"义务教育有保障"的目标，优化配置教育资源，改善义务教育薄弱学校的基本办学条件，优化义务教育学校布局，充实师资力量，满足搬迁群众子女就近就地入学（见表 1—1）。全州新建、改扩建幼儿园 145 所，对全州 197 所义务教育学校进行改扩建或完善基础设施，对 6 所普通高中改扩建，全面实现保障搬迁群众子女以安置地公办学校为主接受义务教育，在安置地参加中考、高考升学考试，确保与城镇居民同城同待遇，保证贫困户搬迁后其子女继续享受教育资助政策。二是队伍建设。怒江州有 471 所学校，在校学生 9.57 万人，教职工 7036 人。按照"统筹规划、突出重点，按需施训、学以致用"的原则，分类别、分层次、多渠道、多形式开展教师队伍培训。以教育部"名师领航""国培计划"等专项行动为主，以州、县（市）组织开展全员培训为辅，全面提高怒江州的教育、教学能力。三是外力协作。援建帮扶单位积极参与怒江州教育脱贫工作，如中交集团援建中交兰坪新时代希望学校，出资改造泸水一中、建设俄嘎小学教学楼和通甸中学、上帕小学校园。大唐集团出资扩建27所农村中小学和25所学前教育校舍。三峡集团新建4所中小学和28所学前教育校舍。中国教育基金会"雨润计划"援助10所中小学及幼儿园校舍维护建设。珠海市援建格力小学幼儿园，选派126名（141人次）教师到怒江州开展支教工作，接收840名怒江籍应、往届初高中毕业生分别到珠海8所中职技工就读，培训怒江州教育行政干部、骨干教师1000多名。

表 1-1 易地扶贫搬迁教育资源配置一览表

分布 类型	泸水市	福贡县	兰坪县
幼儿园	新建 8 所：上江傈僳族特色小镇幼儿园、上江镇蛮云村幼儿园、上江镇大练地村幼儿园、上江镇新建村幼儿园、片马镇中心幼儿园、片马镇片四河村幼儿园、片马镇古浪村幼儿园、片马镇岗房村幼儿园	新建 2 所：布拉底新区一幼、布拉底新区二幼	新建 2 所：兰坪县城区三幼、兰坪县城区四幼
小学	改扩建 5 所：上江镇中心完小、上江镇蛮云村小学、上江镇百花岭村小学、上江镇大练地村小学、片马镇中心完小；迁建上江镇新建村小学	新建 2 所：布拉底新区一小、布拉底新区二小	新建 2 所：兰坪县城区三小、兰坪县城区四小
中学	新建上江镇高级中学，改扩建上江镇中学	新建 1 所：布拉底新区中学	新建 1 所：兰坪新时代希望学校

成人培训教育方面，怒江州采取系统性举措。一是提供资金保障。

2018年来整合涉农资金、帮扶资金、东西部协作资金、就业补助资金共计9303万元。坚持"资源共享、优胜劣汰"的原则,在盘活州内优质培训资源共享的基础上,引进省内13家优质培训机构和企业。二是提升基础素质。完成"直过民族"不通汉语人群的普通话推广工作,传授劳动技能。对建档立卡贫困户中接受中等和高等职业教育的学生实现应助尽助全覆盖。建设怒江州职教中心,为人员培训提供平台和载体。充分发挥学校推普工作主阵地作用,形成了"学校—教师—学生—家长"的推普工作网络。三是开展技能培训。扶贫攻坚计划实施以来,地方政府不断开展职业技能培训和引导性培训,包括对0.5万名建档立卡贫困户开展3—6个月的精准技术技能培训,对建档立卡贫困林农的生态护林员岗前培训、管护职责、技能技术培训,增强贫困群众脱贫内生动力。四是实施专项培训。对口帮扶政府和企事业单位同样重视贫困群众职业技能培训工作,如珠海对口帮助培养本土人才,分别在两地开设"怒江班""珠海班",大唐集团、三峡集团开展职业技能培训,中国人民大学专门设立"人大班"、公共管理MPA怒江班等。

（2）充分就业扶贫模式

怒江州成立农村劳动力转移就业扶贫工作领导小组及能力素质建设工程指挥部,制定系统实施方案,实行全方位就业行动。一是发展本地产业脱贫。以绿色产业发展为重点,发展一批贫困人口参与度高、对贫困户脱贫带动能力强的规模化、标准化种植业、养殖业基地,加强产业配套设施建设。构建"一村一品、一乡一业、一县一特"的特色产业发展体系,带动各县（市）产业发展。通过农业产业扶贫,使项目建设地的建档立卡贫困村、贫困户全覆盖、全受益,实现产业发展扶贫一批。帮扶单位做大怒江州特色产业,通过产业拉动促进农村贫困人口脱贫致富,如珠海市在特色粮经作物、高效林业等特色生态农业产业上进行支持;中交集团实施火龙果种植、黄牛养殖等产业项目,着力将香料产业打造成怒江州高质量可持续发展的"金字招牌"。二是提供就业岗位脱贫。乡村地域增设生态护林员、河道管理员、地质灾害监测员、护边员等接近4万个生态保护公益性岗位，利用生态补偿和生态保护资金，使有劳动能力的部分建档立卡贫困户和符合退耕条件的农户就地转成造林护林员、河道管理员，通过获得工资性收入实现脱贫致富。城镇安置区建设了230个传承开发民间工艺、民族文化服饰等方面的扶贫车间，建档立卡贫困户进城安置的，每户可至少安排1个就业岗位，受益户6万多人。三是组织转移就业脱贫。对贫困劳动力实行定点、订单、定向培训，以珠海市、三峡集团、中交集团等帮扶怒江州为契机，组织外出务工，提高务工收入。

（3）社会保障扶贫模式

怒江州出台系列政策文件，系统建立"脱贫不脱保、救助渐退"、单人户施保等脱贫攻坚社会保障救助机制。一是权益方面。城镇化集中安置群众继续保留农村土地承包经营权、林地承包权和林木所有权、原户籍地计划生育政策、参与原农村集体经济组织资产收益分配权等四项权益，并与当地城镇居民享有同等社会保障权益。搬迁后仍保留农村户籍的，在原住地享受的医疗救助、新农合补助、养老保险等政策不变。二是健康方面。建立健全覆盖城乡全体居民养老医疗保险体系，实施乡镇卫生院、村卫生室标准化建设和城市医院高质量建设；加强乡村医生培训，提高医疗卫生服务水平；建立城乡统一的养老保险制度，实现社会保险制度城乡无缝对接，确保搬迁群众看得起病、方便看病、看得好病、尽量少生病，有效防止因病致贫、因病返贫。三是组织方面。坚持村级主体、突出市场主导，按照因地制宜原则，采取项目资金精准扶持、股权量化，以承建村级基础设施建设工程项目、承接林产业提质增效项目、大力发展集中养殖项目、积极发展有偿服务项目、统筹易地扶贫搬迁城镇化安置、发展农村电商等扶贫措施，切实解决贫困村"无钱办事"的问题。四是收益方面。财政专项扶贫资金资本化和股权化，对全州1.68万政策性兜底户实施资产收益项目，将财政专项扶贫资金投入种植、养殖、水电、乡村旅游等项目，形成的资产投入到有扶贫意愿、能带动贫困户就业、增收效果好的乡村产业经营主体，折股量化给贫困户，使贫困户从中获取资产性收益。五是养老方面。怒江州加强养老服务设施硬件建设，全州建成和在建的居家和互助养老服务站共有 58 个，城乡居家养老服务设施覆盖全州 67 个易地扶贫搬迁安置点，同时做好"留守老人"关爱和"留守儿童"关心工作。六是救助方面。怒江州将所有符合条件的贫困人口全部纳入社会救助范围，提高保障标准，农村最低生活保障提高到每人每年 4560 元，略高于国家扶贫标准。完善动态跟踪监测，将防止返贫放在重要位置，建立健全返贫和新增致贫预警机制。

（4）人才队伍培养模式

怒江州按照科学发展的干部队伍和人才建设要求，完善政策措施，创新工作机制，优化政治环境，降低门槛，放宽条件，优化服务，全面提升干部队伍素质和专业技术人才队伍建设，强化推进精准脱贫的动力机制。一是提升机关干部队伍素质。怒江州与对口扶贫高校、研究机构建立干部教育培训机制，如中国人民大学定期举办"怒江州干部素质能力提升培训班"，国家高级公务员培训中心打造"怒江州专业技术人员继续教育在线学习平台"，云南省社科院等单位选派业务骨干对干部进行培训。通过异地挂职、干部下派等形式锻炼、培养和提升本地干部队伍的整体实力，已经建立起一支富有战斗力、能打硬仗、能力全面、作风过硬的干部队伍。二是建设专业技术人才队伍。怒江州通过正常的职称评审、人员招录、人才引进，初步形成了一支具有一定规模、门类相对齐全、结构相对合理的专业技术人才队伍。2019 年底，全州共有专业技术人员 12732 人，占全州总人口的 2.4%。享受国务院政府特殊津贴专家 14 人，云南省有突出贡献优秀专业技术人才 27 人，享受省政府特殊津贴专家 29 人，科技兴乡人才 49 人，专业技术队伍人才建设成效显著。

2. 全地域统筹搬迁安置模式

（1）安置模式

怒江州以 2017 年《怒江州深度贫困攻坚规划》构筑的总体格局为基础，遵循全州统筹、区域联动、因地制宜、以民为本、保障基本、安全适用的原则，形成了怒江州新城、县城、中心镇村、抵边就近、抵边跨域等五类全地域搬迁安置体系（见表1-2），构建解决区域性贫困问题的空间支撑系统，全面完成全州25133户、95859人建档立卡群众易地扶贫搬迁任务。其中，抵边居住的贫困群众承担守土固边的重任，不宜搬迁，通过修缮加固改造或就地就近拆除重建方式，使他们的住房安全得到保障。

表1-2　怒江州扶贫安置模式统计一览表

安置模式	基本情况	代表社区
跨区域新城集中安置模式（怒江新城）	安置地点位于怒江州泸水市市区，安置建档立卡贫困户6250户22662人，其中泸水市4111户15107人，福贡县999户3510人，贡山县3户6人，兰坪县1137户4039人	泸水市上江镇同心社区
跨区域抵边安置模式（片马镇）	安置地点位于泸水市片马镇，以跨区域集中安置的方式，在泸水市片马镇抵边安置建档立卡贫困人口211户781人，其中泸水市86户319人，福贡县19户88人，兰坪县106户374人	泸水市片马社区
县城安置模式	4县（市）在中心城市购房安置或集中建房安置，安置建档立卡贫困户10286户39226人	兰坪县永安社区、永祥社区、永兴社区、永泰社区、永昌社区；贡山县幸福社区
中心镇村安置模式	安置地点为沿怒江、澜沧江两岸和交通要道，交通条件较好、公共服务设施相对完善的乡镇集镇、中心村，安置785户2565人，其中泸水市278户743人，福贡县186户651人，兰坪县321户1171人	泸水市维拉坝安置点、兰坪县易门箐安置点、贡山县腊咱安置点、福贡县匹河乡指挥田安置点、贡山县普拉底乡安置点（金湾小区）
抵边自然村改造模式	安置地点为高黎贡山抵边自然村，改造4620户（泸水市3126户、福贡县993户、贡山县501户），其中建档立卡3197户（泸水市2162户、福贡县692户、贡山县343户）	贡山县巴坡村

（2）规划特点

怒江州扶贫安置点规划选址具有以下特点：一是交通区位良好。全州67个安置点均处于城镇核心区域、交通便捷区域、景观优美区域，确保居民生活便利、房产增值。如上江镇同心社区位于泸水市上江镇丙贡村委会大墩子组叶子花生态产业创业园附近，紧临省道228线，距上江镇政府驻地1公里，是上江镇镇区发展的黄金地段。二是配套设施齐全。配套设施按照"规模适宜、功能合理、经济安全、环境整洁、宜居宜业"的原则，配套建设安置点给排水、道路、电网、广电网络、防洪防涝、路灯绿化、公共厕所、垃圾处理等公共基础设施，并充分依托安置区所在城市、乡镇、行政村，统筹考虑今后一个时期的人口流量流向，参照相关行业标准、技术规范和安置点规划，配套建设卫生中心（卫生院、卫生室）、文化活动场所、幼儿园、居家养老服务中心、残疾人托养服务中心等公共服务设施。三是因地制宜设计。各地根据用地和安置规模特点，选择不同的规划设计模式。地形开阔、可建设用地较多的区域，采取楼房安置和宅基

图1-1　兰坪县易门箐安置点

图1-2　贡山县腊咱安置点

图1-3　泸水市维拉坝安置点

图1-4　福贡县匹河乡指挥田安置点

地安置同步推进，如兰坪县易门箐安置点①（见图1-1）；用地较为紧张的区域，则采取居民上楼的形式，如贡山县腊咱安置点②（见图1-2）。四是自我创新探索。如珠海市援建的泸水市维拉坝安置点③首创"新合院"的建筑组合模式（见图1-3），被誉为"云南省东西部扶贫协作的标杆"，配置了540个学位的格力小学、140个学位的格力幼儿园和粤财社区图书馆。福贡县匹河乡指挥田安置点④考虑居民生活习惯，结合实际情况，将搬迁点附近的边坡荒地进行整治（见图1-4），通过土壤改良、采用先进的灌溉系统、根据群众喜好引进优良的蔬菜品种并进行田间管护培训等系列措施，让搬迁群众有地种、有菜摘的同时也掌握了科学管理技术。

（3）建设模式

在建设模式方面，主要采用三种模式：一是本地政府投资建设。一般采取开发商代建回购、工程总承包（EPC）等模式实施工程建设，引进省属大型国有企业进行融资建设，确保按时、按质、按量完成搬迁目标任务。如上江镇同心社区由云南建投集团总承包施工。二是援建政府投资建设。如珠海市先后投入2.1亿元，援建6个易地扶贫搬迁点和4个危房改造点，共解决2618户8530名群众住房问题，主要包括泸水市维拉坝安置点、兰坪县易门箐安置点、贡山县腊咱安置点。三是援建企业投资建设，如中交集团投入1000万元用于泸水市恩感思落易地扶贫搬迁安置点建设（见图1-5），该安置点搬迁安置679户2755人。新房建成后，其产权归农户所有，原宅基地由政府统一收回，搬迁户在迁出地的原有耕地、

图1-5　泸水市恩感思落安置点

① 安置易地搬迁群众206户828人，其中建档立卡贫困户179户725人。
② 安置易地搬迁群众166户504人，其中建档立卡贫困户148户443人。
③ 安置易地搬迁群众741户2348人，其中建档立卡贫困户600户1903人。
④ 安置易地搬迁群众339户1312人，其中建档立卡贫困户328户1259人。

林地承包经营权和使用权等其他合法权益继续有效。安置住房按相关规定办理房屋产权，5 年内不能进行交易。

（4）管理模式

怒江州围绕配套设施完善、产业支撑有力、就业务工充分、综合治理有序的要求对安置社区进行管理，坚持党的组织和政权组织、经济组织、自治组织、群团组织、社会组织"六个同步"建设。

一是创新管理体制机制。怒江州建立健全以党组织为核心、社区自治组织为基础、群团组织和社会组织为纽带、集体经济组织为支撑的易地扶贫搬迁组织体系，全面推行"红色物业"规范化管理，在 19 个千人以上集中安置点组建管委会。怒江新城安置点和福贡、贡山、兰坪县城安置点由各县（市）选派处级干部担任管委会主任，一名正科级干部担任副主任脱岗驻点工作。乡镇集镇安置点由乡（镇）党委书记或乡（镇）长担任管委会主任，一名乡（镇）党政领导班子成员担任副主任负责具体工作；按照每 200 名搬迁群众配备 1 名干部的比例，由各县（市）统筹选派驻村（点）工作人员、乡（镇）干部、村组干部组成，保持管委会人员相对稳定性。其他安置点积极探索"党支部+物业公司（集体经济）＋管理小组＋搬迁群众"的易地扶贫搬迁物业管理模式，实现社区公共管理与物业管理服务"一体化"。

二是拓展管理服务内容。每个规模安置点设立一个夜校，持续开展通用语言培训，细致做好日常生活技能培训。开展城乡人居环境整治，全面推行垃圾分类处理，开展家庭内务评比活动，引导群众改变落后生活方式。组建社区联防队，推广"枫桥经验"，实现"小事不出村、大事不出乡"。

三是实施暖心管理手段。怒江州 67 个易地扶贫搬迁安置点组建"暖心团"，共有"团员"909 名，以发现和解决搬迁群众实际困难为导向，以推进完善社区服务为重点，及时帮助搬迁群众解决日常生活中的操心事、烦心事、揪心事。

四是营造良好社会氛围。怒江州加强"自强、诚信、感恩"教育，突出党建特色，发挥党员先进性，结合搬迁群众的地缘、族缘、亲缘关系，积极开展党群结对互助机制。每个搬迁点组建一支以上文艺队，丰富群众文化生活，提升群众健康素质，培育安置点社区生活新模式。

五是形成稳定帮扶机制。按照城市社区标准落实社区干部生活待遇，大力支持社区组建各类合作社发展集体经济，盘活安置点商铺、停车场等经营性资产，解决过渡期物业费用。在保持原挂联单位和帮扶责任人不脱钩的前提下，采取"部门加挂包楼"方式加强帮扶，并实施周末志愿服务制度。

三、怒江州脱贫攻坚的辉煌成就

（一）怒江州脱贫攻坚的巨大成效

脱贫攻坚以来，怒江州取得巨大成效。依托怒江州强大的组织动员能力和市场、社会的广泛参与，大力发扬"怒江缺条件，但不缺精神、不缺斗志"的怒江脱贫攻坚精神和"苦干实干亲自干"的怒江脱贫攻坚作风，以脱贫攻坚统揽经济社会发展全局，坚持稳中求进的工作基调，通过发展生产、易地搬迁、生态补偿、发展教育、社会保障兜底"五个一批"脱贫工程实施，全州"两不愁三保障"目标总体实现，产业就业扶贫取得良好成效，住房安全保障全面实现，教育扶贫强大合力基本形成，医疗保障全面落实，贫困村基础设施建设全面达标，综合交通实现突破性进展，生态文明建设成效显著，贫困群众内生动力不断激发。脱贫攻坚创造了"一步跨千年"的奇迹，刀耕火种、窝棚茅屋、缺衣少食这些几千年来困扰怒江州少数民族的问题一去不复返。

1.减贫成效

经过 8 年精准扶贫、5 年脱贫攻坚，怒江州减贫事业成效显著。截至 2020 年底，全州 26.96 万贫困人口全部达到"两不愁三保障"标准，249 个贫困村全部退出，4 个县（市）全部退出贫困县序列，贫困发生率持续下降至 0；贫困地区农村居民可支配收入不断增加；基础设施和公共服务进一步提升；教育、医疗和住房"三保障"水平全面提升；生产生活条件得到显著改善。

（1）农村贫困人口大幅减少，贫困发生率持续下降

怒江州贫困人口大幅减少。根据现行国家农村贫困标准，2013—2020 年，云南省农村贫困人口累计减少 804 万人，年均减贫 100.5 万人；2014—2020 年，怒江州年度脱贫人口规模分别为 1.80 万人、2.50 万人、2.17 万人、3.70 万人、3.02 万人、10.02 万人和 4.50 万人，累计脱贫人口规模为 26.96 万人，年均减贫 3.85 万人，具体脱贫人数如表 1-3 所示。

表 1-3 脱贫攻坚以来怒江州农村贫困人口减少情况

年份	剩余贫困人口（万人）	当年实际脱贫人口（万人）	累计脱贫人口（万人）
2014	17.30	1.80	1.80
2015	14.84	2.50	4.30
2016	17.90	2.17	6.47
2017	16.40	3.70	10.17
2018	14.29	3.02	13.19
2019	4.43	10.02	22.35
2020	0	4.50	26.96

数据来源：怒江州扶贫办。

031

怒江州农村贫困发生率逐年降低，且贫困发生率下降幅度快于云南农村和云南农村贫困地区。云南农村贫困发生率从 2014 年的 15.5%下降到 2019 年的 1.8%，累计下降 13.7 个百分点，年均下降 2.74 个百分点；云南农村贫困地区贫困发生率从 2014 年的 20.3%下降到 2019 年的 3.52%，累计下降 16.78 个百分点，年均下降 3.36 个百分点；怒江州农村贫困发生率从 2014 年的 38.65%下降到 2019 年的 10.09%，累计下降 28.56 个百分点，年均下降 5.7 个百分点，比全省农村平均快 2.96 个百分点，比全省农村贫困地区平均快 2.34 个百分点。具体贫困发生率如表 1-4 所示。

表 1-4　脱贫攻坚以来怒江州农村贫困发生率情况分析

年份	云南农村		云南农村贫困地区		怒江州农村	
	贫困发生率（%）	下降（%）	贫困发生率（%）	下降（%）	贫困发生率（%）	下降（%）
2014	15.5	—	20.3	—	38.65	—
2015	12.7	2.8	17.4	4.8	33.10	5.55
2016	10.1	2.6	13.7	1.6	38.24	-5.14
2017	7.5	2.6	10.2	2.9	38.14	0.1
2018	4.8	2.7	6.4	3.7	32.52	5.62
2019	1.8	3.0	3.52	2.88	10.09	22.43

数据来源：怒江州扶贫办。

各县（市）减贫成效显著。从各县（市）脱贫人口来看，兰坪县贫困人口基数大，贫困人口绝对数量变化最大，2015 年至 2019 年下降了 5.22 万人；贡山县相对变动最为明显，贫困人口下降了 98.18%。从贫困发生率指标来看，泸水市由 26.94% 下降到 11.97%，下降 14.97%；福贡县从 41.96% 下降到 20.61%，下降 21.35%；贡山县从 37.63% 下降到 0.54%，下降 37.09%；兰坪县从 32.72% 下降到 4.8%，下降 27.92%。总的来说，各县（市）贫困人口数量和贫困发生率均有明显幅度的下降。具体剩余贫困人口如表 1-5 所示。

表 1-5　怒江州各县（市）剩余贫困人口

年份	泸水市		福贡县		贡山县		兰坪县	
	贫困人口（万人）	贫困发生率（%）	贫困人口（万人）	贫困发生率（%）	贫困人口（万人）	贫困发生率（%）	贫困人口（万人）	贫困发生率（%）
2015	3.83	26.94	3.85	41.96	1.10	37.63	6.07	32.72
2016	4.89	32.97	4.84	48.52	1.13	38.53	7.05	36.92
2017	4.78	35.45	4.32	47.25	0.89	29.05	6.42	37.04
2018	4.40	31.58	3.73	40.67	0.63	21.79	5.53	30.84
2019	1.67	11.97	1.89	20.61	0.02	0.54	0.85	4.80

数据来源：怒江州扶贫办。

（2）农村居民收入持续增长

怒江州农村常住居民增收明显。脱贫攻坚以来，怒江州农村居民人均可支配收入较 2014 年有较大提升。由表 1-6 知，怒江州 2019 年农村居民人均可支配收入 7165 元，较 2014 年提高 66.74%，2015—2019 年年均实际增长 10.77%，均高于云南农村人均收入增长率。怒江州农村居民人均可支配收入占云南农村居民人均可支配收入的比例由 2014 年的 57.63% 上升到 2019 年的 60.20%，提高 2.57%。总的来看，怒江州农村常住居民人均可支配收入有较大幅度的上升，增速高于云南农村平均水平，与云南农村居民人均可支配收入的差异越来越小。

表 1-6　怒江州及云南农村常住居民人均可支配收入

| 年份 | 怒江州农村常住居民 | | 云南农村居民 | | 怒江州农村居民人均可支配收入占云南农村居民人均可支配收入比例（%） |
	人均可支配收入（元）	实际增速（%）	人均可支配收入（元）	实际增速（%）	
2014	4297	—	7456	—	57.63
2015	4791	11.50	8242	10.50	58.13
2016	5299	10.60	9020	9.40	58.75
2017	5871	10.80	9862	9.30	59.53
2018	6449	9.85	10768	9.20	59.89
2019	7165	11.10	11902	10.5	60.20

数据来源：云南统计局。

① 就业扶贫取得新成效，工资性收入增长对增收贡献最大。2015 年到 2018 年怒江州农村居民人均获得工资性收入从 1445 元增加到 2178 元，对增收的贡献从 14.85% 增加到 35.98%，是农村居民增收的最大动力。组建的"就业小分队"使全州共计实现农村劳动力转移就业 18.15 万人次（户均实现就业 1.85 人），其中建档立卡贫困劳动力 10.36 万人次；易地搬迁特色主题小镇等"以工代赈"项目建设模式促进劳动力需求增加，农民务工机会增加，工资水平提高；扶贫车间吸纳搬迁群众就业，增设公益性岗

位，贫困劳动力就业空间扩大等有利因素叠加，也促使农村居民工资性收入增加。

② 产业扶贫、生态保护扶贫双推进，使经营性收入平稳增长。怒江州大力实施"治伤疤、保生态、防返贫"生态建设，巩固脱贫成果行动和"四个百万"、"321156"工程、绿色香料等产业建设。生态扶贫方面，选聘 30463 名生态护林员参与森林资源和生态保护，带动 12.35 万贫困人口稳定增收脱贫，组建 187 个生态扶贫专业合作社，2 万余名贫困人口参与推进怒江、澜沧江两岸生态修复治理，植树造林成为群众增收就业的新渠道。全州实现林草产业总产值 22.95 亿元，农民人均纯收入中林业收入 2913.97 元，占农民人均可支配收入的 40.8%。

③ 利益联结机制不断健全，财产净收入增加。2018 年，怒江州农村居民人均财产净收入 112 元，同比增长 89.87%。龙头企业、新型经营主体、大户能人（村干部、致富能人等）、扶贫车间等带动推动了农村居民人均财产性收入增加。以草果产业为例，龙头企业通过积极引进和培育草果采购、加工、销售服务商，优化利益联结机制，提升产业组织化水平、附加值和经济效益；积极动员村干部、致富能人等带头种植草果，获得收益后带动群众广泛参与；采取"企业+扶贫车间+贫困户+非遗传承"模式，带动有劳动能力的贫困户在家门口就业增收。全州参与产业扶贫的各类新型农业经营主体 1086 个，新型经营主体带动全州建档立卡贫困户 6.56 万户 25.69 万人，带贫率 100%。

2.经济发展

全州经济总体呈现平稳增长态势。2016—2019 年的地区生产总值（GDP）分别为 126.5 亿元、141.26 亿元、169.13 亿元、192.51 亿元，年均增速在 10% 以上，高于全国平均和全省平均增速；2016—2019 年的地方财政预算收入分别为 9.46 亿元、9.93 亿元、10.86 亿元、13.08 亿元，年均增速 9.08%；2016—2019 年的社会消费品零售总额分别为 30.75 亿元、34.36 亿元、38.49 亿元、42.79 亿元。2020 年，怒江州 GDP 累计完成 210.73 亿元，同比增长 7.1%，高于全国 4.8 个百分点，高于全省 3.1 个百分点，全州经济总量实现历史性突破。

3. 社会进步

社会发展各项指标得到提高，全员劳动生产率得到提高。2018 年[①] 和 2019 年的全员劳动生产率分别为 4.14 万 / 人和 4.16 万 / 人；新增劳动力平均受教育年限不断上升，2016—2019 年平均受教育年限从 10.9 年增加到 11.8 年；城镇新增就业人数从 2016 年的 0.42 万人上升到 2019 年的 0.56 万人；科技进步贡献率逐年提升，从 2015 年的 26.6% 提高到 2019 年的 37%；2016—2019 年第三产业服务业增加值比重分别为 54.24%、54.8%、53.6%、51.2%，比重均超过 50%；人均预期寿命呈现增加趋势，2018 年和 2019 年人均预期寿命分别为 65.22 岁和 66 岁，预计 2020 年达到 66.5 岁，比 2018 年增加 1.28 岁。

4. 生态保护

通过实施生态扶贫，全州各族群众告别"靠山吃山"、陡坡耕作、毁林开荒等落后的农耕生存方式，养成了健康文明的现代生活方式。易地扶贫搬迁缓解了迁出地人口与资源的矛盾，使迁出地自然植被和生态系统得到有效恢复。经过后续产业发展、转移就业、拆旧复垦、退耕还林等一系列措施，原有的迁出地整体恢复生态。搬迁后的住户通过实施以电代柴，平均万户建档立卡贫困户每年可节约薪柴 2.5 万立方米。全州森林覆盖率由 2014 年的 72.96% 增加到 2019 年的 78.08%，森林蓄积量由 2014 年的 1.78 亿立方米增加到 2019 年的 1.84 亿立方米，自然保护区面积由 2014 年的 399578 公顷增加到 2019 年的 408179 公顷。全州共创建 218 个省、州级生态村、17 个省级生态文明乡镇。贡山县荣获国家级"绿水青山就是金山银山"实践创新基地命名。

---

① 2018 年以前未对劳动生产率进行测算。

5.支撑系统

（1）基础设施建设实现重大突破

综合交通网络建设取得明显提升。截至 2020 年底，境内公路总里程 6658 公里，比"十二五"末增加 1082 公里。怒江州美丽公路通车，实现全州 4 个县（市）通高等级公路，保泸高速公路开通运营，剑兰、云兰高速试验段开工建设，怒江州六库机场公路试验段、六片红色旅游公路、吉瓦图至丙中洛公路等建成通车，德贡公路提升完善工程及孔雀山隧道加快建设。全州行政村道路硬化率达 100%，建设完成投入使用的客运站有 23 个，29 个乡镇通班线客车，乡镇通班车率 100%。兰坪丰华通用机场通航，实现了怒江州人民千年"飞天梦"。

易地扶贫搬迁和危房改造推动住房安全巩固提升。全州共建成 67 个易地扶贫搬迁集中安置点，10.2 万名易地扶贫搬迁群众已全部搬迁入住，从穷窝穷业到安居乐业，告别了昔日"竹篱为墙、柴扉为门、茅草为顶、千脚落地、上楼下圈、透风漏雨"的吊脚房、木草屋，住进了安全稳固的安全房和家具家电齐全的新楼房。2016—2019 年全州分别累计完成农村危房改造 2.73 万户、2.93 万户、3.50 万户、4.01 万户，基本实现"危房不住人，住人无危房"的目标。

全州农村饮水和用电得到保障。饮水安全巩固提升工程全面完成，农村自来水普及率达 94%，集中供水率达 96%，农村人畜饮水水量、水质、用水方便程度和供水保证率全面达标，实现农村饮水安全有保障。农村供电率达 93.17%，225 个行政村通动力电，公共服务和活动场所实现全覆盖。

全州行政村村委会、学校、卫生室网络宽带全覆盖。2016 年至 2020 年 6 月，全州固定宽带家庭用户数从 5.84 万户提升至 12.77 万户，光纤入户用户数从 4.69 万户提升至 12 万户，数字电视用户数从 3.54 万户提升至 12 万户，移动手机用户数从 47 万户提升至 56.2 万户，贫困村（行政村）宽带网络覆盖率从 44% 提升至 100%。

（2）基本公共服务均等化全面推进

全州教育事业稳步发展，教育扶贫覆盖面积扩大，控辍保学质量提高。截至 2019 年底，全州九年义务教育巩固率 90.87%，比 2015 年提高 24.96 个百分点。其中小学学龄儿童净入学率为 99.64%，比 2015 年提高 0.15 个百分点；初中学龄儿童净入学率为 82.45%，比 2015 年提高 9.21 个百分点；高中阶段毛入学率 73.35%，比 2015 年提高 27.15 个百分点。学前教育 3 年毛入园率 74.43%，比 2015 年提高 38.15 个百分点。全州校舍面积达到 156.016 万平方米，比 2015 年增加 57.86 万平方米。在校学生总数从 2015 年的 86344 人增加到 102844 人，4 年间净增加 1.65 万人。各级各类学校教职员工 7396 人，比 2015 年增加在编教职工 509 人。

全州卫生事业不断进步，健康扶贫受益人口增加，医疗条件稳步提升。全州医疗卫生机构由 2015 年的 59 个增加到 2019 年的 331 个。卫生技术人员由 2015 年的 2012 个增加到 2019 年的 2860 个。截至 2019 年底，255 个行政村全部建成标准化卫生室，配备 638 名乡村医生，医疗技术水平得到提升。建档立卡贫困人口全部参加城乡居民基本医保和大病保险，并纳入医疗救助保障范围，实现"先诊疗后付费"和"一站式、一单式"即时结报。建档立卡贫困患者住院治疗费用实际报销比例达 90.2%，较实施健康扶贫政策前提高约 20%。城乡低保、基本养老保险和医疗保险等社会保障体系不断完善。

6. 治理能力

坚持党的组织和政权组织、经济组织、自治组织、群团组织、社会组织"六个同步"建设，建立健全以党组织为核心、社区自治组织为基础、群团组织和社会组织为纽带、集体经济组织为支撑的组织体系，形成"一体化"领导、管理、服务的工作模式。全州 67 个易地扶贫搬迁安置点建立社区机构 22 个、其他管理机构 24 个；设立综治中心（含调解室、警务室、网格室）34 个，配备工作人员 85 人，有力推动了社区治理正常化。

通过"背包工作队"的实施，干部队伍素质得到提升，党群关系得到改善，基层组织得到沉淀。首先，全州广大党员、干部以脱贫攻坚为"考场"践行初心、担当使命，学以致用、政策宣传、调查研究、解决问题、执行落实、工作创新等能力得到全面提升，从过去的安于现状转变为现在的争创一流，从过去的"按部就班"转变为现在的"敢想敢干，苦干实干亲自干"，人人争当"有情怀有血性有担当"的怒江脱贫攻坚干部。其次，"背包队员"牢固树立以人民为中心的思想，时刻牢记党的宗旨，全心全意为人民服务，背起背包、扎根一线，带领群众"改穷业、挪穷窝、拔穷根、脱穷境、换穷貌"，与群众"结亲戚"，用心用情帮助群众纾难解困，真心实意带领群众脱贫致富，用实际行动赢得了群众的口碑。最后，"背包工作队"由乡镇党委指挥调配，根据队员个人专长、针对扶贫对象情况合理编队，有的几个队员包一户、有的一个队员包几户，分工作战、灵活调度，形成"1＋1＞2"的整体效应，乡镇党委统筹全局的领导能力得到明显提升。

（二）怒江州脱贫攻坚的经验总结

1. 以民为本的基础思维

怒江州脱贫攻坚中始终将以民为本的基础思维作为脱贫政策制定、脱贫搬迁社会动员的指导思想。

第一，一切为了人民的脱贫政策制定。怒江州扶贫政策制定充分考虑了贫困群众的基本生活需要与发展需要。一方面，大力发展产业就业扶贫，通过发展特色种植业、特色养殖业、加工储运服务业、贫困村集体经济组织、乡村旅游、扶贫车间、电子商务平台和兜底资产收益项目为建档立卡贫困户提供就业岗位。另一方面，高度重视教育扶贫政策和能力组织建设政策。投入大量资源建设教育基础设施，推进职业教育中心建设，促进教育队伍素质提升，加大对劳动力的职业技能培训、引导性培训。

第二，积极有效的脱贫搬迁社会动员。基于怒江州"直过民族"的特征，易地搬迁扶贫工程在动员过程中高度重视舆论引导和宣传动员手段，制作汉语、傈僳语等政策宣传手册，让不同民族和信仰的搬迁群众充分了解搬迁政策，有效打消群众顾虑，保障贫困群众配合搬迁的主观积极性。在利用多种媒体进行广泛宣传的同时，采取干部包保结对、群团组织发动、组建"尖刀班"攻坚等超常规措施，进农户、进村组、进学校、进活动场所开展宣传动员，面对面向群众讲清楚政策，并组织村组干部和搬迁群众代表到已搬迁入住的安置点现场观摩。

2. 扁平架构的治理逻辑

脱贫攻坚是一项系统性工程，涉及不同领域政策与不同部门的协调配合，削减管理层次、增加管理幅度、维持组织架构扁平，有利于灵活便捷地开展扶贫工作，及时回应贫困群众需求。怒江州的治理逻辑体现了扁平化思想。

第一，实行目标管理，以团队为基本单位组成矩阵制组织结构。怒江州规划了脱贫攻坚的十大重点工程，《云南省怒江傈僳族自治州全力推进深度贫困脱贫攻坚实施方案（2018—2020 年）》对十项工程及其细分项目的牵头单位与责任单位均进行了详细的规定，每项大工程或细分工程均由一个牵头单位和多个责任单位组成，最大程度地确保了治理架构的扁平化。州政府共有 32 个工作部门和 4 个直属事业单位，其中担任项目牵头单位的共有 18 个工作部门（见表 1—7），担任项目责任单位的除了 4 个县（市）党委、政府以外共有 22 个工作部门，另外还包括中国人民银行怒江州中心支行、中国农业发展银行怒江州分行、州供销合作社联合社、州公安边防支队以及珠海驻怒江州扶贫协作工作组。怒江州依据部门原有的机构设置和职能配置团队组成专门的工程团队，每个工程团队围绕一项专门扶贫任务成立跨职能专门机构，不同团队分别牵头和负责各项工程的推进与实施，将扶贫工程组织体系直接嵌入党政的纵向和横向组织体系中。十大工程团队是扁平化组织中典型的矩阵制组织结构，是为了克服纵向职能制横向联系差、弹性缺乏的弱点，在原有的党政垂直形态组织系统基础上增加的横向领导系统，是一种非长期的固定性组织。

脱贫攻坚战是涉及面广、短期或中期的、复杂的重大任务。怒江州采用矩阵制组织架构这一适用于横向协作与项目攻关的组织架构，有利于各项工程运转过程中不同横向部门间的高效协作、信息互通、资源互享，极大提升了工程任务落实与目标完成的效率。

表 1-7 十大工程牵头单位

工程名称	牵头单位
1.易地扶贫搬迁工程	州发展改革委
2.产业就业脱贫工程	州农业局、州委组织部、州旅发委、州扶贫办、州商务局、州财政局
3.生态扶贫工程	州林业局、州水务局、州国土资源局
4.健康扶贫工程	州卫生计生委
5.教育扶贫工程	州教育局
6.能力素质建设工程	州人力资源社会保障局、州林业局、州教育局、州科技局
7.农村危房改造工程	州住房城乡建设局
8.贫困村提升工程	州交通运输局、州水务局、州住房城乡建设局、州农业局、州委组织部
9.兜底保障工程	州民政局、州残联、州财政局
10.守边强基工程	州住房城乡建设局

第二，实施"挂包帮"，资源和权力下放基层，及时回应贫困群众需求。"挂包帮"即"领导挂点、部门包村、干部帮户"定点挂钩扶贫工作长效机制，是怒江州基层扶贫组织体系得以运转顺畅的重要抓手。怒江州构建了州、县、乡、村四级"挂包帮"模式，各级职责如下：州级负责研究拟定工作目标、措施和意见；县级发挥"挂包帮"定点扶贫工作主体作用，推进工作；乡级负责把扶贫工作队的工作纳入全乡脱贫攻坚工作的整体规划和工作部署安排，有针对性地开展集中培训，让工作队及队员明确工作任务、工作职责和工作要求；村级负责为驻村扶贫工作队做好必要的工作、后勤等服务保障。帮户干部与每户贫困户直接对接，负责细化制定

所帮贫困户的脱贫计划与措施，做到"一户一策、一户一法"。这一做法通过使基层干部与贫困群众直接接触并赋予其部分决策权，有效避免了贫困群众层层向上反馈需求过程中的寻租、失真和滞后，极大提升了脱贫措施制定的精准性和扶贫服务质量。

3. 系统全面的政策体系

怒江州围绕易地扶贫搬迁工程建立了系统全面的搬迁政策和配套政策体系，基于经济建设、政治建设、文化建设、社会建设和生态文明建设"五位一体"总体布局要求，构建了与之对应的产业就业、党建社群、教育培训、社会保障、生态保护"五位一体"的扶贫政策体系。

一是产业就业政策。怒江州通过产业就业扶贫真正做到了"稳得住、能致富"。一方面怒江州规定了岗位安排的硬性指标，为建档立卡贫困户的每户群众至少安排 1 个就业岗位，设置大量公益性扶贫岗位并规定贫困户劳动力用工比例不少于 60% 以上。另一方面，怒江州积极促进产业发展与产业升级，提出发展特色种植业、特色养殖业、加工储运服务业、贫困村集体经济组织、乡村旅游扶贫、扶贫车间、电子商务平台和兜底资产收益项目等带贫益贫产业。

二是党建社群政策。易地扶贫搬迁，要想做到"稳得住"，就必须建立起搬迁后凝聚力强、服务水平高、管理得当的组织体系。怒江州构建了"党组织—管委会—群团组织"的易地扶贫搬迁安置点组织体系，保障搬迁群众进城入镇后的生活生产问题得到有效解决。各县（市）基于各安置点情况成立新党支部或随迁原有党支部，由乡镇正科级、副科级干部担任党支部书记，选举配齐居民小组长、楼栋长，起到了帮助安置点群众迅速适应新生活的凝聚人心的作用。怒江州在千人以上集中安置点组建管委会，县级安置点由各县（市）选派处级干部担任管委会主任，一名正科级干部担任副主任脱岗驻点工作，乡镇级安置点由乡（镇）党委书记或乡（镇）长担任管委会主任，一名乡（镇）党政领导班子成员担任副主任负责具体工作。各安置点积极组建社区文艺队等群团组织。

三是教育培训政策。怒江州从教育基础设施发展最落后的环节入手，着力改善贫困村学前教育基础设施，改善义务教育和普通高中教育薄弱学校的基本办学条件，全面抓好"控辍保学"，并特别重视易地扶贫安置点的教育扶贫配套政策，全面保障了搬迁居民子女以安置地公办学校为主接受义务教育和学前教育，在安置地参加升学考试，确保与城镇居民同城同待遇，保证贫困户搬迁后其子女继续享受资助政策。同时，云南省选任优秀教师到怒江州支教，开展各类中小学教师培训项目，提升教师教育水平进而提升办学质量。怒江州对建档立卡劳动力开展精准技术技能培训，开展"直过民族"普通话培训、农村劳动力种植养殖技能、生活技能、经营服务技能和劳动技能培训。对省内县外转移就业实行定点、订单、定向培训，以珠海市、三峡集团帮扶怒江州为契机，组织外出务工，提高务工收入。

四是社会保障政策。怒江州全面落实《云南省健康扶贫30条措施》，有效防止因病致贫、因病返贫。建立健全覆盖城乡全体居民养老医疗保险体系，扎实推进新型农村社会养老保险试点工作，实施城乡统一的养老保险制度，实现社会保险制度城乡无缝对接。

五是生态扶贫政策。怒江州走出了一条生态、产业、搬迁扶贫"三位一体"道路，将生态修复与产业扶贫相结合，并向易地搬迁扶贫安置点农民倾斜。怒江州在怒江与澜沧江峡谷两岸开展"治伤疤、保生态、防返贫"的生态建设巩固脱贫成果行动，结合"怒江花谷"生态建设，鼓励搬迁群众就地就近就业。实施生态公益林补偿，依托脱贫攻坚造林专业合作社，组织建档立卡贫困户参与工程建设，通过参与工程建设获取劳务收入，工程建设结束后仍由贫困户参与管理、抚育和经营而获得持续的管护收入和利益分红，带动贫困群众持续增收。推广生态公益性岗位，在具有劳动能力的建档立卡贫困人口中选聘生态护林员、河道管理员、地质灾害检测治理员等人员，通过巡山护林防火、巡河清障、险情预警防护等获得劳务收入。

4.综合统筹的实施方案

怒江州脱贫攻坚制定了综合统筹的实施方案，综合统筹"直过民族"特殊性，统筹市场与社会力量，统筹本地与外地资源，确保实施方案符合各县（市）具体情况，不同地区扶贫力量得以充分利用。

一是实施方案统筹兼顾了"直过民族"的特殊性。促进"直过民族"贫困人口融入现代文明，改变其守旧落后的思想，打破语言障碍至关重要。怒江州由州教育牵头开展"直过民族"普通话培训，对州内16—45周岁不通汉语的 11155 人进行普通话培训，促进广大少数民族聚居区群众能用普通话进行交流，实现沟通无障碍，提高其就业能力和生存技巧。怒江州将其丰富的民族非物质文化遗产资源与扶贫产业相结合，既能传承民族传统手艺，又能为"直过民族"的贫困群众增加收入，还能激发"直过民族群众"参与自身脱贫的内生动力。怒江州扶贫办牵头，建设 140 个传承开发民间工艺、民族文化服饰等方面的扶贫车间，每个车间补助 50 万元，传承开发民族手工艺。

二是实施方案统筹用活了市场与社会力量。怒江州易地扶贫搬迁工程对建设模式进行大胆创新，充分统筹了市场力量，采用开发商代建回购、工程总承包（EPC）等模式实施工程建设，引进省属大型国有企业进行融资建设，确保按时、按质、按量完成搬迁目标任务。截至 2020 年底，中央定点扶贫单位中交集团累计投入帮扶资金 5.5 亿元，三峡集团累计投入帮扶资金 8.9 亿元，大唐集团累计投入帮扶资金 6.7 亿元，助力怒江州脱贫。三家单位出资改造多所学校的硬件设施，援建希望小学，明显改善了怒江州基础教育的硬件条件。云南能投集团每年向怒江州捐赠扶贫资金 2000 万元，并推动怒江州绿色香料产业、特色小镇、民生项目等落地见效。

三是实施方案统筹用足了东西协作扶贫对口支援资源。怒江州把握东西协作扶贫政策，积极与珠海市开展扶贫合作，借力脱贫攻坚。易地搬迁扶贫方面，珠海市投入 2.1 亿元援建易地扶贫搬迁点与危房改造点；就业扶贫方面，怒江州与珠海市联合组织外出务工，转移到珠海地区累计

7000 多人；产业扶贫方面，珠海投入产业帮扶资金 1.96 亿元，共开展 131 个产业帮扶项目；医疗扶贫方面，珠海派遣医护人员常驻怒江州，安排医疗机构与怒江州医院结对帮扶，建立远程会诊中心；教育扶贫方面，珠海百余名教师到怒江州支教，培训怒江州教育行政干部与骨干教师，开展幼儿园教学交流活动，接受怒江州户籍毕业生到珠海职业学校就读。

四是实施方案统筹用好了工资性收入和资产性收入。除了为贫困户创造大量就业机会以外，怒江州将财政专项扶贫资金投入种植、养殖、水电、乡村旅游等项目，实现专项扶贫资金资本化和股权化，使贫困户获得持续稳定的资产性收入。

5. 目标一致的行动纲领

怒江州脱贫攻坚是一项系统性工程，涉及不同组织、机构、政策的协调配合。怒江州的脱贫攻坚之所以能够顺利推进，其根本原因在于各方齐心协力、目标一致，始终将贫困群众脱贫并稳定实现"两不愁三保障"作为核心目标，将怒江州脱贫摘帽、与全国人民同步小康作为关键目标，将激发贫困群众尤其是广大少数民族群众的内生动力作为长期目标。

怒江州脱贫攻坚行动始终以实现"两不愁三保障"为核心目标，稳扎稳打培育产业，不断巩固扶贫成果，稳定增加贫困群众的政策性收入、工资性收入和资产性收入，保障贫困人口不愁吃、不愁穿，打好住房保障攻坚战、教育扶贫攻坚战和医疗卫生攻坚战，保障贫困人口的义务教育、基本医疗和住房安全。

怒江州脱贫攻坚行动始终将脱贫摘帽、与全国人民同步小康作为关键目标。2020 年 11 月 13 日，云南省人民政府发布了《云南省人民政府关于批准镇雄等 9 个县市退出贫困县的通知》，怒江州泸水市、福贡县、兰坪县已达到贫困县退出标准，符合贫困县退出条件，批准退出贫困县。怒江州的脱贫攻坚战取得了全面胜利。

怒江州脱贫攻坚行动始终把激发广大少数民族群众的内生动力作为长期目标。怒江州着重打好素质攻坚战，坚持把扶贫与扶智、扶志、扶业有机结合，坚持维护边疆社会和谐稳定，将脱贫攻坚与民族团结进步示范创建有机融合，取得了预期的成就。

本章作者

中国人民大学农业与农村发展学院　汪三贵教授

中国人民大学公共管理学院　邻艳丽教授

中国人民大学公共管理学院　许光建教授

中国人民大学新闻学院　李沁教授

中国人民大学农业与农村发展学院博士生周园翔、郑丽娟、佘欣艺对本章亦有贡献

第二章　易地扶贫搬迁对怒江州经济发展和社会进步的深层次影响

怒江州易地扶贫搬迁是全国易地扶贫搬迁伟大胜利中浓墨重彩的篇章。"十三五"期间，中央和地方政府总共投入 6000 亿元资金，在全国搬迁近 1000 万贫困人口，这是中华民族历史和世界文明史上前所未有的奇迹。其间，怒江州作为"三区三州"深度贫困地区之一，易地扶贫搬迁人口近十万，占全州总人口近五分之一，搬迁人数和工程难度世所罕见。

易地扶贫搬迁面对综合性致贫原因，搬出难、稳住难、致富难，克服这一系列艰巨困难需要全盘规划发展空间、整体改善基础设施、培植可持续产业、培育内生发展动力。怒江州易地扶贫搬迁不仅精准帮扶近十万易地搬迁贫困户，拔除世代困扰的贫困，而且带动全州五十多万人民共同发展，改变了缓慢、内向、亦步亦趋的发展节奏，成为怒江州"一步跨千年"的先导举措、促进脱贫攻坚与乡村振兴有机衔接的首要动力、贯彻新发展理念跨入新发展格局的关键一招。

一、怒江州易地扶贫搬迁决战取得伟大胜利

（一）怒江州要摆脱深度贫困，易地扶贫搬迁不得不为

怒江州所辖 4 个县（市）均为深度贫困县。境内可耕地面积少，农

业资源贫瘠。所辖 29 个乡镇除兰坪县通甸、金顶等少数乡镇有少量较为平坦的山间槽地和江河冲积滩地外，多为高山陡坡地形，垦殖系数不足 4%。可耕地中高山地占 28.9%，山区半山区地占 63.5%，河谷地占 7.6%。耕地沿山坡垂直分布，76.6%的耕地坡度均在 25 度以上。

这样的自然条件使得怒江州发展面临着诸多制约因素：一是遍布全州的深山石山、边远高寒地带，不具备基本发展条件，同时山体滑坡、泥石流等地质灾害频发，严重威胁人民群众生命财产安全。二是山高路险河流多，道路崎岖难行，货物运送大多只能靠人背马驮，交通、通信等基础设施十分薄弱，工程措施解决难度大，建设和运行成本高。三是群众居住分散，无法集中提供公共服务，导致居民看病就医、接受教育难，无法便捷享受现代化的文明成果。四是怒江州处于全国重要生态功能区，生态保护同经济发展的矛盾比较突出。

对于怒江州过半数贫困人口来说，只要还住在原地，就无法系统实现"两不愁三保障"脱贫目标；只要还住在原地，即使延长脱贫时间，也必须耗费巨大成本，而且会严重危及生态红线；即使付出巨大代价在原住地实现"两不愁三保障"，维系及巩固"两不愁三保障"也会困难重重。正因为贫困源于资源、地理和交通因素，不转换思路，仅仅在贫困人口原有居住地域内想办法，效果只能是杯水车薪，且后续发展成本巨大，甚至后患无穷。易地扶贫搬迁成为从根本上解决怒江州贫困问题的唯一出路。

改革开放以来，怒江州就持续有贫困人口自发移民，靠自己努力改变生存状况，党和政府开发式扶贫也逐渐推行易地搬迁方式。但是，限于贫困面过大，移民所需各项工程建设和产业发展资金，远远超出原有开发式扶贫所能承受的资金和资源投入限度，导致怒江州扶贫工作一直没有突破性进展，不间断扶贫和不间断返贫困扰着怒江州干部群众。

怒江州党委政府越来越认识到，要彻底改变贫困人口生存状况，就需下大决心彻底置换他们的发展空间。只有置换贫困人口发展空间，产业扶贫、教育扶贫、健康扶贫等扶贫措施才能产生真正效果，才能缩小怒江州与其他地区的发展差距。于是，响应中央和省委政府号召，对 2020 年底前解决"两不愁三保障"贫困人口实施易地扶贫搬迁，就成为怒江州脱贫攻坚的首要选择，成为怒江州实施"五个一批"的头号工程。

（二）易地扶贫搬迁任务艰巨，堪称新时代的"愚公移山"

1. 巨大的搬迁规模

易地扶贫搬迁对象以建档立卡贫困人口为主，他们居住在深山石山、边远高寒、基础设施薄弱、生态功能脆弱等地区。按照规划方案，全州26.96万建档立卡贫困人口当中，纳入国家易地扶贫搬迁规划任务的95859人，占全州建档立卡贫困人口总数的35.6%，加上同步搬迁人口6081人，全州易地扶贫搬迁总规模实际达10.19万人。除2016年、2017年、2018年已经实施的32856人搬迁任务外，新增识别63003人。其中，对集中居住30户以下、贫困发生率50%以上、基础设施和公共服务尚未达到脱贫出列条件的自然村实施整村搬迁。

怒江州确定了整村整组搬迁和"下山进城入镇"思路，共规划建设67个集中安置区：在泸水市怒江新城和福贡县城、贡山县城和兰坪县城共建设9个安置区，安置7.1万人；在公路沿线和中心集镇共建设57个安置区，安置3.04万人；在泸水市片马边境口岸建设1个抵边集镇安置区，安置481人。

如此巨大的搬迁人口规模意味着巨大资金使用规模。2018—2020年6月，全州投入易地扶贫搬迁工程项目建设资金65.12亿元，支持全州易地扶贫搬迁及搬迁点配套基础公共服务设施建设。2020年5月9日，随着福贡县最后一批132户738人搬迁入住县城江西安置区，怒江州"十三五"易地扶贫搬迁建档立卡贫困人口25127户95859人全部领钥匙搬迁入住，实现了应搬尽搬。

2.艰巨的建设任务

怒江州地形特殊，原建城镇基本上将利用难度低的土地利用殆尽，剩下都是利用难度大的土地，适宜搬迁安置空间严重不足。在搬迁地点选择上，怒江州结合州情和城镇化发展战略，实行"进城抵边"战略，按照县城、集镇、抵边"三靠近"原则，充分考虑地理位置优势、自然资源承载力、后续发展潜力等综合因素，以向州府新规划的怒江新城和3个县城搬迁安置为主、向中心集镇和片马抵边安置为辅的方式，实行城镇化集中安置。

由于地质条件复杂，易地搬迁安置点建设的施工难度极大。在很长一段时间里，由于"美丽公路"建设与沿线安置区建设交叉施工，机械建材运输和安置点建设受到很大影响。这些原因直接导致2017—2018年间，怒江州搬迁安置区建设进度不甚理想，影响到全省搬迁工作大局。鉴于此，怒江州委州政府果断对安置点建设进度缓慢、力量薄弱的小型承建企业进行整顿清退，及时引进大型国有企业施工；在每个集中安置点推行"三点长"驻点制，即一名州级领导、一名县级领导、一名施工企业领导担任"点长"驻点抓落实、破难题、抓进度、保质量、促帮扶，搬迁建设进度明显加快。

3.紧迫的时间要求

如此艰巨的搬迁任务，如此困难的建设任务，时间要求非常紧迫。"十三五"期间，怒江州每4个农村人口就搬迁1人，每3个建档立卡贫困人口就搬迁1人。特别是2018年新增任务下达后，在不到三年时间里，就要在全州建成67个集中安置区，完成搬迁人口全部入住，任务异常艰巨。

在《云南省怒江州深度贫困脱贫攻坚实施方案（2018—2020年）任务分解表》中（见表2-1），排在第一位的就是易地扶贫搬迁任务。

表 2-1　怒江州深度贫困脱贫攻坚实施方案（2018—2022 年）

项目名称	主要建设内容	总投资（万元）	完成时限
一、易地扶贫搬迁工程	—	241365.80	
（一）新村（怒江新城）建设安置	计划安置 6250 户 22662 人，其中泸水市 4111 户 15107 人，福贡县 999 户 3510 人，贡山县 3 户 6 人，兰坪县 1137 户 4039 人。人均补助金 3.7 万元，其中：建房补助 3.1 万元，搬新拆旧补助 0.6 万元	83849.40	2018—2020 年
（二）进县城安置	计划安置 10286 户 39226 人，人均补助金 3.7 万元，其中：建房补助 3.1 万元，搬新拆旧补助 0.6 万元	145136.20	2018—2020 年
（三）边境一线安置（片马镇）	计划安置 211 户 781 人，人均补助金 3.7 万元，其中：建房补助 3.1 万元，搬新拆旧补助 0.6 万元	2889.70	2018—2020 年
（四）进集镇安置	计划安置 785 户 2565 人，人均补助金 3.7 万元，其中：建房补助 3.1 万元，搬新拆旧补助 0.6 万元	9490.50	2018—2020 年

4. 复杂的工作内容

易地扶贫搬迁是一项十分复杂的系统工程，工作链条长，点多面广，涉及数万个安置点，关系到近千万搬迁群众的切身利益，包括搬迁对象的识别、安置点的确定、建设、搬迁入住、后期产业发展、社区管理、拆旧复垦等环节，每个环节缺一不可，可以说怒江州易地扶贫搬迁是影响深远的社会重组。

这样紧迫的时间压力也使得易地扶贫搬迁执行面对诸多风险。如何既能实现稳定有序"搬得出"，又能实现多民族"融得进""稳得住"，还能实现"逐步能致富"；如何既能通过目标责任制层层分解任务，又能使各层级结合实际情况创造性开展工作；如何既能立足项目根本目标贯彻以人民为中心，又能在各项具体工作中实现群众自愿，都面临重大考验。

可见，怒江州易地扶贫搬迁面临的挑战既表明了深度贫困地区贫困程度之深，也表明了深度贫困地区致贫因素对易地扶贫搬迁本身的严重束缚，必须用非常规手段来予以打破。

（三）怒江州如期完成易地扶贫搬迁任务

面对着如此艰巨堪比"愚公移山"的极难任务，怒江州广大干部群众发挥"怒江缺条件，但不缺精神、不缺斗志"的怒江脱贫攻坚精神，向千百年来制约怒江州社会经济发展的恶劣条件发起易地扶贫搬迁攻坚战。截至2020年6月底，怒江州圆满完成预定搬迁任务，实现全部"应搬尽搬"人口完全迁入易地扶贫搬迁社区。这一成果是怒江州脱贫攻坚全面胜利的关键性标志，在"五个一批"中具有重要的引领、带动和辐射意义。

第一，解决了贫困人口的住房、交通、饮水安全问题。住房方面：建档立卡易地扶贫搬迁任务25127户95859人搬进新居，彻底解决了住房安全保障问题，占26.96万贫困人口的三分之一。交通方面：安置方式以县城安置为主、中心集镇安置为辅，安置区均建在交通方便快捷的区域，方便了群众出行。饮水方面：通过集中配套建设安置区饮水管网，2.5万户9.58万人饮水安全得到保障。

第二，解决了就医、就学困难问题。过去，群众依山而居，教育、医疗等公共服务设施建设十分滞后，群众因交通不便导致看病难、上学难的问题较为普遍。通过集中搬迁，同步统筹推进基本公共服务体系建设，优化教育、医疗资源配置，适龄儿童少年上学近了，群众就医方便了。

第三，促进了当地特色产业发展和贫困户增收。先后制定《怒江州草果产业发展总体规划（2014—2020年）》等一系列政策措施。用好资金投放"指挥棒"，聚焦百万草果，累计投入产业扶贫资金2.44亿元；积极引进中交集团、能投集团、珠海企业的帮扶资金、技术和管理建基地、带农户，确保开发一片、建成一片、成效一片，实现"山海相依"共发展；鼓励能人等与有林地的群众采取合作、租赁、承包等多种形式共同发展，让贫困户有盼头、尝甜头、暖心头。到 2020 年底，怒江州已成为全国草果的核心主产区和云南省最大的草果种植区，"升级版"草果产业在怒江大峡谷遍地开花结果。

同时，怒江州结合区域、资源、传统文化优势，以建设安置区扶贫车间为抓手，大力发展巴尼、傈僳等民族服装、饮食文化和传统手工艺，发展核桃、中蜂等特色产品，吸纳外出劳务困难群体就地就近就业。各族群众昔日"春洒一脸汗、秋收一筐粮"的艰难窘迫日子已成为历史。全州易地扶贫搬迁群众劳动力有 5.53 万人，已累计实现转移就业 4.8 万人，转移就业率达 86.8%。真正实现群众从"挪穷窝"向"奔小康"转变。

第四，迁出区环境保护和生态建设得到加强。易地扶贫搬迁缓解了迁出地人口与资源的矛盾，使迁出地自然植被和生态系统得到有效恢复。经过后续产业发展、转移就业、拆旧复垦、退耕还林等一系列措施，原有的迁出地整体恢复生态，原有林地得到很好保护。同时，在建档立卡贫困户中选聘 1.35 万名护林员，组建生态扶贫专业合作社，带动易地扶贫搬迁群众 2098 户 8362 人，既保护生态又让农民增收。搬迁之后能源消耗以电代柴，以每年每户消耗 2.5 立方米薪柴计算，仅 2.5 万户建档立卡贫困户每年可节约薪柴 6.25 万立方米。

第五，贫困人口素质得到快速提高。一是思想观念发生变化。通过易地扶贫搬迁，怒江州各族群众思想观念发生深刻变化，逐步看到发展的希望、美好的前景，更加坚定了群众对美好生活的向往与决心，切实形成"听党话、跟党走、感党恩"的良好氛围。二是生活习惯明显改观。通过搬迁，群众慢慢习惯了住楼房，用电磁炉、液化灶替代柴火，逐步养成了良好的环境卫生习惯，生活条件有很大改善。三是能力素质得到明显增强。农民的文明素养和市场意识不断增强，逐渐变成有技术、懂经营、思发展的新型农民。群众刚搬出大山时，不会用电器，连起床叠被子的习惯都没有，在宽敞明亮的楼房里住上一段时间后，群众都逐步接受了现代生活方式。

自实施易地扶贫搬迁以来，长期贴着"封闭、贫穷、落后"标签的怒江州发生了翻天覆地的历史巨变。交通基础从天堑阻隔到四通八达，群众出行靠走路、过江靠溜索、运输靠人背马驮的历史一去不复返。人民群众从穷窝穷业到安居乐业，千百年来压在怒江州各族人民头上的贫困大山被彻底挖掉，怒江州封闭、落后的状况成为历史。

二、怒江州易地扶贫搬迁胜利源于整体性贫困治理体系的创造

如此艰巨复杂任务，能取得彻底和巨大胜利，源于组织优势和不懈奋斗。怒江州易地扶贫搬迁胜利集中体现了中国脱贫密码，即面对艰巨复杂任务，怒江州形成了系统的工作机制和系统的制度安排。

党的十八大以来，习近平总书记针对深度贫困地区脱贫攻坚提出一系列工作方针，即按照党中央统一部署，坚持精准扶贫、精准脱贫基本方略，坚持中央统筹、省负总责、市县抓落实的管理体制，坚持党政一把手负总责的工作责任制，坚持专项扶贫、行业扶贫、社会扶贫等多方力量、多种举措有机结合和互为支撑的"三位一体"大扶贫格局，以解决突出制约问题为重点，以重大扶贫工程和到村到户帮扶措施为抓手，以补短板为突破口，强化支撑保障体系，加大政策倾斜力度，集中力量攻关，万众一心克难，确保深度贫困地区和贫困群众同全国人民一道进入全面小康社会。易地扶贫搬迁正是体现这一系列贫困治理方针的重大举措。

怒江州紧密围绕中央和省委政府要求，瞄准全州整体性贫困，以易地扶贫搬迁为突破口，创新贫困治理体制机制，圆满完成10万群众易地搬迁及后续发展任务，为"十四五"规划及乡村振兴建设提供了可资借鉴推广的宝贵经验。

（一）精准确定贫困治理任务

1. 瞄准建档立卡贫困户，精准确定易地扶贫搬迁对象

怒江州在易地扶贫搬迁过程中，以建档立卡贫困人口为主，按照进村入户调查摸底、搬迁户自愿申请、召开村民代表大会通过、村级公示确定搬迁对象等程序确定搬迁对象，并在国务院扶贫开发信息系统进行标注，按规定签订搬迁协议、搬新拆旧协议和脱贫就业协议。

2. 围绕群众安置和发展需求，精准制定易地扶贫搬迁标准

怒江州在易地扶贫搬迁过程中，明确搬迁农户迁出地位置和住房标准，明确搬迁农户宅基地退出补偿标准。按照"保障基本、安全适用"原则，怒江州合理制定建房补助标准和相关扶持政策，使建档立卡搬迁户住房建设面积严格执行标准，确保建档立卡搬迁对象不因建房而举债。

怒江州将大部分搬迁群众集中安置在县城、集镇、边境一线，最大限度地阻断了贫困代际传递。严格执行住房建设标准、搬迁后旧房拆除政策以及资金封闭安全运行要求。结合实际，全州新增任务执行人均不超过20平方米、每户面积不超过120平方米。政府与易地扶贫搬迁户签订"三个协议"，避免出现"搬新不拆旧""新旧两头占"的情况。

3. 结合怒江州土地总特征，精准建设易地扶贫搬迁住房

怒江州实行"法人责任制、招标投标制、合同管理制、工程监理制"，安置区采取点对点专人负责；实行挂图作战，根据项目年度任务清单逐项倒排工期计划，挂钩领导、项目负责人和施工单位信息等全部上墙公示；实行驻点抓落实，"双点长"常驻点上组织施工进度，把关工程质量，研究和解决存在的困难和问题；实行EPC项目工程总承包制，引进云南建投、水电十四局、云南能投等省属大型国有企业，实行"交钥匙"工程；加强工程质量安全管理，由住房和城乡建设、自然资源部门牵头，定期或

不定期对安置区工程质量安全和地质灾害隐患点进行排查，发现问题及时整改；严格执行工程项目基本建设程序，在群众搬迁入住前均进行住房质量验收和质量安全鉴定。

对于新建住房结构设计，怒江州住建部门严格执行相关建筑规范和技术标准，保证住房质量和安全；统一规划集中安置区住房建设，工程建设采取统建、自建、代建等方式进行；对于依托乡村旅游区安置的，安置规划及住房、基础设施、公共服务设施和商业配套等建设充分考虑旅游发展实际需求，促进安置区与景区和谐统一。按照"规模适度、功能合理、经济安全、环境整洁、宜居宜业"原则，配套建设安置区水、电、路、邮政、基础电信网络以及污水、垃圾处理等基础设施，完善安置区商业网点、便民超市、集贸市场等生活服务设施以及必要的教育、卫生、文化体育等公共服务设施。

（二）高效组织利用扶贫干部

习近平总书记在谈到党的建设时说，把我们党建设好，必须抓住"关键少数"。领导干部必须做到"责任过硬"，即树立正确政绩观，发扬求真务实、真抓实干的作风，以钉钉子精神担当尽责，真正做到对历史和人民负责。站在决战决胜脱贫攻坚的冲刺阶段，面对最难啃的"硬骨头"，怒江州有效集结和用足用好扶贫干部队伍这把"尖刀"。

这些扶贫干部以怒江州干部为主，还有来自全国各地不同单位的帮扶干部，其单位背景、工作能力、可调动资源等存在较多差异。要保证这些扶贫干部高效开展工作，需要全面创新扶贫工作领导体制和干部组织动员体制。

首先，怒江州成立了由州委书记、州长任总指挥的怒江州易地扶贫搬迁攻坚战指挥部，并从各部门抽调精兵强将充实和加强州级指挥部力量；建立了党委主责、政府主抓、干部主帮、基层主推、社会主扶和厅级领导挂县、县级领导挂乡、科级领导挂点、党员干部挂户的"五主四挂"责任制；出台了怒江州易地扶贫搬迁群众宣传动员 10 项要求、规范化建设 18 条标准、城镇化集中安置后续发展保障 20 条措施、工程质量安全 25 条保障措施等政策措施；州指挥部采取一月一调度、一月一通报；州委派出 4 个督战组常年驻扎县乡村一线包片督促指导。

其次，怒江州成立了工作效率高、机动性强、覆盖面广的"背包工作队"。"背包工作队"是在现有驻村扶贫工作队基础上，从州、县、乡选派的有驻村经历、会当地民族语言、有基层工作经历的优秀干部组成的。"背包工作队"的成立不但有效地拉近了干群距离，而且使施政部门更全面了解了扶贫一线情况。截至 2020 年 8 月，怒江州共组成 15 支扶贫"背包工作队"，1006 名干部穿起迷彩服，打起背包，扎进茫茫深山峡谷里 80 个未摘帽村，开展"背包上山、牵手进城"行动，全力动员群众搬出大山。以福贡县为例，"背包工作队"仅进驻一个月，该县易地扶贫搬迁总体抽签分房率就从 50.03% 上升至 77.81%，2 个乡镇实现"清零"。

最后，怒江州构建了以县、乡镇、村、小组四级属地管理为基础、易地扶贫搬迁指挥部为枢纽、安置区"党工委＋社区＋行业＋帮扶责任人"为主体的联合管理体制。政府及村组分解搬迁任务，指挥部统筹协调任务执行，安置区负责社区治理，各负其责，相互配合。在机制上，怒江州实行责任包干、期限约束、共时学习、示范带动、社会协作、督查问责等多元举措。其中，搬迁责任采取党政一把手负责、州县乡领导挂联、帮扶责任人包保、安置区建设"双点长"督导等责任制，安置区开工、进度、封顶、入住等环节全部规定截至日期。在绩效上，怒江州形成开工率、竣工率、抽签率、入住率、公共设施配套率、就业产业覆盖率、群众满意度、返贫风险等评估指标体系，以评价易地扶贫搬迁的质量和效果。

（三）推动全社会协力攻坚

怒江州易地扶贫搬迁注重引导社会各界广泛参与，充分保障扶贫资源有效配置，进一步巩固和健全政府、市场、社会协同推进的大扶贫格局，形成了多元主体协力脱贫攻坚的强大体系。

1.建立多部门、多主体综合发力联动机制

不断健全完善以党组织为核心的村（居）民自治组织体系，不断加强安置区的基层党建和社区治理工作，充分发挥基层党组织的战斗堡垒作用和党员先锋模范作用，发挥村（居）民委员会自治组织的自治功能，提升安置区服务标准和水平，形成以社区党组织为核心、社区村（居）委会为主导、社区居民群众为主体、社区各类服务机构和社区社会组织共同参与的共建共治共享的社会治理格局。千人以上集中安置区由县处级领导挂帅组建管委会靠前管理，农村安置区通过强化村组党组织加强管理，城镇集中安置区按每200人搬迁群众配备1名干部的比例选派驻点工作队员，采取"部门加挂包楼""珠海市—怒江州社区结对帮扶""周末志愿服务"等方式，组建千人暖心团开展志愿服务，构建"管委会＋社区＋暖心团"的管理机制。

2.健全扶贫投入增长保障机制

一是新增财力重点用于扶贫投入，提高扶贫支出占地方公共财政预算支出的比重。完善项目资金整合使用管理机制，实施脱贫目标、任务、资金、权责"四到县"改革。二是建立"挂包帮、转走访"长效机制和驻村工作队制度。建立健全脱贫攻坚"领导挂点、部门包村、干部帮户"定点挂钩帮扶脱贫工作长效机制，确保下辖四个县都有领导挂联，每一个贫困乡（镇）、贫困村都有领导和部门（单位）挂包，每一户贫困户都有干部职工结对帮扶，做到不脱贫不脱钩。三是建立精准脱贫信息化动态管理机制。建设精准脱贫信息网络平台，实现建档立卡数据与行业部门资源共享、信息互通、工作衔接，与社会各界的扶贫资源、帮扶意愿有效对接。四是探索资产收益扶贫机制。财政专项扶贫资金和其他涉农资金投入设施农业、养殖、光伏、水电、乡村旅游等项目形成的资产，具备条件的折股量化给贫困村和贫困户。建立健全资产收益分配机制，确保资金收益及时

回馈持股贫困户。贫困地区水电、矿产等资源开发，赋予土地被占用的村集体股权，让贫困人口分享资源开发收益。探索水电利益共享机制，将从发电中提取的资金优先用于水库移民和库区后续发展。

（四）有效集成多方面扶贫资源和扶贫策略

1. 财政资金整合使用

怒江州易地扶贫搬迁资金管理有效、融资充分、拨付有序，各县(市)对易地扶贫搬迁资金实行专户存储、专账核算、物理隔离、封闭运行。截止到 2020 年 10 月底，全州共到位易地扶贫搬迁专项资金 56.9 亿元（中央预算内投资 7.6 亿元，省级融资的专项建设基金、长期政策性贷款、地方政府债券等 49.3 亿元），已支付使用资金 51.6 亿元，强有力地保障了怒江州新增建档立卡贫困人口搬迁任务的实现。

2. 多方集成扶贫产业政策

怒江州规划并实施符合当地实际的扶贫产业。在贡山、福贡和泸水等地重点发展以百万亩草果为主的香料产业；在泸水上江、六库周边地区重点发展冬早蔬菜和热带水果；在兰坪澜沧江沿线重点推进芒果等特色水果种植，北部高海拔地区重点发展中药材、蔬菜、蓝莓和车厘子等产业。同时，在安置区共设立就业创业服务站点 52 个，整合各方面就业信息；开展各类职业技能培训 2.38 万人次；建成安置区扶贫车间 41 个；让部分符合条件的搬迁群众转为生态护林员、城市保洁员等扩大就业；免费提供扶志摊位，鼓励发展"家门口的小生意"；实现了 47977 人搬迁劳动力转移就业，搬迁群众户均 1.85 人就业。

3. 基础设施全方位部署

在水利基础设施方面，怒江州水利部门结合怒江、澜沧江沿岸易地扶贫搬迁安置区建设，组织实施 21 项安置区防洪堤建设，并加快推进安置区供水设施及输配水管网工程，建设泸水市上江镇丙贡水厂、蛮蚌水厂，福贡县上帕江西净水厂，兰坪县城北区及和谐小区水厂、兔峨坝水厂等 5 个水源工程，为搬迁入住群众提供饮水安全保障。在电力基础设施方面，做到"搬迁一户、通电一户、房成电通"，全力推进"三区三州"农网改造升级建设，畅通电网建设，完成投产 11 项 35 千伏及以上、175 个 20 千伏及以下"三区三州"电网项目。围绕"规模适宜、功能合理、经济安全、环境整洁、宜居宜业"和"缺什么补什么和适当留有余地"的原则，按照"十个有"标准配套完善小区设施，即有村史馆（民俗馆）、社区便民服务中心、文化活动广场、幼儿园、商业中心、物流中心、卫生室、公共卫生厕所、垃圾清运站、仓储设施。

截至 2020 年底，怒江州各易地扶贫搬迁安置区建设红线内配套及公共服务设施任务已经完成，满足搬迁群众生产生活多层次需要。怒江州已完成建设道路硬化 653054.68 平方米、管理服务用房 34183.20 平方米、绿化 544805 平方米、"一水两污"30473.44 立方米（日）处理能力、其他基础设施 86656.45 平方米，全州 67 个集中安置区水、电、路、信等基础设施已按标准配齐；配套建成并投入使用幼儿园 25 所、小学 6 所、中学 4 所、卫生室 31 所、村史馆 20 所、文化活动场所 59 个。

4. 健康扶贫系统推进

为了方便易地扶贫搬迁入住群众就近就便看病就医，怒江州紧紧围绕"两不愁三保障"目标任务，以基础设施建设、人才培养、重点专科建设、中医药服务能力、信息化建设和应急体系建设为重点，不断建立健全与经济和社会发展水平相适应、与群众健康需求相匹配的医疗卫生服务体系，在全州 67 个易地扶贫搬迁集中安置区设置医疗卫生服务机构 31 个。医保部门加大与民政、财政、残联及扶贫部门的沟通，密切配合，通力协作，落实城乡医疗救助资助参保政策，对符合资助的各类资助对象全覆盖，确保村不漏户、户不漏人，持续强化医疗救助的社会托底保障能力，有效防范"因病返贫"现象发生。

在搬迁群众日常健康管理方面，怒江州医保部门按照基本公共卫生服务档案管理要求，规范收集整理搬迁居民档案，向易地扶贫搬迁安置区（居住地）管理机构移交搬迁人员基本公共卫生服务档案，做到人搬迁到哪里，档案就转移到哪里，保证提供基本公共卫生服务不间断。精准开展基本医疗和基本公共卫生服务，优先为建档立卡贫困户中四类重点疾病、重点人群提供家庭医生签约服务，对慢性病人群定期追踪随访，提供规范的健康管理。全面开展易地扶贫搬迁集中安置区群众的预防性健康体检和重大疾病和传染病筛查，让搬迁群众能及时享受到方便、快捷的医疗服务，提高群众满意度和获得感。

5.金融扶贫因地施策

怒江州农村信贷部门以农户小额信用贷款等信贷品种为支撑，谋划抓好脱贫攻坚成效巩固和乡村振兴金融服务工作。一是围绕易地扶贫搬迁，设立自助银行、布放惠农支付点、推广手机银行等金融服务设施。二是围绕"搬得出、稳得住"，加大信贷产品创新，设计符合搬迁群众的信贷产品，加强对易地扶贫搬迁群众安居、创业信贷资金支持。三是加大信用乡、村、组创建力度，通过农户信用体系建设 APP 运用，提高农户贷款授信面，将农户"信用资源"转化为"财富资源"，增加信贷投入。四是积极对接协调，探索"供销社""农民专业合作社""农村信用社"三社合作新路子，扶持村集体经济发展。

（五）全力构建安置社区治理体系

与一般社区治理相比，易地扶贫搬迁安置社区治理面临三方面挑战。一是搬迁群众来自不同民族、四面八方，社区融入难度大。二是入住安置社区后，搬迁群众传统生活方式发生巨大转变，需要逐步形成与集中居住、非农就业、人口流动等相适应的新社区秩序。三是安置社区各类组织和领导没有安置社区工作经验，不适应多元化、规范化和创造性的社区管理。

易地扶贫搬迁群众从原先乡村熟人文化社区过渡到城镇陌生人契约文化社区，正在经历乡村文化与现代文化的冲击、融入城镇现代生活的文化变化，实现跨越鸿沟迈向新生活的精神安定。为了让搬迁群众顺利适应新的社区生活，需要探索安置社区治理模式，健全社区服务体系并发挥其功效，构建多元协同的社区参与机制。

怒江州推进以党群服务中心为基本阵地的综合服务设施全覆盖，加强各级各类社区管理组织建设、安置社区服务体系建设、就业帮扶和指导、安全教育和管理、司法保护等，推动实现搬迁群众社区融入，营造新的家园归属感，实现安置居民小区向现代化生活社区转型升级。

开展丰富多样的文化活动。先后选派扶贫工作队、背包工作队、扶贫暖心团、感恩宣讲团、文艺宣传队等组织入驻安置区，举办夜校、"院坝会""入户讲"等活动，用汉语和民族语创作快板、舞蹈、小品、歌曲等，进行常态化文艺宣传。开展"文体活动＋素质培训"的每日文体活动，常态化"国旗下的讲话"的每周升旗活动，家庭内务、脱贫能手、文体能人、就业之星、感恩之星、善行义举等评比活动，现代家居、安全常识、文明意识、法律法规等培训活动。引导搬迁群众听党话、跟党走、感党恩，让"感恩共产党、感谢总书记"根植人心。

充分发挥志愿者在搬迁群众社区融入方面不可替代的作用。志愿者对搬迁群众适应城市生活有较大困难的人群，进行日常生活的诸多帮助。如怒江州团委广泛开展青年扶贫志愿服务，围绕中心工作，在"夏季攻势""清零"行动等重要节点，组织志愿服务队伍深入易地扶贫搬迁安置区，常态化开展青年志愿服务；通过思想引领、文明引导、培训引智、文化引路、服务引行等5项举措，引导贫困群众转变思想观念、改善生活习惯、激发内生动力、提升致富本领。

（六）全面开展搬迁后续帮扶

贫困人口通过易地扶贫搬迁实现脱贫摘帽并不意味着减贫工作一劳永逸。2020 年 5 月，习近平总书记在山西考察时指出："乡亲们脱贫后，我最关心的是如何巩固脱贫、防止返贫，确保乡亲们持续增收致富。"针对此类问题，怒江州加强了易地扶贫搬迁后的综合管理，全方位、多层次地为搬迁群众彻底跳出"贫困陷阱"而持续加力。

1. 不断增强脱贫内生动力

怒江州切实做到从学前教育到高中阶段的 14 年免费教育，改善了教育条件薄弱学校的基本办学条件，健全了家庭经济困难寄宿生生活费补助政策，实现了家庭经济困难学生资助全覆盖，确保了全州近 3 万名 3—20 周岁适龄学生都能通过接受教育成人成才，斩断贫困的代际传递。同时，加强对 20—50 周岁年龄段的人员进行实用技术和职业技能培训，提升农村劳动力素质。普及现代文明生产生活方式，增强崇尚科学、抵制迷信、移风易俗、破除陋习、勤俭节约、爱护环境等意识，提升金融理财、计划积累、居家持家等方面的知识和能力。

怒江州将脱贫攻坚与特色产业培育相结合，加大产业扶贫、科技扶贫力度，因地制宜发展特色种养业，大力推进农村特色旅游，培育出一批以贫困群众为主体的小加工、小餐饮、小运输、小制作、小工程、小买卖"六小"专业户，不断拓展农民的增收渠道，提升自我发展的能力，使建档立卡贫困人口人均可支配收入不低于 6000 元。

2. 持续扶持产业发展

通过土地流转发展适宜规模的农业产业，鼓励引导搬迁农户以土地经营权入股、流转等方式参与农业产业发展，采取多种模式建立紧密的利益联结机制，让搬迁群众既能从产业发展中获得红利，又能在家门口就业增收。探索尝试易地扶贫搬迁后土地托管产业建设新模式，整村整组搬迁村庄试点开展"代耕代种""代管代收"等模式；培育一批适度规模的种养大户、家庭农场等新型经营主体，进一步盘活承包地、山林地、宅基地，推进"资源变资产、资金变股金、农民变股东"改革。发展草果、花椒等绿色香料产业和劳动密集型产业，促进搬迁群众增收。在易地扶贫搬迁迁出区成立专业合作社，让搬迁群众离乡不离土、进城地不荒、城中有收入、乡下有支撑。

三、怒江州易地扶贫搬迁胜利源于攻坚克难的系统性工作机制

《中共中央　国务院关于打赢脱贫攻坚战的决定》指出，各级党委和政府必须把扶贫开发工作作为重大政治任务来抓，切实增强责任感、使命感和紧迫感，切实解决好思想认识不到位、体制机制不健全、工作措施不落实等突出问题，不辱使命、勇于担当，只争朝夕、真抓实干，加快补齐全面建成小康社会中的这块突出短板，决不让一个地区、一个民族掉队，实现《中共中央关于制定国民经济和社会发展第十三个五年规划的建议》确定的脱贫攻坚目标。

《决定》对地方落实脱贫攻坚任务提出两方面要求：一方面是"不辱使命、勇于担当，只争朝夕、真抓实干"，对重视程度、精神状态提出要求，将脱贫作为历史责任坚决承担起来，不折不扣完成；另一方面就是要创新体制机制，解决之前扶贫攻坚中存在的突出问题，真正贯彻以人民为中心的发展思想，确保高质量如期完成任务。

怒江州认真贯彻党中央、国务院、云南省委省政府的决策部署，在深入推进脱贫攻坚中，创造出符合怒江州实际的一整套系统性工作机制，有力保障了脱贫攻坚战全面推进，最终打赢了易地扶贫搬迁这场硬仗。

（一）整体谋划机制

在"五个一批"脱贫举措中，易地扶贫搬迁工作的艰巨性和复杂性最为突出，既要做好"搬得出"工作，又要做到"稳得住"，还要提前布局"逐步能致富"。各个环节、各项任务要达到顺畅衔接，系统正常运行，首先需要在整体上加以科学谋划。整体谋划机制必须对各种问题进行全面预计和应对，当具体行动出现问题时（如安置区建设资金、建设用地、贫困户诉求、搬迁安置中的矛盾纠纷等），都会有规划好的应急处理方案，以便及时有效解决相关问题。

怒江州委、州政府高度重视，给予易地扶贫搬迁以战略地位，建立起政府主导、整体谋划的机制。在自治州一级，州委、州政府建立了较为完善的易地扶贫搬迁指挥体系，从整体上统筹、谋划、指挥和落实易地扶贫搬迁所关涉的各个方面、各个环节和各项任务，夯实顶层设计和全局指挥。各市县实行易地扶贫搬迁工作党委政府一把手负责制，加大对易地扶贫搬迁整体谋划，为易地扶贫搬迁任务的具体实施打造整体框架。

怒江州整体谋划机制主要包括：第一，从全州脱贫攻坚总体布局来谋划易地扶贫搬迁，即根据脱贫攻坚总目标来规划和设计易地扶贫搬迁的扶贫策略。第二，易地扶贫搬迁指挥体系在把握全州易地扶贫搬迁总体情况的基础上，精心制定总体性的扶贫搬迁规划，确保易地扶贫搬迁各项政策措施有机衔接。第三，组建落实和实施易地扶贫搬迁工作的组织体系。第四，推动易地扶贫搬迁工作组织体系的运行。第五，相机应对易地扶贫搬迁过程中可能遇到的困难和障碍。整体谋划机制在制定搬迁工作规划、组建各类扶贫工作队背包队暖心团、推动跨县（市）易地扶贫搬迁、调整易地扶贫搬迁任务、明确各项工作标准等方面发挥着至关重要的作用。

（二）高效动员机制

易地扶贫搬迁工作的顺利推进和实施，必须有贫困户的全面参与。只有易地扶贫搬迁政策得到贫困户的了解、认识、接受和支持，扶贫搬迁各项措施才能顺利落地，发挥作用。在具体的搬迁安置实践中，也要依赖贫困户全面参与，才能真正完成易地扶贫搬迁任务。

在脱贫攻坚工作推进初期，很多扶贫帮困措施轰轰烈烈地开展，而一些贫困户和贫困人口可能并没有认识到扶贫脱贫的紧迫性和重要性，处于观望和等待，这大大制约了扶贫政策的实施效率，也使脱贫攻坚工作面临主体性缺失问题。在搬迁入城过程中，贫困群众也会存在犹豫、反复现象。针对这些问题，怒江州建立起有效动员机制，将广大人民群众特别是贫困户和贫困人口的脱贫积极性调动起来，广泛参与到易地扶贫搬迁行动中，由此奠定了易地扶贫搬迁目标任务完成的群众基础。

怒江州易地扶贫搬迁动员机制主要包括：一是宣传式动员。做好向群众的宣传工作一直是党和政府群众工作的优良传统，通过对群众的宣传，不仅可以让广大群众充分了解党和政府的方针政策，而且也是政府部门了解广大群众实际需求的重要途径。怒江州党委政府确立周密系统的宣传动员方案，利用各种传播媒介，大力宣传党和国家的脱贫攻坚战略，以及怒江州易地扶贫搬迁政策规划。二是工作队式动员。为使广大群众理解易地扶贫搬迁政策措施，让建档立卡贫困户积极配合扶贫搬迁工作，怒江州各个县（市）都成立了专门工作队，走遍各村各户，一方面向村民详细宣讲易地扶贫搬迁政策措施的具体内容，为群众释疑解惑，让群众理解政策，消除顾虑；另一方面积极动员贫困户参与易地扶贫搬迁工作各个环节、各项任务，把易地扶贫搬迁工作的各个细节、各项措施做实、做细，避免遗留问题产生。三是党员干部引领式动员。党员干部参与到易地扶贫搬迁各项具体工作之中，苦干、实干、亲自干，与广大群众打成一片，以身作则。这种动员作用很大。在党员干部行动引领下，广大群众特别是贫困户的主体性和能动性被有效地调动起来，促进了易地扶贫搬迁工作顺利推行。

在动员内容上，怒江州大胆创新。一是向群众算清"7笔账"。即算清搬迁经济账，给群众讲清搬迁补助政策以及自筹资金不超过1万元的政策要求；算清生活改善账，给群众讲清"进城抵边"安置后公共基础设施和公共服务设施的优越性；算清子孙账，给群众讲清搬迁是子孙后代搬离"穷窝"的最好机遇；算清教育账，给群众讲清搬迁后能让下一代享受良好教育资源，从根本上斩断贫困代际传递；算清医疗账，给群众讲清搬迁后将实现就近就医、及时就医，能享受到良好医疗服务；算清土地账，给群众讲清搬迁后山林、耕地的管理、处置和收益盘活的好处；算清搬迁后的发展账，给群众讲清搬迁是实现"换穷业""摘穷帽"的有效举措。

二是利用已建成的易地扶贫搬迁示范点，动员组织群众到现场参观，充分调动群众搬迁的积极性和主动性。听群众表达"9个意见"，即征求群众对安置区选址、安置区规划、邻里安置、安置房结构、户型设计、盘活迁出地资源、产业发展、就业安置、培训需求9个方面意见；让群众心里"13个明白"，即明白搬迁安置地点、人均住房面积、安置房建设面积、人均补助标准、自筹或贷款金额、基础设施建设补助标准、项目建设方式、搬迁时间安排、搬新拆旧政策、"三个协议"内容、搬迁前后享受政策、搬迁前后子女就读学校、搬迁后的脱贫措施13个方面。

三是实施迁出地群众搬迁前后的"八个组织""八个准备"。搬迁前"八个组织"是指：在搬迁之前召开一次动员会，组建一个物资搬运队，开展一次搬运物资登记，组织一次旧房宅基地丈量和登记造册，进行一次土地林地面积和作物清查，组织一次牲畜家禽集中饲养协调会，举行一次邻里答谢，签订一份资产托管协议。迁出地群众入住"八个准备"是指：打扫一次环境卫生，开展一次周边环境消毒杀菌，悬挂一条横幅，张贴一副对联，挂好两张新旧房屋对比照片，备好一串鞭炮，检查一次水电，安排一批引导员。入住群众"八个组织"是指：组建一个党支部，组建一个群众性自治组织，组织一个夜校班，组织一次文明健康生活培训，组织一次家用电器使用培训，组织一次邻里互访，组织一次文娱活动，组织一次健康义诊。此外，安置区进驻工作队，采取巡回指导、分片分点包干负责的方式， 个安置区或就近安置区派驻一个3—5人的工作队，进驻时间3年，负责收集群众诉求，帮助协调解决具体困难；协助安置区党组织和群众自治性组织做好搬迁群众管理和服务工作。

（三）压茬推进机制

怒江州委、州政府高度重视易地扶贫搬迁，组建以党政主要领导任双组长的易地扶贫搬迁指挥体系，坚持"三级点长"抓易地扶贫搬迁工作责任制，州委书记、州长率先垂范，亲力亲为，每月专题研究部署易地扶贫搬迁工作，深入一线调研督导。各级各部门一把手带头深入一线宣传动员、解决问题、推动工作。高起点规划，着力抓好政策设计。坚持"挪穷窝"与"换穷业"并举，安居与乐业并重，搬迁与脱贫同步，将后续扶持和"稳得住"工作的谋划贯穿到整个易地扶贫搬迁全过程，制定了《怒江州易地扶贫搬迁后续扶持工作实施意见》《关于做好当前全州易地扶贫搬迁"稳得住"18项重点工作的通知》等一批有效举措，确保易地扶贫搬迁后续扶持"稳得住"阶段找准方向、走对路子。高频率监督，着力抓好督促检查。以挂牌督战为抓手，20名州级领导对全州19个千人以上的易地扶贫搬迁集中安置区实行挂牌督战作战，坚持一月一调度、一月一督查、一月一通报，通过问题发现和纠错机制，全面查找易地扶贫搬迁工作存在的问题，并不断解决问题。

（四）合力共建机制

易地扶贫搬迁工作之所以复杂，是因为此项工作不仅有扶贫脱贫任务，还有移民安置、稳定与治理任务；既离不开党委的正确领导和政府的主导推动，也离不开社会的、市场的、基层社区的以及民众特别是贫困户的共同参与。在怒江州易地扶贫搬迁过程中，各个方面力量合力共建机制发挥了显著作用。某种意义上，合力共建机制得益于我国社会主义制度集中力量办大事的优势。为打赢怒江州脱贫攻坚战，来自全国各方力量迅速团结汇聚怒江州，形成合力，为实现国家发展重大战略而共同奋斗。制度凝聚力是促使各种力量汇聚成为合力的重要因素，国家战略目标则是各方力量聚合发力的方向。

共建机制是指多方力量朝着共同目标，共同参与、相互协调、相互合作、共同建设的行动机制。为有效推进易地扶贫搬迁工作，怒江州建立了"州有领导小组，县（市）有指挥部，乡镇有工作大队长，村有工作队，户有帮扶人"的指挥协调体系，调动各方面力量参与到各个共建项目和活动中。共建机制也促使基层民众特别是贫困户积极配合易地扶贫搬迁政策实施，主动参与到搬迁、安置、致富等建设性行动中，成为易地扶贫搬迁共建实践的主力。

易地扶贫搬迁每个阶段、每个环节以及每项内容，都体现出多方力量共同参与、相互合作的特点。易地扶贫搬迁的规划、设计，集中安置区的建设，贫困户的搬迁安置，安置社区的管理等，单靠某种力量是难以完成任务的。正是通过多方共建行动，怒江州成功实施了 10 万贫困人口的易地扶贫搬迁这一历史性的人口大迁移工程。

（五）对口联动机制

怒江州易地扶贫搬迁工作所取得的成效与对口联动机制密不可分。所谓对口联动机制，是指参与脱贫攻坚对口支援的各个主体与帮扶对象之间形成密切关联、互动和有效合作的机制。

对于对口支援式扶贫脱贫模式来说，支援一方与扶贫对象之间能否协调一致显得非常重要。如果双方没有建立起有效的协调联动机制，或者对口支援方只是单方面地施援、帮扶对象只是被动接受，对口支援扶贫脱贫模式就容易陷入形式主义，扶贫脱贫效果会大打折扣。怒江州在易地扶贫搬迁过程中，构建起有效的对口联动机制，使对口帮扶力量和作用达到优化。

对口联动机制主要包括：第一，制度化的对口支援方与支援对象联动工作机制。怒江州建立制度化联动工作机制，让扶贫工作多方主体能够明确具体行动路线，达到行动上协调一致。例如，珠海市是东西部对口帮扶怒江州的协作单位，珠海市对怒江州的帮扶不仅仅是通过一个项目，或者是援助一笔资金和一些物资来实施对口扶贫，而是由两地党委政府建立正式联动工作机制，促进两地在脱贫攻坚中的密切合作，提高了对口支援扶贫效率，保障了对口支援扶贫的可持续性。第二，对口扶贫单位与帮扶对象之间建立起有效的交流互动机制。按照专项帮扶、行业帮扶和社会帮扶要求，许多单位参与到怒江州脱贫攻坚过程中，不同单位对口支援不同市县和帮扶对象，为了实现全面脱贫共同目标，帮扶双方探索建立了有效的交流沟通渠道，在精准扶贫实践中开展多种互动互促活动，实现互通互鉴共建共享。在易地扶贫搬迁工作推进和实施方面，很多对口支援单位在资金援助、建设项目规划设计、基础设施建设、社区治理等多个方面，依靠联动机制发挥了重要作用。

（六）有效治理机制

易地扶贫搬迁工作有两大难点：一是要"搬得出"，二是要"稳得住"。这两方面工作都和社会治理有密切关系。社会治理核心要素是发展和秩序，易地扶贫搬迁既要让贫困人口得以发展，又要维护搬迁前后新旧社区的社会秩序。

对于长期处于深度贫困的怒江地区，有些贫困村落只有搬出"穷窝"才能消除"穷根"，彻底摆脱贫困，易地扶贫搬迁成为唯一选择。贫困群众迁入易地扶贫搬迁安置区后，还面临能否"融得进""稳得住"的巨大挑战。那些从偏僻村落迁入城镇居住的贫困户，由村民变市民，进入一种全新社会环境，需要经历社会心理和活动的重构。要实现搬迁安置贫困户稳得住、有就业、能致富，就需要提升安置社区的社会治理能力。怒江州通过基层党建引领、基层组织建设、文化建设，构建起一套有效的治理体系，大大提升了基层治理能力和水平，确保搬迁安置贫困户"稳得住"。

有效治理机制在易地扶贫搬迁工作过程中所发挥的重要功能体现在两

个方面：一是为落实搬迁安置政策奠定稳定社会基础。让繁杂的搬迁安置措施落地，让建档立卡贫困户"搬得出"，需要通过细致的社会治理来做好群众工作，保障易地扶贫搬迁顺利推进。二是为搬迁贫困户后期支持创造有利条件。易地扶贫搬迁贫困户进入新的社区生活后，不可避免地会遇到各种各样新问题，要解决这些问题，就必须有完善的社会治理体系和机制，为贫困户更好适应新环境，尽快实现致富提供有力支持。

四、怒江州易地扶贫搬迁开辟跨越式
高质量发展新格局

易地扶贫搬迁工作的成功推进，为怒江州经济社会发展转型带来了新的契机。"十三五"期间，怒江州生产总值、固定资产投资额、地方财政一般公共预算收入和公共预算支出、城乡常住居民人均可支配收入等主要经济指标，均保持 10% 左右增长水平。

易地扶贫搬迁为怒江州发展带来新的发展要素。怒江州建设了一大批搬迁安置小区和住房，兴建并持续完善安置社区及周边的水、电、路、气、网等基础设施，以及教育、卫生、文化等公共服务设施。围绕这些工作，怒江州的政府体制、治理能力、社会基础单元和城乡关系等事关经济社会发展的基础层面也都发生了显著变化。这些发展要素增量和基础层面变化，蕴含着新的发展动能，预示着新的发展潜力。它们将有力推动怒江州的城镇化和产业升级，成为怒江州经济社会跨越式高质量发展的推动力和演化力。

（一）州县乡党委政府更加高瞻远瞩和务实有为，科学规划发展和高效执行规划的主体已经形成

在以易地扶贫搬迁为工作主体的脱贫攻坚战中，怒江州党委政府和所

属四县（市）及乡镇党委政府通过打造系统推进易地扶贫搬迁的一整套机制，规划能力和治理能力得到大幅提升。

怒江州根据国家和省委政府易地扶贫搬迁总体规划和上级各部门专门规划，具体制定实施了怒江州易地扶贫各方面规划。规划制定遵从多方互动的工作格局，决策机制更加科学，有关决策更能切中搬迁各阶段工作的关键。州里健全完善了党委研究经济社会发展战略、定期分析经济社会形势、研究重大政策举措的工作机制，加强调查研究，完善决策咨询体系，提高科学决策水平。党委与人大、政府、政协等部门之间的关系更加协调，健全完善了"党建带群建"工作机制，形成了党委统筹全局的工作格局。规划实施中，由于易地扶贫搬迁工作难度和执行风险，政府通过指挥部体制和资金整合机制，形成了部门协作、上下沟通、协同攻坚的执行能力；较真叫板的严格考核和督查提升了州县乡党委政府的顶层谋划能力和高效执行能力。

（二）搬迁群众内生发展动力进一步增强，积极的内生发展主体正在形成

"内生发展动力"是对搬迁贫困户自我发展和自主追求幸福生活等方面起积极推动作用的动力。易地扶贫搬迁使贫困区脱离生存环境恶劣的特定"贫困空间"，从根本上阻断了贫困代际传递的地理和文化条件。群众"等靠要"思想逐渐淡化，内生动力不断激发，靠努力奋斗过上新生活的良好风尚正在形成。各族群众在脱贫攻坚中受到教育熏陶和激励，"脱贫只是第一步，更好的日子还在后头"深深扎根在群众心中。搬迁群众在新型城镇生活，自然会提出新的发展需要，新的发展环境、新的信息和见识也会推动他们提出这些需要，这就构成内生发展动力的一部分。

各安置社区对于搬迁群众的生活、就业问题，能够在第一时间进行帮扶和解决；注重在推动搬迁群众自主发展中培养他们的能力，对于通过搬迁群众成立合作经济组织、公益互助组织可以解决的问题，就放手让群众

自己去做。各安置社区通过新时代文明实践培训和每周升国旗主题活动等场合，进行不间断思想教育和身边榜样教育。就业、创业、社会活动等方面的成功，会提升搬迁群众的自信心和主动性。在新社区中，紧密居住的环境使得不同家庭间的生计比较变得易于感知，也会推动基于面子和尊严的比学赶超的竞争。

（三）基础设施大规模更新和升级，跨越式发展的起飞平台正在形成

易地扶贫搬迁推动怒江州基础设施的改造升级。通过整合资源，先后投入234.2亿元，推进高速公路、国省道改扩建以及乡（镇）、村组公路建设，行政村公路硬化率达100%，"过江靠溜索"历史一去不复返。怒江美丽公路全线建成通车，惠及沿线30多万群众，成为推动怒江州发展的振兴之路。兰坪丰华机场投入使用，实现了怒江州人民千百年来的"飞天梦"。保泸高速公路建成通车，结束了怒江州无高速路的历史。畅通的县、乡、村组道路和137座跨江大桥，解决了困扰怒江州各族人民几十年的出行难、过江难问题，成为惠及民生、绿色发展、脱贫致富、乡村振兴的强大"引擎"。

农网改造升级和新一轮农网建设任务全面完成。州人民医院二号楼、州中医医院等重大医疗卫生项目全面建成。一批"一水两污"项目及配套管网工程加快推进。全州建成4个5G通信基站，独龙江乡率先开通5G实验站。泸水城市发展规划修编成果通过省规委会审查。这些基础设施多数是因易地扶贫搬迁而加以立项或加快推动的，这为怒江州跨越式发展奠定了良好基础。怒江州规划的基础设施重点工程，将在"十四五"期间贯通沿边高速、大滇西旅游环线，构建适应怒江文化旅游产业发展需要的综合交通网络。

（四）一二三产业实现升级，符合怒江州发展实际的全新产业结构正在形成

怒江州大规模移民搬迁工程成为推动地区产业结构调整和升级的重要动力，而适应移民搬迁的产业结构调整与升级又是搬迁移民实现生产生活方式转型和生活水平提高的重要保障。怒江州受制于自然条件，产业结构长期不合理，实施易地扶贫搬迁后，大力发展现代特色高效农业、农产品加工流通业和乡村旅游等产业，带动搬迁群众脱贫致富，实现产业结构的转型升级。同时，从总体上规划产业发展，培育壮大县域经济，鼓励吸引各类型企业到安置区投资兴业，积极承接和引进劳动密集型产业。

注重提升乡村产业。对于根植于县域、以农业农村资源为依托的产业，积极发展以农村一二三产业融合发展为路径、农民为主体的地域特色产业，推动创新创业活跃、业态类型丰富、利益联结紧密的乡村产业发展，使得乡村产业繁荣农村、富裕农民。

在乡村产业发展中，努力建设特色优势农业发展区和特色农产品基地，大力发展草果、花椒等绿色香料产业和劳动密集型产业。在贡山、福贡和泸水重点发展以百万亩草果为主的香料产业，组建怒江州绿色香料产业研究院、绿色香料产业园，推动怒江州绿色香料产业发展；在泸水上江、六库周边重点发展冬早蔬菜和热带水果；在兰坪澜沧江沿线重点推进芒果等特色水果种植，北部高海拔地区重点发展中药材、蔬菜、蓝莓和车厘子等产业。大力发展文化旅游和特色乡村旅游。旅游产业成为全州脱贫攻坚的先导产业、带动贫困群众脱贫致富的民生产业。近年来，引进了陕西海升、一心堂、拼多多等龙头企业，建设了兰坪通甸现代农业产业园、泸水老窝沃柑产业基地等大型农业产业基地。

大规模易地扶贫搬迁创造的集中安置社区，产生了大量公益性岗位的需求，如物业管理、物业服务、生态护林员等。通过社区举办的培训班，很多没有出去打过工的搬迁群众，学会了从业技能。在县城为易地扶贫搬迁群众创业举办的露天集市里，搬迁群众开始学会摆摊设点，自主开创新生活。

（五）同外部发展伙伴的制度化联系得以建立，双向深度开放格局正在形成

依托脱贫攻坚大扶贫格局和协力攻坚机制，怒江州与中央部委、地方政府、国企、国内社会组织、媒体等建立了深度联系。在易地扶贫搬迁后续帮扶中，这种联系正在得到加强。怒江州将对外招商引资作为重要发展策略，在国内外广泛开展招商推介活动。成功举办首届"草果文化周"系列活动，引进州外资金98.4亿元。持续推动对缅经济文化合作交流，推进片马物流园区建设，片马口岸通关便利化水平不断提高，完成对外贸易进出口总额4.46亿元，增长163.6%，增幅位列全省第一。加强与西藏林芝市在交通基础设施、资源保护开发和民族文化交流等方面的交流合作。依托大滇西旅游环线建设，以文化旅游产业为重点，强化与周边州市的联动发展。珠海怒江州东西部扶贫协作不断深化，中交集团、云南能投等定点帮扶也在深度发展。

（六）人口城镇化得到加速，新型城镇化和乡村振兴协调发展格局正在形成

怒江州易地扶贫搬迁实现迁入城镇人口的大幅增长，城镇化率从2015年的33%提高至48%。按照怒江州政府2016年发布的《关于深入推进新型城镇化建设的实施意见》，常住人口城镇化率2020年达到40%左右。这种短期大规模城镇人口的聚集，与常态下人口城镇化不同。易地扶贫搬迁将常规状态下人口城镇化进程改为急剧式的人口城镇化进程，不仅集中安置区，而且整个县城和集镇的发展都面临新的城乡融合挑战，也提出提升城乡人居环境和城乡融合发展的新要求。

顺应这些挑战和要求，怒江州健全城乡融合发展机制，强化城乡规划融合、要素融合、产业融合、基础设施和公共服务融合，促进城乡生产要素双向流动和公共资源合理配置。为了加强迁出地生态建设和全域旅游业

发展，怒江州提出建设"美丽峡谷、生态怒江、宜居城乡"，加快推进城乡人居环境整治提升工程。加强"美丽县城"建设，高质量发展小城镇和特色小镇，推进易地扶贫搬迁大型安置区的分类建设。这些工程项目建设推动了新型城镇化和乡村振兴协调发展、城乡区域协调发展。

易地扶贫搬迁点坐落在沿江、紧邻美丽公路等交通便捷地带，大部分搬迁群众集中安置在县城、集镇一线，方便安排就业、实现"三保障"中的义务教育、基本医疗保障，阻断贫困代际传递。易地扶贫搬迁集中安置社区的就业帮扶既注重创设公益岗位，也注意引导搬迁群众自主就业、自主创业；日常管理注意提升群众的市民文明和生活能力。这种综合性城乡融合是一次大规模改变怒江州长期沿袭城乡二元、城乡分割发展模式的重大步骤，加强了集中安置区与周边区域的包容性发展。

（七）重构了城乡空间布局，全域生态绿色发展获得广阔崭新空间

按照国家和云南省主体功能区定位，怒江州所属的泸水、福贡、贡山、兰坪四个县均属于限制开发区域中的国家级重点生态功能区；地处泸水、福贡、贡山三县境内的高黎贡山属国家级禁止开发区；三江并流保护区属于世界自然文化保护遗产。

怒江州内原始森林和野生珍稀动植物资源丰富，是多种珍稀动植物基因库，承担着维护生物多样性的重要责任。因此，怒江州既是深度贫困地区，也是国家生态重要功能区域和脆弱区域；既是脱贫攻坚主战场，也是生态保护修复的主阵地。易地扶贫搬迁为同时打赢这两场战役提供了机会。

易地扶贫搬迁的大规模行动，使得迁出地生态经济统一规划有了充分的空间，为更大力度实施生态修复保护工程，更大力度实施生态产业富民工程提供了现实可能。与易地扶贫搬迁工作同步，怒江州不失时机抓紧进行重大生态工程建设，先后实施了退耕还林还草工程、退牧还草工程、天

然林资源保护工程，加强迁出地区的生态保护与修复。

怒江州通过不断完善转移支付制度，探索建立多元化生态保护补偿机制，加大迁出地区生态保护补偿力度，逐步扩大贫困地区和贫困人口生态补偿受益程度，具体举措包括增加重点生态功能区转移支付、完善森林生态效益补偿补助机制、实施新一轮草原生态保护补助奖励政策。开展生态综合补偿，以国家重点生态功能区中的贫困县为主体，整合转移支付、横向补偿和市场化补偿等渠道资金，结合当地实际建立生态综合补偿制度，健全有效的监测评估考核体系，把生态补偿资金支付与生态保护成效紧密结合起来。

怒江州采用脱贫攻坚造林专业合作社、村民自建等模式，采取以工代赈等方式，组织贫困人口参与生态工程建设，提高贫困人口参与度和受益程度。按照创建优美宜居环境的要求，怒江州综合实施经果林发展、庭院经济、生态循环农牧业、小流域治理、新村绿化和农田防护林带等建设，在迁出地打造各具特色的生态园林区，将移民安置工作与生态建设工程有机结合，加强贫困人口迁出地区的生态治理，实现生态和经济协调发展。

易地扶贫搬迁缓解了迁出地人口与资源的矛盾，使迁出地自然植被和生态系统得到有效恢复。经过后续产业发展、转移就业、拆旧复垦、退耕还林等一系列措施，原有的迁出地整体恢复生态，原有的林地得到很好保护。

通过易地扶贫搬迁和生态扶贫，各族群众告别了"靠山吃山"、陡坡耕作、毁林开荒等传统农耕生存方式，养成了健康文明的现代生活方式。随着群众生产生活方式的改变，怒江州的山更青了、水更绿了、天更蓝了，全州森林覆盖率达78.08%，居全省第二位。怒江州的生态优势正在转化为经济优势，3万余名贫困群众当上了生态护林员，"怒江草果""峡谷蜂蜜"等品牌效应正逐渐形成。怒江州被命名为第四批国家生态文明建设示范州，贡山县被命名为国家级"绿水青山就是金山银山"实践创新基地，绿水青山正在成为怒江州人民致富奔小康的金山银山。

（八）多民族深度密切接触，民族团结进步成为新发展格局的牢固底色

易地扶贫搬迁创造了多种民族文化共处的生产生活空间。大量居于深山和环境恶劣地区的贫困户迁入城镇地区，感受到了本民族身份的独特性和民族文化的多样性。在组织安置社区的融入工作时，干部群众也会从中感受到本民族和其他民族文化中的优秀元素。

在有效的政策引导和工作推动下，易地扶贫搬迁成为怒江州民族文化融合和提升的重要契机、怒江州特色文化的转型之路。安置区持续开展主题活动，将中华传统节日与怒江州本地民族节日深入融合。在中秋节、重阳节、春节以及白族"二月会"、普米族"吾昔节"、傈僳族"阔时节"等节日期间，组织各单位、乡（镇）到安置社区和村组开展"弘扬中华优秀传统文化促进民族团结"等系列活动，紧扣主题开展表彰活动、文艺活动和群众座谈会，提升各族干部群众文化自信。发挥文艺队作用，在村和社区综合文化活动场所开展歌舞文艺活动，对非遗传承人给予支持帮助，在乡风文明建设中重视延续"看得见的乡愁"。

更为重要的是，多民族搬迁群众在集中安置社区的共同居住，使得从未走出大山的少数民族群众在生活、劳动、社区治理中相互交往、共同合作，进一步感受并实践着相互依存共生共荣的理念，为巩固脱贫攻坚成果、接续乡村振兴、熔铸中华民族共同体意识呈现了鲜活的时代样本。

五、怒江州易地扶贫搬迁孕育出乡村振兴的新路径

2020 年底，怒江州脱贫攻坚战任务全部完成，现行标准下的贫困人口全部脱贫，4 个贫困县市全部摘帽，怒江州和全国其他地区一道，实现迈入小康社会的目标。"十四五"期间，怒江州面临巩固拓展脱贫攻坚成果、接续乡村振兴的新任务。易地扶贫搬迁骄人战绩为怒江州"十四五"规划

乃至更长远发展提供了重要基础，它的制胜之道和深远影响铺就了怒江州高质量发展的新路径。

（一）运用整体性贫困治理体系巩固脱贫攻坚成果解决相对贫困

脱贫攻坚战全面胜利之后，深度贫困地区绝对贫困人口已经全部脱贫。这并不意味着贫困问题不再发生，而是需要不断巩固成果，提高反贫困能力，特别是对于怒江州这样具有特殊性和脆弱性的地区，依然会存在相对较高的返贫风险。为防止贫困地区和脱贫人口返贫，扶贫工作仍是全面建设小康社会的重要任务之一，扶贫重点和中心转向有效巩固已有的脱贫成效，并在进一步发展中促进脱贫成效的可持续。

巩固脱贫攻坚成果，一方面需要维持已有精准扶贫措施的持续推进，避免因帮扶措施中断而导致脱贫成效衰减；另一方面，乡村发展要加强原先贫困地区和贫困人口的内生发展能力，重点放在"造血式"扶贫，即通过扶贫工作恢复和提升弱势人群自身的"造血功能"或发展能力。

在未实现全面脱贫之前，扶贫工作属于应对型扶贫，亦即扶贫工作需要应对贫困问题，帮助贫困人口摆脱贫困状态。在深度贫困区域和贫困人口绝对贫困问题解决之后，仍要巩固脱贫成果，应对相对贫困。因此，在全面建设小康社会过程中，怒江州扶贫工作机制需要转向维持型与预防型扶贫机制。

预防型扶贫是指在社会经济发展过程中建立和完善反贫困机制，有效预防和应对各种形式贫困的发生。预防型扶贫是"后脱贫时代"的扶贫工作主体方式和任务，也是精准扶贫的延续和转变。在预防型扶贫工作中，一方面要维持和保证脱贫攻坚阶段各项政策措施的连续性，保证政策措施能够持续发挥助力脱贫功效，避免帮扶政策措施退出后，贫困问题大范围反弹；另一方面，还需要转变扶贫工作方式和内容，在脱贫基础上建立贫困预防机制。要充分利用中央设立的五年过渡期，保持帮扶政策总体稳定，同时建立预防性监测和应对机制，针对脆弱性较大的、返贫风险较高的地区和脱贫户，提前采取积极有效的帮扶巩固措施。

（二）实现精准扶贫与乡村振兴的紧密衔接

党的十九届五中全会提出："优先发展农业农村，全面推进乡村振兴。"从脱贫攻坚到乡村振兴，是一个重要战略转换，需要在体制机制上作出相应调整。怒江州在实现全面脱贫之后，需要在精准扶贫与乡村振兴之间建立有效的衔接机制，一方面维持并巩固精准扶贫所取得的发展成果，另一方面需要通过改革创新进一步推进乡村振兴。

易地扶贫搬迁后续帮扶推进就是实实在在的脱贫攻坚与乡村振兴的有机衔接。乡村振兴是复杂而艰巨的系统工程，充分发挥和调动广大农民群体的主体性与创造性，既非常必要也非常重要。只有乡村主体认识到振兴乡村的价值，并积极参与到乡村振兴实践之中，才能有效地推进乡村振兴。与此同时，乡村振兴仅仅依靠乡村内部力量是无法实现的，易地扶贫搬迁非常注意扶志扶智，调动搬迁群众的内生动力。

怒江州在全面推进乡村振兴过程中，离不开政府推行和实施具有扶持性、保护性和建设性的政策措施，为新形势下乡村地区特别是边疆地区注入和补充新的动力。此外，乡村振兴还需更好发挥市场机制的积极功能，进一步扩大乡村开放程度，让市场力量助推乡村振兴。

（三）完善易地搬迁安置社区治理实现新型城镇化

易地扶贫搬迁任务全部完成后，集中安置社区的社会治理变得越来越重要。提升安置社区社会治理水平，提高社区治理效率，关键是要在治理体系基础之上，不断完善社会治理机制。基层社区的党建引领、政府主导的自上而下治理机制在社会动员、公共服务等方面已发挥积极作用。进一步完善社会治理机制，重点是把基层群众的主体性、能动性调动起来，激发社区自治的活力。

完善社会治理机制，需要聚焦两个核心任务：一是就业与增收，二是保障兜底。随着易地扶贫搬迁贫困户迈入新的生活环境，他们的生计方式已发生转变，从农业与兼业的生计转向完全依靠非农就业的生计，因此，保就业显得特别重要。而且，随着生活方式的转变，收入增长的需要更为强烈，在保就业的同时还需要大力发展产业，拓展群众增收渠道。一些贫困户随着搬迁安置而脱贫，如果后期扶持保障未能及时跟进，可能陷入新的贫困境地。为确保搬迁户在新的生活环境中能够稳得住，就必须通过社会保障发挥兜底作用，让所有贫困户能够保持脱贫的状态。

（四）发展生态产业和旅游业实现可持续发展

怒江州 98% 以上的面积是高山峡谷，70% 以上的耕地在坡度 25 度以上。山多、山大、山高、谷深，是怒江州生态环境的基本特征。交通基础设施不发达、开发程度低是怒江州发展的基本现状。这些客观条件对怒江州贫困发生率高有直接的影响，但如果换个角度，原生态、环境美也可成为怒江州发展的特色和优势。按照"绿水青山就是金山银山"的思想，怒江州的高山、峡谷、大江、大河就是未来发展的重要资源。

易地扶贫搬迁推动了怒江州更新升级产业发展思路。在现代化、城镇化、市场化、全球化的大背景下，要让绿水青山成为金山银山，就需要将生态资源转化为生态产品。怒江州正在大力推动生态旅游业发展，让丰富的生态资源变为富集的旅游资源。加快推进大滇西旅游环线建设，大力发展"美丽村寨"、原生态民宿、乡村旅游等生态旅游业。

在推进生态旅游业发展过程中，怒江州坚持创新、协调、绿色、开放、共享的新发展理念，正确处理好开发发展与生态保护的关系，走旅游业高质量发展路径。在科学、整体规划基础上，加大旅游业投入，改善交通通信等基础设施建设条件，深化旅游业供给侧结构性改革，把怒江州建设成为世界级旅游目的地。

（五）发挥特色文化在小康社会建设中的功能

怒江州属于边疆少数民族聚居区，有丰富多彩的少数民族文化，区域文化特色鲜明。易地扶贫搬迁安置社区在推动民族文化融合和保护方面的显著作用，让我们看到，在新时代的小康社会建设中，可以充分发挥地方文化特色的功能，走文化富民之路。文化富民之路就是开发利用区域特色文化资源，推动文化旅游业的发展，促进第一、二、三产业实现融合。

走文化富民之路首先要立足于对特色文化、文化多样性和历史传统的保护，要提高文化自觉和非物质文化遗产保护意识，加大对区域、民族特色文化和传统的保护力度。在社会现代化的大背景下，对少数民族的特色文化及其传统的保护，必须建立起有效的、与现代化相适应的传承机制。

此外，大力发展乡村文化旅游业是重要的文化富民之路。在全面推进乡村振兴的实践中，文化振兴是重要内容。特别是在乡村产业振兴方面，要提升农业的效益和质量水平，需要把握市场经济和社会需求变化的规律，提高文化旅游业与农业发展的融合度。把乡村在人文、生态方面的特质转化为能够满足人们日益增长的文化性需求的文化产品，如发展特色餐饮、文化民宿、农业体验、休闲度假、观光娱乐等多种形式的文化旅游服务业。

本章作者

中国人民大学农业与农村发展学院　仝志辉教授

中国人民大学社会与人口学院　陆益龙教授

中国人民大学社会与人口学院　黄家亮副教授

中国人民大学农业与农村发展学院博士生杨润峰、高笑歌协助资料整理工作

第三章　深度贫困地区现代文明
素养提升的怒江实践

　　2020 年是脱贫攻坚战收官之年，对于脱贫攻坚本身是一场硬仗，而深度贫困地区脱贫攻坚则是硬仗中的硬仗。怒江州作为国家深度贫困"三区三州"之一，是全国脱贫攻坚难啃的"硬骨头"。随着脱贫攻坚战不断推进，怒江州不但实现了贫困人口彻底脱贫，而且通过现代文明素养提升实践，为破解深度贫困、高质量打赢脱贫攻坚战提供了怒江州样本。

一、怒江州现代文明素养提升的实践考察

　　近年来，随着精准脱贫政策的实施推进，怒江州脱贫效果显著：贫困人口大幅减少，农村贫困人口人均收入快速增长，基础设施进一步完善，公共服务和社会保障水平大幅提升。与此同时，怒江州精神脱贫也取得良好成效，贫困人口及当地民众逐步展现更好的精神面貌：形成积极向上、脱贫光荣的社会文化氛围；现代合作意识、竞争意识增强；教育水平提升，技能全面发展，脱贫信心大大增强；少数民族普通话普及率提高，生活方式更加现代化文明化。

（一）路通医保礼乐教，城乡文明展新貌

"文明"或者"文化"是指一个社会的人们所创造的物质、制度、精神成果的总和。怒江州脱贫攻坚对人们素质的提升，既包括物质层面的经济、居住、交通、环境等硬件的改善，也包括影响人们的观念和素质改变。

"要致富，先修路。"怒江州高山峡谷，交通不便，百姓致富与现代文明被空间所阻断。改变怒江州贫困面貌，除了易地搬迁安置，最重要的措施就是修路架桥。贡山县独龙族乡整族脱贫实践，印证了这个道理。独龙江乡东岸是垂直高差达 4000 多米的高黎贡山。20 世纪 60 年代，国家投入上百万元资金、130 多吨炸药，打通 70 多处陡峭悬崖，架起 100 多座桥梁，修建了一条人马驿道，进独龙江 3 天可到。然而，每年 11 月到次年五六月，大雪封路，独龙江乡与世隔绝。1999 年，独龙江乡简易公路贯通，开车七八个小时可到县城，独龙族成为全国最后接通公路的民族。2014 年，6.68 公里长的高黎贡山隧道贯通，彻底结束了独龙江半年大雪封路、与世隔绝的历史，独龙族同胞走上发展"快车道"。怒江州不仅修通了独龙江公路，怒江州两岸的标准公路——"美丽公路"也全线建成通车，惠及沿线 30 多万群众；横跨怒江、澜沧江两岸 36 座"溜索改桥"工程全部完工，怒江州人民历史性告别溜索过江的艰辛岁月。兰坪丰华机场开埠起航，保泸高速公路建成通车，怒江州交通接驳外界打通了致富繁荣的网络血脉。

要致富，除了修路，就是要兴教育。兴教育是精神文明建设的重要内容和应有之义。怒江州大力发展基础教育，实行 14 年免费义务教育，加大"控辍保学"力度，确保适龄儿童少年接受教育，实现一个都不能少。为营造全民重教氛围，兰坪县 2017 年启动乡镇政府起诉学生家长不履行义务教育责任的诉讼，在省内开创教育领域"官告民"的先河。新中国成立前，独龙江峡谷没有一所学校，独龙族过着刻木记事、结绳计数的生活。1956 年，独龙江有了第一所小学，现代文明第一次抵达这里。2006 年，

独龙江乡九年一贯制学校挂牌。2010年始，独龙族整族帮扶启动，独龙江乡逐步建立从学前到初中的教育体系，学前教育实现"一村一幼"全覆盖，义务教育入学率、巩固率均达100%，初中升高中入学率从2016年的16%提高到2020年的98%！截至2019年底，独龙族已经走出3名博士、2名硕士，大学生也越来越多。

人民的脱贫致富，除了吃穿不愁外，就是要实现住有安居，教有学上，病有所医，保证村村有卫生室，乡里有卫生院，这些不仅是民生问题，还是精神文明建设的物质前提。如今，怒江州的村村寨寨，每个行政村都有卫生室，村里最漂亮的建筑一定是学校。独龙江乡卫生院是我国距离国境线和边防哨所最近的一所卫生院，其建筑外观富有民族风格，内部结构齐全，设有床位和住院部、医生宿舍等。

（二）山民下山住新居，脱贫跨越成新人

怒江州贫困人口大多生活在怒江和澜沧江两岸的高山峡谷深处，山高路窄，交通不便。竹篱为墙、柴扉为门、茅草为顶、千脚落地、上楼下圈，人畜混居，居住环境与卫生条件恶劣。为彻底改变这种贫困状态，怒江州委、州政府响应中央号召开展易地搬迁，选择县城、乡镇和交通便利地方建设易地扶贫搬迁安置点，贫困户走出大山，迁入安置社区，从"山民"变成"居民"。2016—2020年，怒江州规划建设了67个集中安置点，实现了全州近1/5人口搬出大山、迁入城镇的历史上最大规模的人口迁徙。10万贫困群众告别昔日的吊脚房、木草屋，拎包住进窗明几亮、家具家电齐全的新楼房，开启了千百年来梦寐以求的新征程。

从山民到居民，转变的不仅是客观生活条件，还有生活观念、方式和技能的改变。首先，新居民们要习惯群居性的住宅，讲究公共卫生和居室内及个人的卫生，学会现代设施（如电梯、马桶、电器、手机）的使用方法。这些都需要社区帮扶工作人员和"暖心行动"志愿者手把手、反复多次地教会他们。其次，新居民们还要具备"逐步能致富"的技能和素养，

这是彻底脱贫、走向长久幸福的根本途径。怒江州为此推进"乡村能人"培养、"脱贫能手"竞赛、"巾帼脱贫行动""巧媳妇"工程等项目，通过示范引领，带动广大群众依靠勤劳双手实现脱贫致富。2017 年 11 月，怒江州在全省率先成立新时代农民讲习所，开展农民专业技能培训，培养了一批保安、厨师、服装加工员、编织员、修理工、建筑工、生态护林员、种养能手、保洁员等乡村能人和脱贫能手，实现"富脑袋"推动"富口袋"。

精神文明不仅包括智力和能力，还包括思想和道德。怒江州非常重视农民的政治意识和思想道德教育，开展"升国旗唱国歌""万名党员进党校"等活动，增强全州人民发自内心"感恩共产党，感谢总书记"的感恩意识；开展"自强、诚信、感恩"教育活动，增强贫困群众自我脱贫意识，改变安贫守贫观念，为脱贫致富提供强大精神动力。现在，怒江州民众素质发生了很大变化，喝酒的人少了，干事的人多了；安于现状的人少了，自强不息的人多了；愁眉苦脸的人少了，笑逐颜开的人多了。易地搬迁社区群众过上了幸福美好的新生活。

（三）乡风建设换新貌，乡村文明聚新风

怒江州干部群众深入学习贯彻习近平新时代中国特色社会主义思想，守正创新，高位推动精神文明建设工作，以问题为导向，紧盯农村贫困群众内生动力不足、主体意识不强的实际，大力实施农村文明素质提升工程，形成具有怒江州特点的乡风文明新气象。

1. 乡风文明建设政策导向鲜明

2016 年 8 月，怒江州委、州政府印发《关于实施农村文明素质提升行动的意见》（以下简称《意见》），在全州农村开展"改陋习、讲文明、树新风"为主题的素质提升专项行动。《意见》提出村"十有"、户"八有"目标建设，即村委会有文化长廊、篮球场、善行义举榜、图书室、文明讲堂、简易戏台、文化广播器材、体育健身器材、村小食堂、村志愿服务队

等设施，农户有睡床、餐桌、橱柜、衣柜、电视、太阳能热水器、厕所、牲厩等物件。2018年，围绕脱贫攻坚目标，怒江州文明委印发《乡风文明示范建设实施方案》，以珠海对口帮扶专项资金为支撑，在部分村寨和易地扶贫搬迁安置点集中推进乡风文明示范建设工作，探索具有怒江州特点的乡风文明建设经验。截至2019年底，全州54个乡风文明示范村覆盖全部乡镇，所有行政村和易地扶贫搬迁安置社区按照乡风文明建设"规定动作"、因村施策"自选动作"开展常规活动，四县（市）相继建起新时代文明实践中心。

2. 乡风文明建设怒江州特色鲜明

国旗升起来，群众聚起来。由基层党组织每周组织群众开展升国旗仪式，培养村民在国旗下讲话，训练一批能说话、会做事、有威望的新乡贤。升旗仪式后，组织群众开展村寨环境卫生治理和家庭内务整理，培养群众文明意识。集中升国旗仪式凝聚了村寨和易地搬迁社区的文化向心力，有效对冲宗教活动及传统不良习气的活动空间，解决了过去"开会难"问题，成为基层干群情感沟通和政策宣传的重要载体。

政策讲出来，人心暖起来。驻村工作队和易地扶贫搬迁安置社区管委会以升国旗仪式为基础，开展民情恳谈，宣传基层党建、脱贫攻坚、素质提升、乡村振兴、生态建设等方面的政策知识。文艺宣传队、新时代文明实践中心等持续加大感恩教育，合理引导群众预期。脱贫攻坚挂联帮扶单位定期组织志愿服务团队，进村入户开展综合性志愿服务和文明理念引导，将宣讲和示范引领结合起来。

榜单评出来，影响大起来。开展"十星级文明户""最美庭院""家庭内务每日一晒"等评选活动，对积极性高且进步明显的村民，通过国旗下讲话鼓励、村民大会表扬、奖励日用品、张榜公布提升美誉度等形式，激发群众向上向善向好的信心。组建村民议事会、道德评议会、红白理事会，让基层党组织和德高望重的新乡贤在群众自治组织中发挥关键作用；全面推动村规民约执行，褒扬先进，帮助后进，在村组公示栏公示执行信息，提升村规民约影响力。抓实善行义举典型选树工作，通过乡风文明建设现场推进会或观摩活动发布善行义举榜，营造向善行义举学习的风气。

文化强起来，氛围浓起来。系统打造村寨墙体文化，让每堵墙都"说话"。各村寨和易地搬迁集中安置社区的文化墙绘满社会主义核心价值观、脱贫攻坚、乡村振兴、民族团结、感恩教育等宣传标语，发挥着潜移默化的作用。持续开展"我们的节日"主题活动，形成浓厚文化氛围。利用春节、端午节、中秋节、重阳节等传统节日，各乡镇村组和安置社区围绕"弘扬传统美德、促进乡风文明"主题，开展主题表彰、文艺汇演和群众座谈会活动，提升群众文化自信。在农户家庭普遍悬挂习近平总书记接见怒江州少数民族干部群众代表照片，引导群众听党话、跟党走、感党恩，熔铸感恩情怀。发挥村文艺队作用，传承优秀民族文化。在村（社区）综合文化活动场所定期举办民族歌舞表演，对非遗传承人群体给予支持，留驻"看得见的乡愁"。

成绩晒出来，表扬实起来。州级层面组建"怒江文明"微信大群，由乡镇、村组、社区定期发布乡风文明建设活动图文和视频，推动纵横向对比和借鉴学习。各级媒体持续深度报道乡风文明建设成效，推广复制"乡风文明建设怒江经验"。各村组和安置区建立群众工作微信群，鼓励群众在微信群"每日一晒"。通过开辟网上群众路线，全州"晒"出了乡风文明创建浓厚氛围。

3. 乡风文明建设独龙江实践

"三队两个一"活动。独龙江乡马库村按照"一村一策"要求，开展"三队两个一"活动。"三队"指驻村工作队牵头成立的党员志愿服务队、护村队、文体队。"两个一"指每天播放一次《新闻联播》、每周组织一次升旗仪式。组织升旗仪式初期，村民比较少，列队和站姿不规范，越往后参加群众越多，阵势也非常整齐。村民合唱国歌，精气神大振，劳动积极性大涨。村组负责人和党员每月通报庭院卫生检查结果，向排名靠前家庭颁发流动红旗，给予牙刷、牙膏等生活用品奖励，对末位家庭点名。奖惩机制投入不多，但效果明显。自开展"三队两个一"活动以来，全村环境卫生持续向好，参与"十星级文明户"和"最美庭院"评选的积极性持续提高。马库村还创立社会主义核心价值观宣传走廊，图文并茂呈现"忆往昔、思今朝、展未来"三大主题，展示脱贫攻坚以来的乡村巨变。2018年下半年，独龙江乡在全乡推广"马库经验"，示范带动作用持续彰显。

"每日一晒"活动。独龙江乡从改善独龙族群众居家环境、转变生活理念着手，引导群众自己动手，清洁道路庭院，整理内务，实现环境美、日子好。以户为单位组建"每日一晒"微信群，户主每日清晨在群里上传家庭内务整理照片参加评比。通过群众代表、党员及村委会评选认定，每个村每月评选出10家先进户给予表扬。该做法在推进"最美庭院"建设、发展特色乡村旅游方面起到了决定性作用。

"一周三活动"。独龙江乡根据直过民族发展实际，开展周一"天蓝地绿水清人美"环境卫生日、周三"幸福不忘共产党"讲习活动日、周五"走出火塘到广场"文体活动日等"一周三活动"，展现新时代新农村新气象，巩固基层党组织战斗堡垒作用。在独龙江乡生态文化旅游发展中，文明乡风成为最美风景。

（四）公仆投入攻坚战，社会八方齐支援

任何一项伟大事业都是一种主体性工程，为人实践，由人实践。一部分人通过实践奋斗提升另一部分人的生活品质和主体素质，这种实践奋斗本身就是崇德向善的文明行为，承载着爱心、奉献等内在深刻的道德文明。

作为怒江州脱贫攻坚的主力军，各级帮扶干部全身心投入到脱贫一线，秉持"怒江缺条件，但不缺精神、不缺斗志"的脱贫攻坚精神，淬炼"苦干实干亲自干"的脱贫攻坚作风，全员下沉，倾力奉献，与群众想在一起、过在一起、干在一起，"5＋2"，白加黑，真正体现人民公仆的为民品格，造就出不畏艰难、敢于攻坚、扎根基层、一心为民等精神财富，

涌现出一大批"有情怀有血性有担当"的党员干部。自 2015 年以来，怒江全州有 30 名同志牺牲在脱贫攻坚一线，49 名同志受伤致残，73 名同志身患重病。正是这些党员干部的无私奉献，使群众由衷地发出"感恩共产党，感谢总书记"的朴实心声。

这个英雄的群体涌现出一大批模范。高德荣，一位独龙族出身的干部，曾任独龙江乡乡长、贡山县县长，长期坚守在条件艰苦的独龙江畔，全身心致力于家乡建设发展，是少数民族脱贫攻坚的带头人，对独龙族实现整族脱贫作出了重大贡献，获得"人民楷模"国家荣誉称号。杨义飞是一位"殉职在怒江脱贫路上的好队长"，他生前系怒江州委机要和保密局技术科科长，2015 年 2 月至 2017 年 4 月任兰坪县永兴村党总支第一书记、驻村扶贫工作队队长。驻村期间，他带领乡亲们改善村寨基础条件，发展村寨经济，为群众排忧解难，和群众打成一片，深受群众爱戴，却不幸于 2017 年 5 月 31 日在工作途中发生车祸，因公殉职，年仅 37 岁。龚婵娟，云南省文联省戏剧家协会干部，2016 年 3 月受派驻贡山县独龙江乡马库村第一书记、驻村工作队队长。她爱人在部队工作，父母常年患高血压、冠心病，孩子上小学五年级。一个文弱女子，远离家乡和亲人，积极争取帮扶经费，带领群众修建牧场围栏、蓄水池，成立合作社、图书室、普通话培训班，躲过滑坡滚石将大米食油送到水电不通、快断炊的灾民手中，在马库村大地谱写了一曲扶贫干部"驻村"更"助村"的赞歌。何光忠，泸水市称杆乡赤耐乃村民，放弃广州高薪工作回村竞选村委会副主任，带领群众建立构树示范基地，发展黄牛养殖，2019 年 12 月在护送贫困户搬迁至火烧坝安置社区时因车祸牺牲，年仅 28 岁。何光忠去世后，他的妻子唐玉珍辞掉城里幼儿园园长职务，返回村里代理副主任职务，继续丈夫未竟的扶贫事业。

怒江州脱贫攻坚也得到全国很多地方、企业的大力支持，包括东西部扶贫协作、央企定点帮扶、社会帮扶等，它们不以事艰而不为，不以任重而畏缩，真心帮扶、真情关怀、真金投入，加速推动怒江州脱贫和跨越式发展。2016 年 8 月，根据中央安排和广东、云南两省工作部署，珠海市与怒江州开展东西部扶贫协作帮扶。江海情，携手行。珠海不仅投入大量资金，还开展医疗、教育、产业等专业指导。遵义医科大学第五附属（珠海）医院泌尿外科医生杨俊，在半年时间里就在福贡县医院做了泌尿外科手术 100 余例。珠海市金湾区三灶医院妇产科副主任医师管延萍，2017 年 3 月报名支医到贡山县丙中洛镇卫生院，在峡谷湿滑的山道上，她穿着白大褂，背着装满器械、药品、干粮的背篓，走遍全镇 46 个村组，建立 6096 人健康档案，帮扶期从半年延长到三年，成为村民最牵念的"背篓医生"。北师大（珠海）附中陈官强夫妇抛下正要上大学的儿子和年迈的父母，来到泸水第一中学支教，结合珠海教学经验和泸水一中实际情况，创设双备课组长制。珠海二中王丹老师和支教团队创设"珠海班"，探索"作战方法"，已持续 4 年。珠海一中吴新力老师在兰坪一中支教结束后再度返回兰坪，在各乡镇巡回开展教育视导。

自脱贫攻坚以来，中国交通建设集团有限公司履行中央企业社会责任，出资 1.04 亿元在六库镇援建跨江连心桥，出资 1.5 亿元援建兰坪新时代希望学校，出资举办"'中国交建杯'中国怒江皮划艇国际公开赛"。三峡集团提前足额拨付 20 亿元精准帮扶怒江州景颇族、普米族、怒族等三个"直过民族"，助力整族脱贫。这些中央企业不仅提供资金项目支持，还选派业务骨干深入贫困村寨担任驻村第一书记，带领村民致富。2016 年，中交地产王慧奇受公司委派，赴泸水市大兴地镇自扁王基村担任驻村第一书记，他深入实地走访调研，设计精准帮扶措施，开展火龙果种植和肉牛养殖产业项目，对接劳动力就业转移，成为老百姓眼中真正的"扶贫书记"。

自 2013 年起，中国人民大学承担教育部滇西边境片区帮扶任务，对口怒江州兰坪县。学校先后选派 5 名老师挂职兰坪县副县长，56 名研究生在兰坪一中、民族中学支教，立足"教育扶贫、智力扶贫、产业扶贫"三大抓手，投入资金 2000 余万元，设立合作基地 49 处。第 5 批挂职老师宋彪坚持"把论文写在祖国大地上"，三次申请延期，结合兰坪县的特点开创了"沧江读书会""怒江研究所""非遗公益推广人""沧江讲述""晨曦计划"等文化平台,彰显"智志双扶"的内在要求。

在 2021 年 2 月 25 日全国脱贫攻坚总结表彰大会上,中共怒江州委、州扶贫办、兰坪县发改局、珠海对口怒江州扶贫协作工作组、中交怒江产业扶贫开发公司、泸水市格力小学等 6 家单位被评为"全国脱贫攻坚先进单位",中国电信怒江分公司扶贫办副主任和晓宏、泸木市称杆乡乡长杨永胜、福贡县鹿马登乡党委书记和文宝、贡山县独龙江乡巴坡村党总支书记王世荣、兰坪县纪委监委驻村第一书记和银光、怒江公路局独龙江管理所党支部书记龙建平、中国人民大学挂职兰坪县副县长宋彪等 7 人被评为"全国脱贫攻坚先进个人"。这些获评单位和个人是怒江州脱贫攻坚战场上千千万万扶贫人的代表和缩影,凝结着"上下同心、尽锐出战、精准务实、开拓创新、攻坚克难、不负人民"的脱贫攻坚精神。

二、外出务工提升现代文明素养的怒江实践

精神文明程度对人有着长期深远的影响,关系到个体能否顺利脱贫并且不返贫。深度贫困地区面临的不只是物质匮乏,还存在着精神贫困。然而,精神贫困隐蔽性强、不易衡量,容易被忽视。对精神贫困进行多维度分析,有益于从根本上提高贫困人口内生动力和能力,巩固脱贫攻坚成果。

(一)实现精神脱贫对民族地区减贫具有长远意义

精神贫困是指贫困人口精神文明素养落后于社会主流水平,导致物质生活水平低下,长期处于绝对贫困状态,脱贫后极易返贫。物质贫困与精神贫困相互作用,物质贫困作用于个体或者群体会产生精神贫困,精神贫困反过来也会造成个体或群体陷入物质贫困。若贫困个体处于精神贫困,缺乏生产发展的斗志,则可能更迅速、更直接地陷入物质贫困。研究表明,深度贫困地区精神贫困问题突出,表现在思维方式、价值理念、文化

素质等方面远远落后于社会主流精神文化水平。为此，精神脱贫须纳入精准脱贫的任务体系，实现"智志双扶"，帮助贫困人口摆脱精神贫困，形成脱贫内生动力，进而提高其现代文明素养。

实现精神脱贫主要体现在四个方面：一是转变思维方式，提升思想道德水平。受长期贫困和环境影响，贫困人口容易产生消极人生态度，安于现状，缺少进取心和奋斗精神。政府的扶持和优惠政策又会让部分人产生依赖心理，把脱贫当成是社会任务，"等靠要"思想严重，不愿意通过自身努力改变现状。在高山峡谷封闭环境里，人们与外界接触少，还过着传统农耕生活，对于外界的生活方式、竞争意识、冒险精神等知之不多甚至存在抵触情绪，难以吸收外界的价值理念。精神脱贫的目标之一就是要改变这种消极、不作为心态，帮助其建立自主脱贫意识，形成脱贫光荣的良好社会氛围。二是增强自信和勇气，坚定摆脱贫困的信心和决心。长期贫困对个体心理有着深远的负面影响，尤其是落后农村留守的儿童、老人和妇女。贫困人口往往会产生自卑心理，对未来缺少信心，缺乏跳出传统生活的勇气。脱贫攻坚战的目标之一就是通过"全国一盘棋"帮扶政策，给予贫困人口全方位支持，让他们与全国人民一同奋斗，提高摆脱贫困的信心和勇气。三是提升文化素质，通过教育阻断贫困代际传递。教育是个体全面发展的关键因素，文化素养是个体精神文明的重要组成部分，而落后的经济社会环境使得贫困人口缺少教育渠道和机会。精准扶贫政策提出"发展教育脱贫一批"方略，大力推动教育普及，一方面提升现有劳动人口文化技能水平，一方面帮助贫困儿童入学，提高其中长期发展能力，阻断贫困代际传递的可能性。四是转变落后生活方式，参与现代化建设。受传统农耕生活和宗教等因素影响，民族地区贫困人口生活方式比较落后，卫生和行为习惯与现代文明相背。精准脱贫以来，通过易地搬迁、人居环境提升等活动，贫困人口开始接受现代生活方式，这方面文明素养提升也是脱贫攻坚的重要成果。

（二）怒江地区贫困的多维分析

1.基于外出务工人员贫困的多维分析

在自然、历史、社会多重因素影响下，怒江州一直是我国贫困面积最大、贫困程度最深、致贫因素最复杂的地区之一。全州辖 4 个县（市）均为深度贫困县，29 个乡（镇）中 26 个属直过区，255 个行政村中有 249 个贫困村（深度贫困村 218 个），总人口 55.7 万人，少数民族人口比例高达 93.6%，集边疆、民族、山区多种因素于一体。贫困不仅表现为物质匮乏，还表现在精神、权利、能力、福利等多个方面都处于匮乏状态。

"一人打工，全家脱贫。"外出务工人员是怒江州建档立卡家庭摆脱贫困的重要途径。怒江州 2019 年常住人口 55.7 万人，外出务工人员超过了19 万人，他们的贫困改变尤其是精神脱贫影响到怒江地区未来的发展。

多维贫困测度最常用的方法是 Alkire 和 Foster 在 2010 年提出来的（即 AF 方法），通过设定双重临界值来确定贫困标准和统计贫困维度，在此基础上得到贫困发生率（H）。贫困发生率反映贫困范围，不体现贫困程度。AF 方法可以获得反映贫困程度的平均剥夺份额（A），平均剥夺份额（A）与贫困发生率（H）相乘得到调整后的贫困指数（M），相对准确地测度了贫困程度，还可进一步得到每个指标对整体贫困的贡献率（β），即在整体贫困中发挥多大作用。

根据外出务工人员所处行业和生活环境特点，构建考察贫困的 5 个维度 27 个具体指标（见表 3-1）。

表 3-1　多维贫困维度及指标构建

维度	子维度	指标
物质贫困	工作地生活标准	（1）有专门供自己及同事使用的冲水厕所
		（2）有专门供自己及同事使用的自来水
		（3）生活用电供给充足

维度	子维度	指标
物质贫困	工作地生活标准	（4）有主要的生活电器或设备
	老家生活标准	（5）住房墙体属于砖石或混凝土
		（6）有专门的厕所设施
		（7）生活用水来自干净水源
		（8）生活用电供给充足
		（9）有主要的生活电器或设备
权利贫困		（10）与用工企业签订用工合同
		（11）最近一年没有遇到拖欠工资的情况
		（12）加班情况正常
		（13）工作时有劳动防护品
精神贫困	社会关系和参与	（14）与班组长、劳务公司经理关系正常
		（15）工地上工人之间的关系正常
		（16）参加过当地举办的文化体育活动
		（17）与城里人（例如同事、邻居）有来往
	精神状态和态度	（18）有业余活动
		（19）对打工生活条件的满意程度
		（20）对老家生活的满意程度
		（21）对当前工作的满意程度
能力贫困		（22）有一定的教育基础（初中及以上）
		（23）参加过与建筑业相关的技能/知识培训
福利贫困		（24）身体健康状况较打工前未见恶化
		（25）有社会保险
		（26）老家有便利的看病方式
		（27）参加过体检

选择 2014—2016 年建筑业怒江州外出务工人员 434 个有效样本，利用 AF 方法，得到了怒江州农民整体多维贫困的测度结果（见表 3-2）。

表3-2 整体多维贫困情况

k	贫困发生率 H	剥夺强度 A	多维贫困指数 M
1	99.31%	64.83%	0.644
2	92.40%	68.18%	0.630
3	77.65%	73.53%	0.571
4	42.63%	84.65%	0.361
5	9.91%	100.00%	0.099

注：k维贫困表示至少在k个维度处于贫困状态，每一个子维度中有一个指标不达标即记该维度为贫困。

从表3-2可以归纳出怒江州外出务工人员多维贫困具有三个特点：第一，中低程度贫困普遍。一维贫困发生率为99.31%，说明几乎所有人员都至少在一个维度（即物质、权利、精神、能力、福利之一）处于贫困状态。第二，极端多维贫困（即5个维度都贫困）发生率为9.91%，说明极端多维贫困占比相对较少。第三，一维和二维贫困指数较大。

2.怒江地区精神贫困状况分析

前述AF多维贫困测度方法针对精神贫困设计了社会关系和参与、精神状态和态度等2个子维度8项指标。这些指标既包含外出务工人员对当前生活不满意态度的主观情绪变量，也包括了个人生活中能够改变生活态度的因素（这里强调自己的因素），还包括了个人与社会的联系、从社会获得信息和援助的能力、获取资源的可能性等，以全面反映外出务工人员的精神状态和文化素养。

采用AF方法进一步测度外出务工人员精神贫困状况，结果如表3-3所示。

表3-3 精神贫困情况

k	贫困人口发生率（H）	剥夺强度（A）	精神多维贫困指数
1	100.000%	43.59%	0.436

k	贫困人口发生率（H）	剥夺强度（A）	精神多维贫困指数
2	97.774%	43.91%	0.429
3	88.131%	45.07%	0.426
4	65.430%	47.31%	0.389
5	27.448%	57.64%	0.197
6	13.798%	76.87%	0.106
7	4.896%	83.94%	0.041
8	1.632%	100.00%	0.016

　　测度结果显示，精神贫困在外出务工人员中较为普遍，所有调查对象至少有一个维度处于精神贫困，至少4个维度处于精神贫困的占比达65.430%，可见，调查对象整体处于中高维度的精神贫困。根据8个指标内涵，可以总结出怒江州外出务工人员精神贫困的四个特点：一是思想保守。长期生活在偏远贫困地区的人进城务工之后，受农业社会封闭心理影响，一方面表现为保守封闭，另一方面表现为自卑怯懦。这是因为外出务工人员在农业社会中成长，农业社会的生产生活方式比较单一固定，造成农民工生活见识辐射面比较窄。进城后，面对各种各样新鲜事物，短时间内难以适应，人际交往少、生活幸福感和满意度低。二是迷惘。由于长期从事生活节奏固定有序、年复一年的农业生产，务工人员已经习惯"春种秋收"的生活安排，对城市快速且变化迅猛的生活难以调适，加上缺失竞争意识和能力，面对全新生活会产生迷惘的心理状态。三是追求单一。农民进城务工的目标往往只在于保障家庭收入、子女成长和"争脸面"，自身价值目标预设往往体现出简单化和私人化特点，缺乏长远理想和更高价值追求，容易安于现状，对未来发展缺失信心和规划。四是文化素养较低。外出务工人员自身文化水平较低，从事的大多是体力劳动，缺少参与文化体育活动的意识和能力，难以借助现代化媒体和设备学习新知识新技能，生活相对单一，精神生活匮乏。

3.怒江地区精神贫困对总贫困的贡献分析

为了更好地评价和认识精神贫困程度、更有针对性地制定精神贫困消除方案，表 3-4 和图 3-1 进一步分析呈现了精神贫困对多维贫困整体的贡献率，即精神贫困在整体贫困中的重要性。

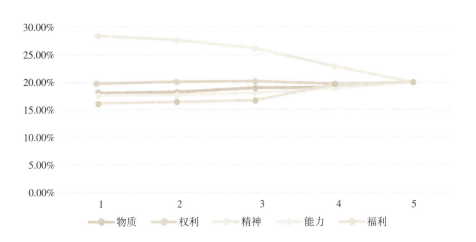

图 3-1　各维度对整体多维贫困贡献率

表 3-4　各维度对整体多维贫困贡献率

k	物质	权利	精神	能力	福利
1	18.05%	19.77%	28.37%	17.62%	16.19%
2	18.22%	20.04%	27.65%	17.70%	16.39%
3	18.97%	20.18%	26.15%	18.00%	16.71%
4	19.03%	19.67%	22.86%	18.90%	19.54%
5	20.00%	20.00%	20.00%	20.00%	20.00%

由图 3-1 和表 3-4 可见，在不同维度贫困上，精神贫困对总体贫困的贡献率最大，始终居于高位，说明精神贫困对于整体贫困影响最大，是致贫的主要原因。精神贫困问题在 $k=1$ 时贡献率最高，其数值比第二位（即权利贫困维度）高出 8.6 个百分点；其在较低维度的整体贫困中所占有的

高度影响力，说明精神贫困比其他贫困维度具有更加普遍的影响性，其他 4 个维度更多作用于维度更高的整体贫困，贡献率随着维度的增加而不断提升。尽管随着 k 的增加，精神贫困与其他维度的贡献率差值在不断缩小，但是 k 取各值（除去 $k=5$，此时所有维度贡献率必然都是 20%）时，精神贫困对于整体贫困贡献率仍然保持第一位置，并且差距最小也超过 3%。

上述测度和分析说明，在 2016 年前，怒江州贫困人口的多维贫困情况比较普遍和严重，精神贫困尤其突出，对整体贫困贡献率高。因此，精神脱贫应该作为脱贫攻坚的重要目标，通过政策支持培养贫困人口的内生脱贫动力，实现精神脱贫与物质脱贫的有机统一。

三、产业扶贫推动文明素养提升的怒江实践

（一）产业发展培育贫困人口脱贫动力和能力

产业发展可以培育贫困人口脱贫的内生动力和能力，表现在四个方面：第一，贫困户是扶贫产业培育的对象和实施者。不论是"龙头企业＋合作社＋贫困户"还是订单农业，都需要培育贫困户自身产业发展能力，通过接入市场培养其收入创造能力。第二，新型农业经营主体带动小农户实现组织化生产。通过规模经济做大"蛋糕"，通过创新利益联结机制实现增收，通过"干中学"激发创收致富的愿望和能力。第三，产业扶贫产销链引入电子商务，使小农户直接对接大市场，打通农产品上行"最后一公里"。产销路径通畅使农户看到希望，增加致富的信心。第四，扶贫产业的可持续发展发挥"造血"功能，激发贫困户和脱贫户持续生产的热情，培育其可持续增收的能力。这对于巩固拓展脱贫攻坚成果，培育并建立脱贫长效机制具有重要意义。

（二）怒江州农业特色产业发展对文明素养提升的影响

怒江州依托优势资源，以打造绿色能源、食品、健康生活目的地这"三张牌"为突破口，重点发展绿色香料产业，大力发展特色畜禽和蜂产业，构建以冬早蔬菜、热区水果、野生蔬菜、草果、优质中药材、食用菌等特色种植业为主的特色生态农业体系。截至 2019 年底，全州有草果 110 万亩（挂果 40 万亩），鲜果总产量近 3.34 万吨，产值 2.51 亿元，成为我国草果的核心产区和云南省最大的草果种植区。全州在园水果 6.83 万亩，年上市水果 4.83 万吨；茶叶 4.73 万亩，年产量 103 吨；咖啡 0.95 万亩，年产量 0.17 万吨；中药材 35 万亩，年产量 1.35 万吨；中蜂 8.05 万箱，年产蜂蜜 350 吨；蔬菜播种 16.57 万亩，年产量 12.35 万吨。全州 2019 年农业产业扶贫投入总资金 8000 多万元，完成羊肚菌种植 920 亩、特色蔬菜种植 53891.66 亩、草果种植 35088.3 亩、有机茶种植 10300 亩、山胡椒种植 3870 亩、蜜源种植 8700 亩、特色水果种植 16721.7 亩、中草药材种植 45882.62 亩、草果提质增效 2430 亩、茶叶提质增效 7680 亩、完成中蜂养殖 3689 箱、黄牛养殖 1434 头、生猪养殖 2000 头、山羊养殖 4316 只、养鸡 15.32 万羽、竹鼠 4500 只、豪猪 656 只、七彩山鸡 3500 羽、生产运输索道建设 5 公里，运输道路建设 5.6 公里。通过产业扶贫项目建设覆盖建档立卡贫困户 6.43 万户 23.85 万人，占有条件发展产业的 6.77 万户贫困户的 95%。通过产业扶贫建设，全州 2019 年农业总产值达 37 亿元，农民人均纯收入达 7300 元左右，增幅 12% 左右。

在培育扶贫产业过程中，怒江州与云南省"绿色食品牌"建设步调一致，加快农特产品品牌创建。截至 2020 年底，全州共有"三品"认证企业(单位)31 个、57 个产品，认证面积 16.28 万亩，年产量 14529.84 吨。"老姆登茶"已获得农产品地理标志登记，独龙牛、独龙鸡、福贡云黄连、兰坪乌骨鸡等已成功注册地理标志证明商标。福贡县(草果)入选云南省"一县一业"特色县，泸水市老窝镇入选第九批全国"一村一品"示范村镇(老窝火腿)。

在推进产业扶贫工作中，怒江州通过新型农业经营主体的带动，推进利益联结，确保贫困人口收益持续稳定。围绕实现贫困村农民专业合作社全覆盖目标，从政策、项目、资金等方面给予支持，不断提高贫困群众组织化程度；引进省农业投资担保公司，设立产业扶贫担保基金，已累计完成48户新型经营主体担保贷款4702万元，为新型经营主体做大做强种养业提供强有力支持。截至2019年底，全州有省级龙头企业9个，州级龙头企业59个，从业人员达1528人；农产品加工企业(包含个体户)910户，从业人员3442人；农民专业合作社1542个，出资总额达19.319亿元，其中4家获得国家级示范社称号，27家获得省级示范社称号，47家获得州级示范社称号；家庭农场44个。新型经营主体带动全州建档立卡贫困户4.87万户14.94万人，带贫率达71.92%。

在实施兜底资产收益入股龙头企业项目中，陕西海升公司2019年在兰坪县通甸镇实施的蓝莓产业园种植蓝莓900亩、车厘子600亩、草莓300亩，带动搬迁户5000户，带动进城安置搬迁户务工就业800多人，实现兜底收益资金年收入275万元。兰坪县在通甸镇黄松村投入产业资金1000万元，与社会资本联合建设15万羽蛋鸡养殖场，实现1000户搬迁户兜底收益资金年收入160万元。珠海农控集团组建海兰农业公司，采取"公司＋基地＋贫困户"模式发展蔬菜基地，完成蔬菜种植2588亩，每天平均吸纳务工200人以上，高峰期可达400人，通过务工、地租和资产性收益等方式，带动900多户搬迁户近4000人增收脱贫。

在解决产业扶贫产销链接中，怒江州通过线上线下结合方式，积极打造市场，加强产销对接，推动农产品出山进城。2015年，泸水县成为怒江州首个"电子商务进农村示范县"。2018年，怒江州被商务部列入"电子商务进农村综合示范州"，项目覆盖泸水市、福贡县和贡山县，启动实施资金4500万元；同年11月，央视财经频道"中国电商扶贫行动"暨电商扶贫论坛在兰坪县通甸镇罗古箐举办。2019年，怒江州成功筹备农业农村部信息中心主办的"110"网络扶贫创新活动，借助今日头条、抖音、西瓜视频等平台的信息技术和流量优势，提升怒江州特色农产品知名度、认知度；同年，怒江州组织辖区内 81 个企业参加省内外农产品展销推介活动 7 场，展示草果、红米、茶叶、野生蜂蜜、高山小杂粮、老窝火腿、青刺果油、核桃油等怒江州特色农产品 402 个 / 次，现场销售总额 31.56 万元，签订意向性合作协议 3 个，协议金额 10 亿元。为加强怒江州对外开放与交流合作，扩大招商引资，打造怒江州草果品牌，怒江州成功举办"草果文化周"活动，共有 47 家新型经营主体 198 个农特产品参加展销，现场销售总额达 20.12 万元，与 8 家企业开展了意向性洽谈。

在促进扶贫产业可持续发展过程中，怒江州强化科技支撑，加强指导服务。建立"分片包干"和产业指导员制度，4 县（市）聘用产业扶贫指导员 482 人，州级层面抽调 120 名农业科技工作人员组成专家团，围绕"盯项目、转作风、抓落实、促攻坚"主题实践活动及"下沉作战、全面总攻"专项行动工作部署，赴各县（市）开展技术服务、项目对接、工作督导、任务督查等指导服务工作。以农业科技培训和科技推广为抓手，编制了《怒江州农业产业科技培训扶贫工作实施方案》，2019 年共开展农业科技培训 14.76 万人次。

（三）草果产业塑造并提升贫困人口可持续发展的能力与信心

草果原产于越南，古籍中关于草果的记载最早可见于宋朝寇宗奭撰的《图经衍义本草》。草果属多年生常绿草本植物，生长于亚热带山区常绿阔叶林下的药食两用经济作物，适宜栽培地和产量都有限。怒江州河谷地区山高坡陡，耕地资源稀缺，适宜发展草果产业。

怒江州委、州政府高度重视草果产业发展，专门成立怒江州加快草果产业发展工作领导小组、草果产业发展协调领导小组和技术攻关指导组，出台《关于加快草果产业发展的意见》《怒江州草果产业发展管理办法》，编制《怒江州草果产业发展总体规划（2014—2020 年）》，为怒江州草果产业有序健康发展提供强有力的政策保障机制。围绕《云南省全力推进迪庆州怒江州深度贫困脱贫攻坚的实施方案（2018—2020 年）》，整合涉农资金，累计投入产业扶贫资金 1.65 亿元新植草果 10 万亩，提质增效 20 万亩。依托怒江州扶贫投资开发有限公司，注册"天境怒江"等 39 个草果商标 121 个类别。研发精深加工生产草果酱、草果酒、泡草果、草果料包等产品 10 余种，延伸草果产业链，提高附加值，实现草果加工营销组织化运作。

各级县（市）、乡发挥主导作用，围绕云南省主体带动作用，创新适合当地的产业发展模式。贡山县提出"政府扶持、市场调节、能人带动、群众参与"的发展模式，成立 2 个草果专业合作社、1 个草果种植协会；普拉底乡成立草果产业发展领导小组，逐步建立以标准化种植、高质量加工、合格包装进入市场等自产自加工自销为一体的产业发展机制，有效实现种植户利益最大化。泸水市上江乡采取"公司＋协会＋农户"经营管理模式，公司负责收购、加工、销售，协会负责生产、培训、管理，农户负责草果种植、采收，实现企业与农户利益共享、风险共担。福贡县匹河乡采取"农村经济能人＋农户"模式，由草果种植能人组织农户规模化集体种植，共同经营发展，按比例分成。

龙头企业显著发挥带贫致富优势。云能投怒江州产业开发投资有限公司采取"龙头企业＋基地＋电商平台＋贫困户"模式，启动最低保护价为主的订单利益联结模式，带动福贡、贡山两县草果种植农户 560 户 1500 多人，直接经济收入 2750 万元。华喜农业采取"党支部＋公司＋合作社＋基地＋贫困户"模式，深化租赁联结、股份联结和劳务联结等利益联结模式：农户在党支部带领下将 6000 亩土地流转给企业获得租金；每户 5 万元产业信贷资金整合后由合作社入股到公司，每户每年分红 3000 元；农民务工人均增收 2300 元；多重增收渠道带动福贡县 320 户 1100 多人脱贫，直接经济收入 1200 万元。

合作社发挥"把农户组织起来致富"的优势。截至 2019 年，全州成立草果专业合作社 36 个，入社农户 1684 户，其中建档立卡贫困户有 562 户，占入社农户总数的 33.38%，年实现销售收入 5874.78 万元。泸水市六库镇赖茂村东方红小组村民兰纪三于 2012 年 5 月成立专业合作社，采取统一的品种、管理、标准、销售和利益，实行标准规范管理，带动 113 户农户种植草果 3103 亩。贡山县普拉底乡咪谷村金秋农民草果合作社投入村集体经济 75 万元，开启"党支部 + 合作社 + 农户"发展新模式，收益 30% 归集体，70% 按照入社人口分配。

种植大户和新型职业农民加入带贫致富队伍。泸水市上江镇丙贡村朱波家是怒江州最早种植草果的农户之一，种植草果近 30 年，种植面积 160 亩，产值达 40 万元以上，带动全村 80% 以上农户种植草果，草果已成为该村农民脱贫致富的"金果果"。其达村原是贡山县普拉底乡最贫困的村委会之一。草果种植大户余学明在担任村委会书记期间，率先将自家草果种植面积扩大，截至 2017 年种植面积已达 600 多亩，年收入达 80 多万元。在他的带动下，全村 90% 以上农户种植草果，部分种植户年收入已达 10 万元以上，成为全乡人均纯收入最高的村委会。独龙江乡巴坡村 233 户独龙族群众，在老县长高德荣示范带动下种植草果，户均种植面积近 100 亩；全村种植收入达 422 万元，占全村经济总收入的 79.59%，户均收入最高超过 9 万元。

怒江州在"做大做强"草果产业时，龙头企业延伸产业链，政府牵头建立品牌。2016 年，州委、州政府因势利导，引进云南能投集团投资 5900 万元，建设福贡县石月亮怒江大峡谷草果加工交易中心，形成草果及其他农副产品种植、加工、仓储、交易全产业链；推进怒江州草果地理标志证明和商标注册，注册"天境怒江"等 39 个草果商标 121 个类别；加大草果营销组织化运作，培育草果"网红"，多渠道、多形式推介草果产品，培育市场、引导消费，促进草果产品"出山出海"，相继召开云南怒江绿色香料产业发展战略研讨会、首届"草果文化周"，提出绿色香料概念，促进草果产业发展。同时，扶贫车间通过"企业 + 扶贫车间 + 贫困户 + 非遗传承"模式，引进新繁棕编非遗编织技艺，把草果叶、草果秆变废为宝，编织成草帽、手包、拖鞋等手工艺时尚饰品，让贫困群众在家门口就有活干、有钱挣。全州已建成 3 个以草果叶编织为主的扶贫车间，带动建档立卡贫困户 42 人，实现人均月增收 1250 元。

由龙头企业、合作社、种植大户、地方干部等多渠道多主体带动打造富民产业，克服了贫困群众思想观念落后、缺乏创业胆量、不敢尝新等精神贫困问题，建立了基于贫困农户内生发展目标与信心的脱贫长效机制。在怒江州，"金山银山不如怒江绿水青山，金果银果不如怒江本地草果"，已成为家喻户晓的社会共识。

习近平总书记强调，"坚持群众主体，激发内生动力"，"培育贫困群众依靠自力更生实现脱贫致富意识，培养贫困群众发展生产和务工经商技能，组织、引导、支持贫困群众用自己辛勤劳动实现脱贫致富，用人民群众的内生动力支撑脱贫攻坚。"① 怒江州在党中央《关于支持深度贫困地区脱贫攻坚的实施意见》等顶层政策指导下，基于区位资源禀赋与发展特色，打造具有区位特征的草果产业，以产业扶贫激发贫困人口内生发展动力，实现了社会经济发展的千年飞跃。据统计，怒江州草果产业带动沿边 3 个县（市）21 个乡镇 116 个村 4.31 万户增收，覆盖人口 16.5 万人，其中建档立卡贫困人口 1.08 万户共 3.78 万人脱贫，占全州贫困人口的 23.05%，贫困人口人均增收 2700 余元。

四、怒江州现代文明素养提升的着力点与新理念

怒江州如期完成脱贫攻坚任务，地区现代文明素养获得极大提升，成为区域性脱贫的典型范例。这种提升得益于科学理念的指导，精准务实的推动，为怒江州跨越式发展及乡村振兴建设提供了成功思路。

（一）以新发展理念全面提升怒江州现代文明素养

建设新时代文明实践中心是推动习近平新时代中国特色社会主义思想

---

① 习近平：《在打好精准脱贫攻坚战座谈会上的讲话》，人民出版社 2020 年版，第 9 页。

深入人心、创新拓展党的理论走进基层常态化的有效路径，也是创新新时代农村基层社会治理模式的有效载体。怒江州委、州政府按照中央和省委部署，高位推动新时代文明实践中心建设，至 2020 年上半年，全州四县（市）均成立新时代文明实践中心；7 月中旬，州级新时代文明实践中心在怒江州职教中心挂牌成立，标志着广泛深入开展新时代文明实践活动的组织构架初步建立。

新时代文明实践中心立足州情，聚焦巩固脱贫成果，进一步帮助实现了"两不愁三保障"的基层群众摆脱思想贫困、精神贫困，补齐人口素质薄弱的短板，为乡村振兴夯实思想基础。

1.有效整合各类资源，建好六大服务平台

新时代文明实践中心发挥统筹整合、指挥调度功能，实现"六个整合"，建立"六大平台"。一是整合党校、党员电教中心、党群活动场所、文明讲坛、爱国主义教育基地、纪念场馆、村史馆和综合服务中心等资源，建立理论宣讲服务平台。二是整合中小学、职业学校、儿童活动中心、乡村学校少年宫等资源，建立教育服务平台。三是整合基层文联组织、综合文化服务中心、乡镇文化站、图书馆、博物馆及文艺队、民族文化工作队、非遗传承馆、老年人活动中心等资源，建立文化服务平台。四是整合科技示范基地、农村科技基地、科普大篷车、科普活动室、农家书屋、国门书社等资源，建立科技与科普服务平台。五是整合体育场馆、健身广场、体育活动点、农村文化活动广场，推动中小学体育设施对外开放，建立健身体育服务平台。六是整合农业农村、人社、职教、扶贫、住建、商务、林草等行业部门，建立劳务技能服务平台。

在六大服务平台建设中，州、县（市）新时代文明实践中心充分发挥"指挥部"作用，聚焦全州广大农村和易地扶贫搬迁安置点社区群众需求，规范收集基层需求信息并科学分类梳理，协调各服务平台的志愿服务资源，突出不同时期工作重点，以效果为导向抓好志愿服务"派单"工作。

2. 坚持怒江经验做法，提升志愿服务质量

进一步规范已经被实践证明管用的怒江经验和做法，纳入新时代文明实践中心各服务平台，以志愿服务为主要形式长期坚持好。一是"国旗升起来，群众聚起来""政策讲出来，人心暖起来""榜单评出来，影响大起来""文化强起来，氛围浓起来""成绩晒出来，表扬实起来"等五点做法，从示范建设到全面推开，促进了全州乡风文明水平的显著提升。二是新时代农民讲习所的理论宣讲和技能培训，在宣讲队伍建设和农民技能培训方面探索出管用的工作机制，产生良好的社会效益。三是"自强、诚信、感恩""听党话、感党恩、跟党走""感恩共产党，感谢总书记"等系列感恩教育，不断促进感恩情怀根植人心，基层群众内生动力持续增强。四是易地扶贫搬迁"稳得住"系列举措凝聚了安置点社区人心，新社区新生活新气象凸显怒江州脱贫攻坚最大亮色。五是人居环境提升行动在宣传群众、发动群众共同创建美丽家园工作中成效卓著，"十星级文明户""最美庭院""文明楼栋"等系列文明创建成果成了广大农村和安置点社区最亮丽的风景线。六是扶贫暖心行动促进了新时代怒江州党群干群关系更加融洽。七是健康文明生活方式提升行动在移风易俗、革除陋习方面持续发挥作用。

怒江州文明实践中心常态化开展文明实践人才队伍培训，以培训县（市）中心、所、站人才队伍为主要任务，不断为基层培养业务骨干。各级中心探索制定志愿服务激励措施，特别在评先评优、积分管理、礼遇关爱等方面形成怒江做法，增强志愿者成就感和荣誉感，引导农村和安置点社区开展服务，真正实现零距离贴心暖心服务。

3. 紧扣基层群众需求，打造文明实践品牌

巩固脱贫成果，助推安置点社区"稳得住"，是新时代文明实践中心的重点工作。怒江州积极探索由安置点群众"点单"提需求、县（市）中心精准"派单"、各行业志愿者积极"接单"下沉服务相贯通的工作模式。

为有效解决志愿服务"小、散、弱"问题，怒江州创新提出新时代文明实践工作专班，由各部门各行业向中心派出常驻人员，中心统一指挥开展志愿服务派单工作，统筹开展人员培训，统一指挥志愿服务，使信息更通畅，合力更加强。

新时代文明实践中心持续抓好理论政策宣讲、文化文艺服务、助学支教、医疗健身、科学普及、法律服务、卫生环保、扶贫暖心、生态环保、民族团结进步示范创建等志愿服务队伍的建设工作，搭建了一批有人员、有项目、有规划、便捷高效的志愿服务平台。

4.健全文明实践体系，构建高效运转机制

怒江州立足州情，在全省率先探索建立"州、县（市）、乡（镇）、村（社区）"四级工作机构，突出州级中心的统筹指导和人才培训职能，实行州、县（市）、乡（镇）、村（社区）全域推进，这是贯彻落实习近平总书记关于精神文明建设工作重要论述的怒江做法，也是着眼于脱贫攻坚与乡村振兴有效衔接的创新举措。

新时代文明实践中心充分运用互联网、大数据、云平台等新技术新手段，依托怒江州传媒中心和县（市）融媒体中心的各类信息发布平台和宣传渠道，探索建立融文明实践活动的管理、发布、交流、展示、传播为一体的工作机制，讲好新时代文明实践的怒江好故事。通过开发建设融媒体客户端、志愿者服务平台等方式，建立健全"群众点单＋中心派单＋志愿者接单＋群众评单"志愿服务流程，提高志愿服务质量。

5.切实加强党的领导，抓实人才队伍建设

各级党委政府的一把手承担新时代文明实践中心建设主体责任，在资源调配、政策支持、队伍建设、资金投入等方面履行"指挥官"职责。派驻到新时代文明实践中心的人员弘扬"怒江缺条件，但不缺精神、不缺斗志"的怒江脱贫攻坚精神，秉承"苦干实干亲自干"的怒江脱贫攻坚作风，把全部精力集中在工作上，甘于奉献，勇于创新，树立起精神文明建设战

线的良好形象，成为全州文明社会风气的倡导者、推动者和实践者。

（二）多层次多角度提升脱贫群众现代文明素养

1.怒江州现代文明建设以习近平新时代中国特色社会主义思想为指导，以科学理念消除贫困问题的干扰

党的十九大报告正式提出"人民日益增长的美好生活需要和不平衡不充分的发展"这一新的社会主要矛盾，这是同国情、解放和发展社会生产力问题紧密联系的。"人民日益增长的美好生活需要"可以从两个方面理解：一方面是人民需要的内涵大大扩展，从物质文化领域向物质文明、政治文明、精神文明、社会文明、生态文明等领域全面拓展；另一方面是人民对需要的层次更加分明而具体，比如期待更好的教育、更优美的居住环境、更和谐的社区氛围、更丰富的精神文化生活，这些需要呈现出多样化、多层次、多方面的特点。怒江州挖掘了精神文明及其他文化成果的供给差距，将精神文明和物质文明共同作为发展的重要目标。

2.怒江州现代文明素养提升坚持以人民为中心的工作导向

党的十八大以来，习近平总书记反复强调要坚持以人民为中心的工作导向。怒江州贯彻执行"必须坚持以人民为中心的发展思想，把增进人民福祉、促进人的全面发展作为发展的出发点和落脚点"，充分考虑人民群众的愿望和要求，从群众最欢迎的事情做起，从群众最不满意的问题改起，凡是为民造福的事情就千方百计做好，凡是损害群众利益的事情就坚决不做；相信群众，依靠群众，尊重人民群众的主体地位和首创精神，激发人民群众的主人翁精神和责任感，发挥人民群众的积极性、主动性。人民群众在亲身参与精神文明建设的实践中，也不断提高自身的文明素质。

3.怒江州现代文明素养的提升取得的成效，主要在于处理协调好四种关系

一是处理好物质文明与精神文明协调发展。怒江州实践证明，只有物质文明建设和精神文明建设都搞好，物质力量和精神力量都增强，少数民族人民物质生活和精神生活都改善，社会主义事业才能顺利推向前进。二是处理好制度文明与精神文明协调发展。怒江州努力完善各项制度，为精神文明建设奠定良好的制度基础，同时促进精神文明建设自身的制度化，将之纳入行政的、经济的和法治的管理轨道。三是处理好党风建设和精神文明建设协调发展。怒江州以党风政风引领民风社风，为进一步改善民风社风作出垂范表率、营造良好氛围。同时，加强党内精神文明建设，在思想道德上下力气，在理想信念上下力气，在率先践行社会主义核心价值观上下力气。以党员文明素质和全党文明程度的提高，带动和促进脱贫群众文明素质和社会文明程度的提高。四是处理好文化建设和思想建设的协调发展。怒江州现代文明素养提升取得的成效在于文化建设与思想建设两头抓，并使之不断协调发展。提高脱贫群众的思想道德和科学文化素质，是思想建设和文化建设的根本目的。

本章作者

中国人民大学哲学院　曹刚教授

中国人民大学哲学院　肖群忠教授

中国人民大学经济学院　孙咏梅教授

中国人民大学农业与农村发展学院　尤婧教授

第四章 在一个战场打赢"深度贫困脱贫攻坚"与"生态文明建设"两场战役的实践和探索

　　云南省怒江州是一个集边疆、山区、少数民族、贫困为一体的特困地区，地处滇西北横断山区纵谷地带，南北纵贯的担当力卡山、高黎贡山、碧罗雪山、云岭与南北奔流的独龙江、怒江、澜沧江形成"四山夹三江"的高山大川交替排列地势。全州高山峡谷占辖区总面积98%以上，垦殖系数不足4%，25度以上耕地占耕地总面积76.6%。

　　基础薄弱、区位偏远、地域封闭、农业生产条件差、社会经济系统相对封闭、人口空间分布离散、市场发育程度低等多种因素，构成怒江州社会经济发展的重重障碍。由于境内气候和地貌类型复杂，加之地处横断山腹地，怒江州自然资源丰富，是世界生物多样性宝库，是我国和缅甸等周边国家重要的生态屏障，是我国维护生态安全战略格局的重要组成部分。脱贫攻坚战打响以来，怒江州肩负打赢脱贫攻坚战和生态保护两大艰巨任务，以习近平总书记"两山"理念为指导，坚持生态优先，立足怒江州资源禀赋特征有序有效推进脱贫攻坚工作。截至2020年底，怒江州实现26.96万贫困人口全国达到"两不愁三保障"标准，249个贫困村全部退出，4个贫困县（市）全国脱贫摘帽，独龙族、怒族、普米族、傈僳族等"直过民族"和人口较少民族顺利实现整族脱贫，困扰千年的贫困难题得到了历史性解决。

　　1992年，联合国环境与发展大会开启了各国可持续发展道路的征程。

广大的发展中国家努力探索生态环境保护和经济增长、贫困人口福利改善双赢的道路。实践中局部范围有成功案例，如菲律宾建立的生态工业园项目与所在社区合作，达到社会经济、环境和人类需求三者之间的平衡。[①]我国与泰国、缅甸、老挝、柬埔寨共同启动的澜湄合作机制在解决澜湄流域综合治理的同时，解决了湄公河地区贫困问题，探索出绿色减贫新路径。这些案例大多数发生在社区层次，又或不具有长期稳定性，不足以支撑人类在区域和国家层次走出一条可持续发展道路。怒江州脱贫攻坚实践生动诠释了如何同时打赢脱贫攻坚和生态环境保护两场战役，丰富了我国生态文明建设研究成果，为我国解决相对贫困问题提供生态文明建设角度的思路，也为其他发展中国家反贫困实践提供借鉴。

一、生态文明是怒江州发展的核心要义

怒江州的优势在于独特的生态区位，大自然赋予的丰富生物多样性、美丽景观和能源矿藏资源，各族人民与自然长期相处孕育的文化多样性。怒江州的劣势也在于大自然赋予的复杂而又脆弱的生态系统，地理偏僻、交通不便并远离消费市场。这决定了怒江州的发展必须践行绿色发展道路，把经济活动、人的行为限制在自然资源和生态环境能够承载的限度内，实现经济社会发展和生态环境保护协同共进。坚持人与自然和谐共生，坚持绿水青山就是金山银山，坚持良好生态环境是最普惠的民生福祉，坚持山水林田湖草沙是生命共同体，坚持用最严格制度最严密法治来保护生态环境。

---

① 路超君、乔琦：《发展中国家生态工业园建设对我国的启示》，《环境保护》2007 年第 24 期。

（一）脆弱的生态系统与独特的地理、文化和社会经济特征

1.生态区位十分重要

国际上，怒江州是世界十大生物多样性热点地区之一，被誉为"动植物王国"和"生物基因宝库"，"三江并流"保护区被世界教科文组织列为世界自然遗产，生态区位敏感、特殊且重要。怒江州到处都是"绿水青山"，有高黎贡山国家级自然保护区和云岭省级自然保护区，保护区面积占国土面积的27.2%。所辖4县（市）均列入国家重点生态功能区，按照保护程度可分为生态严格保护区、河谷生态控制开发区和集约开发利用区三大类①全州境内60.86%的国土面积纳入国有林、公益林、保护区范围，森林覆盖率达78.08%，活立木蓄积量占云南省的近10%。同时，怒江州境内江河密集、河川径流大、雨量丰沛，水能资源极为丰富，怒江、澜沧江和独龙江三大干流和183条支流，水资源总量达955.91亿立方米，占全省水资源总量的43%。怒江、澜沧江水系水质常年保持在Ⅲ类以上，独龙江水质保持在Ⅱ类以上。据核算,2017年怒江州生态资产价值（GEP）达6217亿元，绿金指数达43.93（生态资产价值与当年全州国内生产总值的比值），单位国土面积生态资产价值4263万元／平方公里，是全国平均水平的4.99倍。其中，全州生物多样性价值高达2006亿元，占生态资产价值比例超过1/3，生物多样性特征显著。

2.生态系统和环境十分脆弱

怒江州蕴含农田、森林、草地、水体与湿地、聚落等生态系统，以森林生态系统所占面积最大。其中，较典型的森林生态系统是地跨泸水、福贡、贡山3县（市）的高黎贡国家级自然保护区保存的温性、寒温性针叶林森林生态系统，碧罗雪山寒温性针叶林区保存的从亚热带干暖河谷到寒

---

① 资料来源:《怒江傈僳族自治州环境保护"十三五"规划纲要》。

温性高山草甸的多种生态系统，云岭山脉寒温性—暖温性针叶林区的硬叶栎林生态系统。此外，怒江州湿地主要有高原沼泽湿地、湖泊湿地及河流湿地3大类，具有代表性的是高山、亚高山沼泽化草甸湿地生态系统。但特殊的"四山夹三江"高山峡谷地貌造成了泥石流、滑坡、崩塌、雨雪、冰冻等灾害易发的情形，成为滑坡泥石流重灾区，生态环境保护工作难度巨大。

此外，全州98%以上面积是高山峡谷，5.57%的国土面积集中分布了近70%的人口，远远超过了土地承载能力。在这样的山地环境中进行耕作，极易造成水土流失，海拔1500米以下的河谷地区已成为生态环境最恶劣地区。具体而言，怒江州社区分布可分为三种（见图4-1）[①]：（1）支流入江口分布型：较大支流与干流交汇口一般地势相对平缓，是乡镇和行政村所在地；（2）河岸平台分布型：怒江州最主要的社区分布地，其中大于等于3平方公里的河漫滩是县、乡政府所在地，小于等于3平方公里的河漫滩则是居民聚集密度较高的地区；（3）山区坡地分布型：其中与江面相对高差200—500米的沿江两岸具有一个缓坡社区分布带，也是民众聚集密度较高的地区，海拔2300米以上的高山陡坡地带，分布有小型农村社区，大多与自然保护区接壤或处于保护区内。

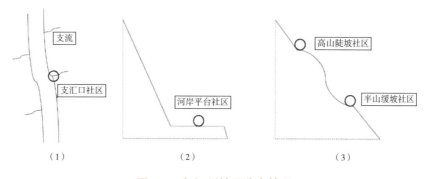

（1）　　　　　　　（2）　　　　　　　（3）

图4-1　怒江州社区分布情况

①　杨文忠：《滇西北基于民族文化的自然保护模式研究》，云南大学博士学位论文，2012年。

因此，怒江州整体形成了河谷生态恶化区、半山生态脆弱区和山顶生态相对完好区的三大生态区并存的局面，整体呈"地形起伏大、地质结构复杂、水热条件垂直变化明显、土壤瘠薄的特点"。

3. 生物多样性十分丰富

怒江州拥有世界级的生物资源，动植物资源体量巨大，拥有国家一、二级保护植物 24 种，国家一、二级保护动物 67 种，每年生物多样性保护价值达 350.93 亿元，是重要的生物多样性保护地区[①]。

植被种类繁多且独特。现已知的高等植物有 200 余科，1000 余属，3600 多种，其中被国家列为重点保护的珍稀植物有 60 多种。主要保护植物有云南红豆杉、光叶珙桐、云南榧树、秃杉、云南黄连，列入国家级保护植物 42 种。用材林树种以冷杉、云南松、云杉、铁杉最多，珍稀名贵树种有红豆杉、秃杉、柏木、红椿、楠木、珙桐、紫檀、香樟等。已知中药资源 356 种，药材资源总蕴藏量 959.44 万公担，全国药材资源 76 个保护品种，怒江州有 51 种；野生花卉种类繁多，中国三大名花报春花、杜鹃花、龙胆在怒江州分布的有 215 种；云南八大名花在怒江州分布的有 394 种。

动物多样性丰富且优越。怒江州特殊的自然环境也为各种动物的繁衍生长提供了适合的条件，已知野生脊椎动物 488 种，兽类 128 种（隶属 9 目 27 科），重点保护的 27 种；鸟类 284 种（隶属 41 科 138 属），重点保护的 13 种；爬行类动物 30 种（隶属 2 目 6 科 19 属）、两栖类动物 30 种、鱼类 44 种，主要保护动物以白眉长臂猿、白尾梢红雉、云纹鳗鲡等为代表。

生态系统类型复杂多样。怒江州境内保留了大量的、原始的、未受到人为干扰的森林、湿地（河流、冰碛湖等）、灌丛、草甸等生态系统。加之怒江州境内河谷深切，海拔相对高差均在 2000—3000 米以上，有着亚

---

① 资料来源：《云南生物多样性保护战略与行动计划（2012—2030 年）怒江州实施方案》。

热带到寒带的多种气候、土壤，从河谷最低海拔 738 米到最高海拔 5128 米的山顶基本上包括了我国从南亚热带到寒带高山苔原带各植被带谱的特点，容纳了寒温性、温性、暖性、暖热性等植物类型。优越的生态条件孕育了 2 个国家级、省级自然保护区——高黎贡山国家级自然保护区（怒江片区）和云岭省级自然保护区，总面积 3995.79 平方公里，占怒江州国土面积的 27.18%；4 个"三江并流"世界自然遗产地的国家级风景区——月亮山景区（福贡）、老窝山景区（兰坪）、片马景区（泸水）、贡山景区（贡山），规划总面积 2222.76 平方公里，占怒江州国土面积的 15.12%。

4. 发展条件差，社会发育水平低

怒江州山高、谷深、坡陡、地少、边境线长、社会发育程度低、劳动者素质低、贫困程度深。既往研究表明，贫困地区往往面临着生态环境脆弱和贫困的双重压力，自然地理环境是导致贫困的重要因素之一，贫困与生态脆弱区存在一定地理意义上的共生和耦合。

从区位和地形特点来看，怒江州地理区位边远，交通条件薄弱。州府所在地泸水市六库镇距昆明 614 公里，长期处于没有机场、铁路、水运和高速公路的状态，甚至州内群众两岸间赶集、上学、探亲也只能通过溜索过江，形成了交通不便、信息闭塞、长期与外界脱节的生存发展环境，发展条件极其薄弱。

从社会发展状况来看，新中国成立初期，全州 62% 的人口从原始社会末期、半部落半封建社会，直接过渡到社会主义社会。全州大多少数民族不会国家通用语言，人口文化素质普遍偏低，缺乏劳动技能，内生发展动力严重不足。长期缺乏外界关注也带来科技普及程度低、商品经济发育不足、生产生活方式比较落后等问题，技术、资金、市场和人才难以进入这片土地。险恶的自然条件、较低的社会发育程度等原因使得怒江州集地域性贫困、素质性贫困、民族性贫困、整体性贫困于一身，成了条件制约型深度贫困区。

（二）经济发展带来巨大的环境压力

随着林业、矿产、水电、旅游等产业的跨越式发展，怒江州城乡居民生活水平快速提升、城镇化速率加快，新时代发展使怒江州的环境承载力面临巨大挑战。2019年，怒江州城镇化率达34.4%，全州城镇常住居民人均可支配收入达26650元，比2018年同期增长8.5%。农村常住居民人均可支配收入从2012年的2773元提升到7165元，比2018年同期增长11.1%。与经济社会快速发展相伴的是污染物排放量的迅速增加，农村养殖业、农村与城区生活垃圾和污水处理给土壤环境、水环境造成了更大压力，城区餐饮业污染物排放给大气污染防治管理增加了难度。怒江州大多数农村还没有规范的垃圾处理设施，垃圾分布散乱，容易造成二次污染；乡村地区水污染和污水直排的情况普遍存在，污水收集处理工程建设难度高；加之全州地形地貌特殊，地势狭窄，环保设施选址存在地质隐患和占用基本农田的情况。这对农村人居环境整治、生态环境保护能力建设、环境监管和环境保护投入提出了新的要求。

（三）难以处理好生态空间和发展空间之间的平衡

1. 生态保护与生计改善发展需求冲突

怒江州是全国各类保护区占国土面积比例最大的州市，全州60.86%的国土面积纳入各类保护区，61.81%的国土面积划入生态保护红线区域，生态保护任务非常重，可供开发的区域少之又少，制约着全州经济社会发展步伐。且在实际保护过程中，存在生态红线划定范围与耕地、永久基本农田、建设用地、城镇开发边界、矿权、水电站等冲突的情况，保护目标与发展要求存在比较突出的矛盾。对此，各县（市）、各部门（单位）应当核实自然保护地生态保护红线区域内永久基本农田、耕地（非基本农田）、镇村、基础设施、合法矿业权、战略性矿产资源区域、国家规划矿区等的情况，分析各类开发建设用地的面积、数量、空间分布，进一步磋商优化（见专栏4-1）。

专栏4-1　怒江州旅游基础设施项目

怒江州委、州政府提出推进大滇西旅游环线建设，并把半山酒店项目作为重要抓手，助推怒江州脱贫攻坚。对于酒店地址的选取，大滇西旅游环线建设工作领导小组第3次会议强调，要坚持规划引领、严格审核把关，以不破坏环境、不过度开发、不影响原住居民生产生活为原则，在避让"生态红线"和基本农田的前提下优化选址。

酒店建设坚持"生态优先、因形就势"的原则，不断优化建设方案，在不破坏生态环境、不影响"生态红线"的前提下实际落地，避免建设项目、经济发展规划与生态保护红线政策相互博弈，为高质量打赢怒江州脱贫攻坚战提供有力支撑。

2.基础设施建设规模大、时间紧，防范生态破坏压力巨大

改善民生、发展旅游必将伴随着大量基础设施（保泸高速公路、新增旅游公路等线性工程、机场等大面积占地工程等）建设（见专栏4-2），这些项目是民生之需、脱贫之基，建设规模大、时间紧，可能对部分生态系统空间造成新的挤压和分割，新增生境破碎化和水土流失，影响生态系统稳定性和完整性。"十三五"期间，全州公路总里程达5988公里，其中二级公路162.08公里、农村公路4850公里。澜沧江黄登、大华桥电站开工建设，中小水电在网装机规模达到129万千瓦。

专栏4-2　怒江州基础设施建设

"十三五"期间，为促进怒江州旅游产业发展，怒江州交通局提出要

积极推进保沪高速公路和 G219 六丙公路、G353 福维公路、G215 维兰公路、S212 德贡公路等国、省干线公路建设，进一步强化外接公路便捷化；积极推进兰福公路建设和亚坪边防公路、俄嘎边防公路、独龙江雄当——迪布里公路及县乡道改造提升，加强旅游景区点连接道路建设，进一步优化州内路网结构；加快推进怒江州泸水民用机场，兰坪、贡山通用机场，独龙江、知子罗直升机场建设；积极推进澜沧江、怒江州航运设施建设。

文旅局提出要以补齐旅游景区点、旅游娱乐设施薄弱的短板为重点，加大景区点、文化娱乐设施建设力度，并规划在泸水市、兰坪县、福贡县和贡山县建设 4 个自驾车（房车）营地，为游客提供自助或半自助服务。旅游服务设施的建设需求无可避免地增加了建设工程与生态保护有机衔接的建设难度、运营后的管理难度，地方防范生态破坏压力巨大。

此外，生态移民安置房建设也加速了怒江州城镇化进程，城乡绿色空间被侵占的势头逐渐增强，局部区域生态服务功能可能持续恶化。这对建设过程中防范生态破坏提出了较高要求，怒江州继续保持良好生态环境、独特的生态优势面临着长期、巨大的压力和挑战。

二、生态建设是怒江州发展的必由之路

怒江州积极探索生态文明理念转化为现实的有效实践，严守生态环境底线，在全国率先招聘生态护林员，实施生态补偿政策，发展生态友好型、资源节约型产业，探索绿水青山转化为金山银山的体制机制，实现生态保护与脱贫致富的"双赢"。回溯中华人民共和国成立至今，怒江州发展经历四个阶段，第四个阶段即为 2012 年以后生态文明建设和脱贫攻坚双赢阶段。

（一）深度贫困阶段

中华人民共和国成立以后至改革开放前为第一阶段，怒江州延续着长期处于封闭、自给自足的自然经济状态，人民处于深度贫困之中。脆弱的生态系统、恶劣的生存环境和原始"靠山吃山"的生活方式，使得怒江州群众主要依靠传统种养业获得收入，主要农作物是玉米、洋芋，生计方式单一。[1] 怒江州耕地坡度陡、耕层浅，保水、保肥性差，人均基本稳产农田不足 1 亩；水利化程度为 28.24%，低于全国 45%、全省 37% 的平均水平[2]，自然经济发展基础极为薄弱。人民生活状态可以概括为"衣不蔽体、食不果腹、房屋破陋"，基本生活没有保障，温饱问题没有解决，简单再生产不能维持的赤贫生活。

（二）减贫与环保双输阶段

贫困是怒江州环境破坏的诱因，环境恶化则进一步加剧了贫困，陷入"贫困—无序开发资源—环境恶化—贫困"的恶性循环中（见图 4-2）。

改革开放以后，随着人口的增长、农业化生产的扩大，怒江州人民靠林"吃"林，轮歇烧荒，毁林开荒，大片原始森林受到威胁。毁林耕种出来的玉米、洋芋等农作物单产低，难以覆盖群众年粮食需求量，砍伐珍稀树种、采挖野生药材、猎捕野生动物换钱贴补家用成了群众生计新选择。山区群众炊事、取暖、照明大量消耗木柴，加快了森林植被灭失速度。长达十多年的掠夺性矿产开采造成矿区生态环境严重破坏，河流污染状况严峻。森林资源的破坏造成水土流失加剧、土地生产力下降、自然植被恢复困难、珍稀物种减少，进一步制约着山区农户生产、生活发展。矿区成为

---

① 关尔：《贫穷不会自己逃亡——关注贫穷 在怒江感受贫困》，《今日民族》2001 年第 2 期。

② 李川南：《怒江州农村贫困原因透析及破解》，《中共云南省委党校学报》2008 年第 2 期。

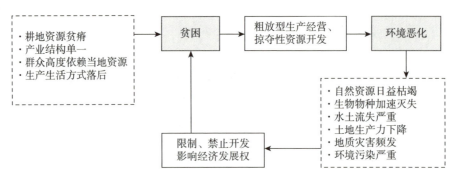

图 4-2　贫困与生态环境的恶性循环关系

水土流失、植被破坏、地质灾害、环境污染最严重的区域。

（三）保生态与经济停滞、生计恶化共生阶段

21 世纪初，怒江州开始着手严格治理环境问题，提出"生态立州"保护思路，着力实施"山顶封和禁、半山移和退、河谷建和育"的生态功能建设政策。① 但"限制与禁止开发"严重制约了怒江州经济社会的发展。

2011 年怒江州有贫困人口 31.29 万人，贫困发生率高达 71.1%，贫困发生率分别比云南省和国家高出 44 个、58.4 个百分点，是全国扶贫攻坚的"上甘岭"和最难啃的"硬骨头"。怒江州在生态保护与经济发展的矛盾中，陷入"端着金碗讨饭吃"的困境。在面临生态环境脆弱和经济发展落后双重困境背景下，怒江州应当在生态文明建设与经济社会发展之间找到良性结合点，合理利用资源，改善人民生活质量，发展中求保护，保护中谋发展。

（四）减贫和生态双赢阶段

2017 年末，怒江州还有建档立卡贫困人口 16.4 万人，贫困发生率仍

---

① 中央文献研究室办公厅调研组：《云南怒江州生态保护与经济发展调研报告（上）》，《环境保护》2011 年第 4 期。

高达 38.14%，是全国平均水平 10 倍以上，减贫任务艰巨。按照"一个战场打赢两场战役"，怒江州提出 2018 年脱贫 2.7 万人、2019 年脱贫 3.7 万人、2020 年脱贫 10 万人的目标。在两三年内要同时打赢深度贫困脱贫攻坚和生态环境保护两场战役，让生态文明建设成为脱贫攻坚新动能，这是世界减贫史上前所未有的挑战。

三、坚守生态环境保护的底线

守住生态环境底线就是守住怒江州打赢两场战役的生命线。坚持底线思维，能够规避系统风险，做到有备无患，牢牢把握主动权。"生态底线"是一个"多维"概念，包括生态功能保障底线、环境质量安全底线、自然资源利用底线等。[①] 怒江州围绕"十三五"规划期间各项环境指标要求，坚持优先保护生态环境基础上消除贫困、发展经济，取得显著成效。

（一）怒江州环境问题

在脱贫攻坚过程中，怒江州面临着植被破坏、大气、水体、土壤以及农村环境污染等环境问题。植被破坏主要表现为陡坡、荒地开垦，以及水土流失带来的植被面积减少、土壤和岩石裸露等问题。大气污染主要表现为森林火灾、农村秸秆焚烧产生的烟尘污染、建筑工地的建筑扬尘、道路扬尘以及汽车尾气污染等问题。水体污染主要表现为重点流域由于工农业发展导致的水体和河道污染，如兰坪沘江流域等，以及饮用水源水质管理等方面。土壤污染主要表现为土壤的重金属污染。农村环境污染包括畜禽养殖、农业化肥使用带来的水体与土壤污染等。

---

① 李萌：《基于环境介质的生态底线指标体系构建及考核评价》，《中国人口·资源与环境》2016 年第 7 期。

（二）坚守环境底线的实践

怒江州全面推进水、大气、土壤和植被的环境质量改善，将总量控制和质量改善相结合，维护并持续增强生态系统完整性、稳定性，生态修复、污染治理取得显著成效，环境质量稳中有升，为生态文明建设与生态脱贫成果巩固奠定坚实的基础。

大气污染防治方面，加强工业企业大气污染治理，监督检查城市扬尘污染，严格节能环保准入，严控"两高"行业新增产能，建立重污染天气监测预警机制和环境质量检测信息公开机制，把良好的环境空气作为维护和改善民生的重要目标。

水体污染防治方面，按照"保护好水质优良水体、整治不达标水体、全面改善水环境质量"总体思路，推进水污染防治、水生态保护和水资源管理，维护澜沧江、怒江、伊洛瓦底江三大水系优良水体的水生态环境质量；加强沘江、通甸河、石缸河等重点流域污染治理和环境风险防范，保障水环境安全；整治城市黑臭水体，确保饮用水水源安全和地下水环境质量稳定（见专栏4-3）。

专栏4-3 十三五期间泸水市人居环境持续改善

大力实施城乡人居环境提升工程，"脏、乱、差"的问题进一步得到解决。"一水两污"工程加快建设，六库城区污水处理厂、垃圾处理场建成投运，建成镇区供水厂4座、垃圾中转站3座、垃圾无害化处理场2座，累计完成日供水在50立方以上的农村安全饮水工程65件，城镇污水集中处理率和城镇垃圾无害化处理率分别达到84%和86.9%。

生态保护政策实施方面，积极实施环境功能区划，构建科学合理的生产、生活、生态空间，推进"山顶封和禁、半山移和退、河谷建和育"立体生态建设步伐。加强生态功能区保护力度，以自然保护区、水源涵养、水土保持、生物多样性保护为重点，以禁止开发区域为支撑，构建滇西北森林及生物多样性生态功能区。对禁止开发区实行特殊保护，严禁不符合主体功能定位的开发活动，将不适合居住和开发的区域、水源保护区域、森林和野生动物保护区域的居民逐步有序外迁，切实有效保护自然文化资源。严格生态安全底线、红线和高压线，控制开发强度、规范开发秩序，停止小水电、小矿山开发开采。将重点生态功能区、生态环境敏感区和脆弱区及禁止开发区划入生态保护红线，开展资源环境承载力评价，严守生态保护红线，实施分级分区分类管理，以生态红线为基础构建生态安全格局。

土壤污染治理方面，以农用地和重点行业企业用地为重点开展土壤污染状况详查，确定污染土壤位置、污染类型、污染程度。在此基础上，对污染较为严重的区域，开展污染土地治理和修复工程；并依据土壤污染状况详查结果，进行农用地土壤环境质量类别划分，以耕地为重点，建立分类管理清单，实施分类管理，采取农艺调控、种植业结构调整、土壤污染治理与修复等措施，确保农作物食用安全。

农村环境污染治理方面，通过申报和划定畜禽养殖区，规范畜禽养殖管理，持续开展农村生活污水专项整治工作，开展范围较广、覆盖面较大的多地农村环境污染整治工程，成效显著。

(三)"守住环境底线"具体表现

基于怒江州现状，构建大气、植被、水体、土壤等生态底线指标体系（见表4-1）。

表4-1　保底线各项措施效果评估指标

一级指标	二级指标	底线值确定方法	指标类型
大气	二氧化硫	随着国家标准及区域环境的改善，进行调整	负指标

一步千年：中国减贫事业的怒江实践

一级指标	二级指标	底线值确定方法	指标类型
大气	氨氮	随着国家标准及区域环境的改善，进行调整	负指标
	氮氧化物		负指标
	大气环境质量优良率		正指标
	空气质量达标		正指标
水体	地表水质	随着国家标准及区域环境的改善，进行调整	正指标
	化学需氧量排放		负指标
	污水处理率		正指标
植被	森林覆盖率	根据进展进行相应的调整	正指标
	森林蓄积量		正指标
	受保护地区占国土面积比例		正指标
土壤	基本农田数量	根据进展进行相应的调整	正指标
	土壤污染面积		负指标

大气二级指标包括二氧化硫排放、氮氧化物排放等污染物排放量指标，是空气质量指标最直接的测度，均为负向数量标准；此外，还包括整体反映地区大气环境的综合性指标——大气环境质量优良率和空气质量达标率，均为正向质量标准。指标选择考虑量与质的关联，能够较为全面反映该区域的大气综合状况。

水体二级指标包括单位地表水质以及化学需氧量排放情况。水环境质量水平的综合分级，包括6个等级，即Ⅰ、Ⅱ、Ⅲ、Ⅳ、Ⅴ和劣Ⅴ级。Ⅰ级可直接饮用，Ⅲ级以上可作为饮用水源，劣Ⅴ级完全丧失水的资源产品属性和生态服务功能。为了避免出现"排放达标、水质超标"情况，通过整体考察地表水质等级，以化学需氧量排放量为主的水质污染程度，将数量和排放标准指标综合纳入考虑，考察该地区守住水体生态底线的情况。

植被二级指标主要包括森林覆盖率、森林蓄积量、受保护地区占国土面积比例。"森林覆盖率""森林蓄积量"这两个指标为林地保护的代表性底线指标。植被覆盖率越高，光合作用转换的营养越多，支撑的物种数量和食物链级数也就越多。森林蓄积量越大，越有利于维持生物多样性和生态链完整性，保持生态系统稳定性。对于受保护地区占国土面积比例指标的考察，体现生态红线、国土空间管制等政策在守住生态底线中发挥的作用。

土壤二级指标包括耕地数量与土壤污染面积。耕地总量关乎粮食安全，选用"耕地数量"，以规划的各地耕地红线标准作为底线测度。土壤污染治理指标关系到农业的可持续高质量发展，以及土壤生态功能的稳定和完整，主要考察土壤环境质量和重金属污染情况。

下表展示了 2015—2020 年间，怒江州各项环境指标的变化情况，包含 2015 年、"十三五"期间数据以及 2020 年预测数据。

表 4-2　怒江州"守底线"实践成果评估

	指标	2015 年实际数	2016 年实际数	2017 年实际数	2018 年实际数	2019 年实际数	2020 年预测
大气	氨氮（吨）	499	391	401	424	355	340
	二氧化硫（吨）	6538	3480	2579	6823	6812	6800
	氮氧化物（吨）	4347	2948	3079	4138	4354	4380
	县级及以上城市空气质量优良天数比率（%）	99.2	99.85	99.7	100	99.7	99.7
	空气质量达标	国家二级					
水体	地表水质（类）	II 类					
	化学需氧量排放（吨）	4840	3625	3146	3872	3173	3600
植被	森林覆盖率（%）	75.31	75.31	75.31	75.64	78.08	78.90
	森林蓄积量（亿立方米）	1.76	1.76	1.76	1.76	1.86	1.86
	受保护地区占国土面积比例（%）	—	—	55.03	60.86	61.81	
土壤	耕地数量（万亩）	103.66	103.47	103.47	103.2	—	
	土壤污染治理	稳定	稳定	稳定	稳定	稳定	—

大气污染治理成效方面，"十三五"规划期间，整体大气污染物排放量未继续增长，呈现稳中下降趋势，县级及以上城市空气质量优良天数比率达到99%以上，空气质量达到国家二级标准，整体大气质量良好。

水体污染治理方面，2015—2019年间，整体地表水维持在Ⅱ类水质，保证了居民用水安全；相较于"十二五"末期，水体污染程度明显减轻，截止到2019年底，化学需氧量排放削减了34%，水污染治理卓有成效。

在一系列全面而严格的生态保护政策下，"十三五"期间怒江州森林蓄积量和森林覆盖率得到进一步扩大和提高，保护区面积稳中有增，切实保障了我国西南边境地区的生态安全。

土壤污染治理与耕地修复工程有效治理了面源污染，土壤污染得到有效控制，保证了全州土壤环境质量的良好和稳定。

在全州范围内开展的农村环境污染治理工程，提高了农村环保基础设施供给，保障了农村垃圾与污水有效处理、饮用水源地安全，有效提升了农村人居环境。

综上所述，怒江州通过"大气、水、土壤"污染防治三大战役，在脱贫攻坚期间守住了生态环境底线，为脱贫攻坚提供了坚实生态基础，为后续生态经济发展提供了良好的自然环境，守护了我国西南边陲地区生态安全，生态文明建设卓有成效。

四、怒江州益贫的生态建设实践

怒江州充分利用特殊的生态地位，发挥自然资源优势和潜力，通过生态移民扶贫、生态补偿扶贫、生态产业扶贫三大板块，实现了一个战场打赢生态建设和脱贫攻坚两场攻坚战，创造了"怒江模式"。

（一）生态移民扶贫实践

生态移民属于脱贫攻坚"五个一批"举措中的"易地扶贫搬迁"，重点针对"一方水土养不好一方人"的深度连片贫困地区，本质是从改善和保护生态环境、发展经济出发，对贫困人口进行系统与整体搬迁的扶贫方式。① 怒江州通过对生态保护与脱贫攻坚共同发力，创造了生态移民的怒江模式（见图4-3）。

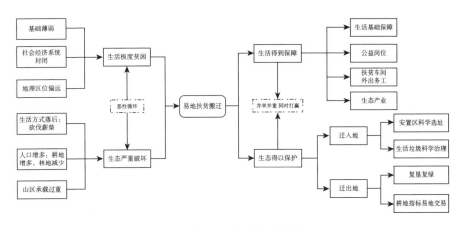

图4-3 怒江州生态移民模式图

怒江州通过"挪穷窝、拔穷根、换穷业"易地扶贫搬迁工程，实现建档立卡搬迁群众"搬得出、稳得住、逐步能致富"目标，组建"背包工作队"，招募近千名队员奔赴基层一线，开展"背包上山、牵手进城"行动，全力动员贫困群众搬迁入住新居，如期全面完成易地扶贫搬迁入住工作。"十三五"期间，怒江州实际搬迁10.19万人，其中建档立卡贫困人口95859人，占2016年怒江州建档立卡人口的53.58%。其中，泸水市8775户33096人，福贡县5548户22500人，兰坪县10740户40984人，分别占该县（市）2016年贫困人口的65.44%、46.49%和58.16%。规划建设了67个集中安置点，完成了怒江州历史上最大规模的搬迁行动，10万贫

---

① 叶青、苏海：《政策实践与资本重置：贵州易地扶贫搬迁的经验表达》，《中国农业大学学报（社会科学版）》2016年第5期。

困群众搬出大山，极大改善了贫困农户的生活生产条件。同时，对搬出地进行复垦复绿，开展"治伤疤、保生态、防返贫"专项工程，对怒江、澜沧江两岸实施消灭"大字报地"等举措，大大减少陡坡地耕作，修复30多万亩坡耕地，实现了生态修复与保护。

为提供生态移民后续保障，怒江州探索以"政府＋车间＋贫困户"和"企业＋扶贫车间＋贫困户"的带贫模式，在易地扶贫搬迁点建设民族服饰制作、草果编织、手工艺品加工、茶叶草果加工、制衣制鞋等扶贫车间，创造就业点，让年老体弱的搬迁户实现家门口就业。利用对口帮扶资源，对接省内外企业，设立就业创业服务点，对安置点45岁以下劳动力开展技术技能培训，动员其外出务工增加收入。同时，创设保洁、保安、楼栋长、社区管理人员等公益性岗位，确保搬迁群众"一家一工"，实现家家有收入。

同时，怒江州对迁出地进行拆旧复垦复绿，通过退耕还林、封山育林、植树造林等政策，减轻山区资源超载压力，恢复和扩大林草植被，遏制水土流失和生态环境恶化，有效实现了摆脱贫困和保护生态环境的双重目标。

案例4-1　做好生态移民后半章

泸水市共有18个易地扶贫搬迁安置点，其中集中安置点17个，分散安置点1个。为了实现生态移民后续保障有力，泸水市积极探索安置点各项服务设施，做到让搬迁户"搬得出、稳得住、能脱贫、可致富"，让复垦复绿上山。

1.用完善公共服务体系让群众"稳得住"。截至2019年底，泸水市安置点共建成幼儿园6所、在建1所（丙舍坝幼儿园）、新建1所（火烧坝幼儿园），建成小学2所，确保搬迁群众子女能就近上学。建成标准卫生室、医疗点10个，社区医疗服务中心1个，推行家庭签约医生定期服务制度，让群众能够就近看病。完成14个安置点公厕、17个集中安置点污水处理、垃圾清运设施设备的建设。

2. 用就业让群众"能脱贫、可致富"。提高技能培训针对性，努力帮助搬迁群众实现稳定可持续地就业，促进搬迁户快速融入。泸水市通过开展家政、烹调等技能培训，提高搬迁群众劳动素质。截至 2019 年底，已培训 4679 人次，安排建档立卡搬迁人口 5813 人公益性岗位就业；组织转移就业 7346 人；建成安置点扶贫车间 6 个，解决搬迁群众就业 114 人；组建专业合作社 12 个，带动建档立卡贫困人口 2791 人。通过培训产业带动一批、推动创业扶持一批、公益性岗位安置一批等方式，拓宽就业增收渠道。

3. 把搬迁后的村庄进行土地复垦，耕地指标进行易地交易，实现了让搬迁户下山、让复垦复绿上山，提高了农村人居环境，拓宽了生态保护空间。

案例 4-2　易地搬迁居民开始新生活

维拉坝珠海社区位于怒江州泸水市大兴地镇境内，是广东省珠海市对口帮扶援建的易地扶贫搬迁安置新型社区，辖居民 912 户 2806 人，总面积约 1.5 平方公里。

麻花妞是维拉坝珠海社区的一位居民，原本住在大兴地镇团结村委会双米王培村民小组，搬迁前的老房子地处地质灾害频发区。麻花妞回忆，2014 年 10 月份的一天，因为连日大雨，已经被雨水浸透的大山像是撕开了一道口子，山体滑坡擦着她家的房子将 10 多亩包谷地全部掩埋，眼看正要丰收的包谷地瞬间变成了一片废墟。"老公在外地打工，我又怀着身孕，当时感觉天都塌下来了"。麻花妞在当地政府组织下深一脚浅一脚往山下走，她说在当时感到了生活的绝望。"祖祖辈辈都生活在这大山上，连一块盖房子的地基都难找，怎么敢想住在楼房里"。2018 年底，她们一家在接到当地政府易地搬迁安置通知后，二话没说就签了字，成为维拉坝珠海社区第一批入住的搬迁户。麻花妞的新房梦终于实现了。

现在，麻花妞不仅住进了新楼房，还在社区统一安排下接受就业岗前培训，成为社区物业的保洁组组长，每年有 10800 元的收入，这对于她来说已经是一笔不少的收入。驻点工作队还帮麻花妞的老公联系了当地一家建筑公司，达成就业协议，他带着社区的 10 多个年轻劳动力承接了镇上乡村公路的部分建设项目。麻花妞说，易地扶贫搬迁让她获得了安全感、幸福感。

（二）生态保护脱贫实践

加强生态环境建设与保护是维护生态安全的必然选择。怒江州通过落实生态补偿政策实现"脱贫一批"，用活护林员公益性岗位，创新利用生态资金推进生态建设与生态修复工程，通过生态扶贫专业合作社，让贫困户参与生态保护获得经济收入，实现生态保护与农户增收的双重效应（见图 4-4）。

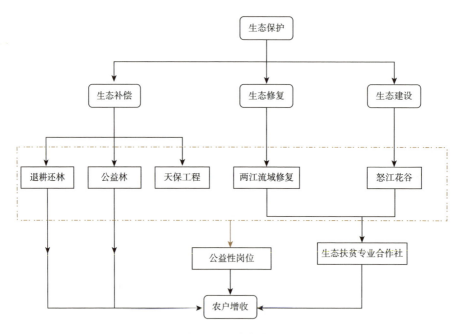

图 4-4　怒江州生态保护脱贫模式

怒江州98%以上国土属于高山峡谷，复种指数低，难以开展高效集约的农业生产经营，推进生态补偿、生态修复与生态建设，成为生态脱贫重要抓手。2014—2019年，怒江州新一轮退耕还林还草工程期间，全州累计完成51.28万亩，其中退耕还林47.14万亩、退耕还草4.14万亩，覆盖全州4县（市）28个乡镇236个村委会的退耕农户7.88万户29.15万人（其中贫困人口2.64万户8.96万人）。天保二期工程落实森林管护1342.36万亩，聘用农村森林管护员1286人，安置森工企业职工218人，人均管护面积0.89万亩。完成天保公益林人工造林9.85万亩，封山育林26万亩。完成陡坡地生态治理工程建设10.5万亩，向5718户农户兑现补助资金3150万元。截至2019年底，怒江全州森林面积达1682.18万亩，森林蓄积量达1.86亿立方米，森林覆盖率达78.08%。同一时期，怒江州共选聘生态护林员13889名，每户每年平均增加工资性收入9300元，人均增加收入2540元以上。此外，贫困户领取森林生态效益补偿、退耕还林等各类补贴及农业耕种收入约4000元，户均累计收入超过1万元，直接实现13889户建档立卡贫困户脱贫摘帽，实现生态保护脱贫。

生态修复与生态建设工程是适应生态环境保护形势、破解生态环境治理难题的重要举措。截至2019年12月，怒江州先后成立185个生态扶贫专业合作社，让贫困群众参与怒江、澜沧江两岸生态修复治理工程，完成生态建设项目——"怒江花谷"示范点建设49个，累计种植各类观赏苗木2429.95万株、23.76万亩，带动2.05万贫困人口获得收益，在生态修复中实现增收。

案例4-3　"治伤疤、保生态、防返贫"专项行动

"治伤疤、保生态、防返贫"是怒江州厚植绿水青山、建设绿色银行的重大举措，主要内容是对怒江、澜沧江流域（"两江流域"）面山可视范围、美丽公路沿线可视范围、城镇周边面山、易地扶贫搬迁集中安

置点周边的低质低效林、荒山荒地、工矿废弃地等的"伤疤地"、"大字报田"和生态"天窗"进行修复治理。根据各地所处气候带、造林类型、种植品种和参考品种，实施不同种植选择方案，在"两江流域"主干公路可视范围内种植景观林，在半山地区、沟谷条件好的区域种植经济林，在较高海拔、土壤贫瘠或干热河谷等降雨较少的区域种植更多生态林。

"治伤疤、保生态、防返贫"专项行动组建了182个生态扶贫专业合作社，在怒江和澜沧江峡谷沿岸植树造林30万亩，把"怒江花谷"生态建设与产业培育、旅游产业发展有机结合，形成生态产业发展带，带动农户增收同时实施生态修复，巩固脱贫攻坚成果。

案例 4-4 护林员褚敌才护林脱贫

"管好公益林、用好补偿金"，通过选聘生态护林员，使符合条件的贫困人口走上生态护林员岗位，在生态保护中获得劳务收入，实现脱贫。贡山县在全国率先实施生态护林员聘用制度，为全国的公益林管护提供了样本。截至2019年底，建档立卡贫困人口选聘生态护林员人数达3800名，覆盖全县5个乡镇，每年每人管护补助收入10000元，已带动3800户贫困户12689人增收，其中，带动脱贫3781户12630人，基本实现了符合生态护林员选聘条件的贫困人口全覆盖。

褚敌才是贡山县茨开镇茨开村牛郎当四组村民，因为生活无法达到"两不愁三保障"标准，2013年12月纳入茨开村建档立卡贫困户，并于2016年12月聘用为茨开镇森林资源管护中队建档立卡生态护林员，分到573亩森林管护面积。成为护林员之后，褚敌才更加意识到森林保护的重要性，还主动向村民讲解宣传护林知识和相关林业法律法规，认真维护天然林保护管理警示牌、宣传栏。他每个月至少巡山检查22天，全年巡山护林200天以上，由于工作突出，被评选成为优秀护林员。

"贡山的天蓝蓝，贡山的水绿绿"是褚敌才作为一名生态护林员的目标。在3年护林工作里，他与林间花草树木为伴，以山间鸟叫声为曲，风餐露宿，守护着那一片绿。2018年，褚敌才家庭总收入达到25583.9元，其中护林员收入14400元，占了家庭收入的56.28%，人均纯收入为5945.97元，成功脱贫出列。

案例4-5　福贡县生态扶贫专业合作社运行机制

生态扶贫专业合作社带动合作社员通过参与生态项目建设获得劳务收入，呈现出多种合作方式并存、贫困人口广泛参与、组建程序依法有序的态势。

福贡县地处滇西北横断山脉怒江峡谷中段，境内森林资源丰富，是全省林业重点县。立足本地资源优势，福贡县把生态扶贫专业合作社作为发展经济重要载体，不断创新组织模式，推动生态扶贫合作社多元化发展。

在组织形式上，"农村能人创办型"是福贡县生态扶贫合作社的主要类型，主要是引导和支持有条件的农村能人和专业大户，发挥他们的管理经验及资金、技术、销售等优势，带动联络更多专业农户投资入股，组成紧密型合作社。同时，福贡县还有"龙头企业带动型"和"村'两委'引领型"合作社。

在管理办法上，福贡县创新生态扶贫合作社考核制度，避免"空壳合作社"情况发生。其主要做法是：每年12月至次年2月，由县林业和草原局牵头，组织乡镇相关单位对生态扶贫合作社的经营场所、合作社章程、人员配备、参与退出机制、成员组成、造林成效以及带动贫困社员的增收能力等全角度全方位进行综合评定。考核采取"百分制""负面清单"办法，考核结果60分以下的为不合格，取消生态扶贫专业合作社认定资格，并向社会及各有关部门通报，违法违纪者依法追究相关责任。60分（含60分）以上、80分以下为待定考核整改合作社，暂停下一季度任务安排，通报批评；待存在问题整改到位后，由县林业和草原局再次考核，方可纳入任务安排计划。考核分数在80分（含80分）以上、90分以下的为合格合作社，在落实造林任务时优先安排，可适当增加造林任务。评定考核90分（含90分）以上的为优秀合作社，作为纳入各级优秀示范社申报评定和政策扶持范围。

（三）生态产业脱贫实践

生态产业与减贫脱贫耦合，实现生态、经济、扶贫效益有机统一。怒江州立足资源优势，形成生态种养业与生态旅游业两大生态产业板块。

1. 生态种养业

"十三五"期间，怒江州立足资源禀赋，围绕发展"峡谷粮仓、特色经作、山地牧业、淡水渔业"四大重点内容，巩固提高粮食生产能力，稳定发展粮食生产，发展壮大草果、中药材（黄连、重楼）、生猪、肉牛（羊）、特色畜禽、蔬菜、山药、淡水鱼、茶、水果等特色产业（如表4-3），优化农业产业结构；通过提质增效、优选品种，推动规模化、标准化种植，提高单产、提高品质，增加效益，带动贫困人口脱贫。截至2019年，怒江州完成羊肚菌种植920亩、特色蔬菜种植53891.66亩、草果种植35088.3亩、有机茶种植10300亩、山胡椒种植3870亩、蜜源种植8700亩、特色水果种植16721.7亩、中草药材种植45882.62亩，草果提质增效2430亩、茶叶提质增效7680亩，中蜂养殖3689箱、黄牛养殖1434头、生猪养殖2000头、山羊养殖4316只，养鸡15.32万羽、竹鼠4500只、豪猪656只、七彩山鸡3500羽。2019年全州农业总产值达37亿元，较2018年增长6.5%以上，农民人均纯收入达7300元左右，增幅12%左右。

表4-3 泸水、福贡、贡山三县（市）特色种养业做法

市/县	特色产业类型	做法	成效
泸水	特色种植业（草果、茶叶、羊肚菌）	培育壮大农业龙头企业及农民专业合作社，推行"企业＋合作社＋农户""企业＋合作社＋基地＋农户"的发展模式，发挥农业产业发展的桥梁作用，促进农民增收。通过政府引导职能，建立种植奖励机制；通过公司对合作社提供科技指导，提高种植作物产量。	泸水市通过特色种植养殖和中草药的经营模式，使地方政府、新型经营主体与建档立卡贫困户彼此成为利益共同体，实现建档立卡贫困农户持续稳定增收促脱贫。
	特色养殖业（黄牛、高黎贡山猪、山羊、土鸡、中蜂）	通过政府引导与财政资金投入，采取"能人带动＋群众参与"的模式，由"财政＋公司"共同投资，建设繁育基地，通过统一管理、技术指导和产加销一体推动。	
	特色中药材（云木香、香橼）	通过"农业农村局＋合作社＋基地＋建档立卡贫困户"模式，由市农业农村局负责项目的指导、监管；合作社负责种植、管理、销售。通过"公司＋集体经济＋基地打造＋分红＋回收"的运营模式，形成产、供、销"一条龙"。通过营销订单倒逼种植品种及规模的"无订单不种植"方式。	
福贡	特色种植业（草果、茶叶、花椒、中药材和山胡椒）	以"五种二养"为重点种养发展方向，以"党支部＋合作社＋建档立卡贫困户"模式，发挥合作社上联企业和市场下联分散农户的桥梁和纽带作用；实施"三品一标"品牌建设项目，创建农产品品牌，提升产品价值。	截至2019年，福贡全县生态扶贫专业合作社达到27家，涵盖林果种植、特色养殖、中药材种植等，带动农户3000余户，积极承接林业项目。

一步千年：中国减贫事业的怒江实践

市/县	特色产业类型	做法	成效
福贡	特色养殖业（中华蜂和生态土鸡）	以"五种二养"为重点种养发展方向，采取"基地示范＋能人带动"模式，通过3000箱基础蜂群培训150名养蜂能手全面推广中华蜂养殖；结合"怒江花谷"建设项目，建立生态土鸡扩繁基地，向贫困户发放鸡苗，发展中华蜂与土鸡养殖。	采取土地入股、租赁、承包等方式发展特色种植业，促进了农业增效、农民增收。
	特色中药材（云黄连）	以"公司＋基地＋农户"运营模式，公司提供技术支持、种子以及产品销售，基地提供种植示范，农户提供流转土地与劳务。	
贡山	特色种植业（草果、羊肚菌、重楼、花椒）	通过"公司＋合作社＋农户"发展模式，做到上有合作社、下有公司，资源向贫困户适度倾斜，提升贫困户参与合作社比例；"以点带面，逐步做大"，形成贡山特色种植结构，建立贡山峡谷特色农业科技示范园，形成"生产—加工—销售—物流"种植业产业链条。	草果种植面积达23.3万亩，受益4755户9099人。2019年仅草果一项就实现人均收入1935元。羊肚菌种植受益农户886户，覆盖建档立卡贫困户820户2125人；完成中草药种植6884.04亩；中华蜂养殖基地达133个。形成特色生态产业带，助力农户增收。
	特色养殖业（中华蜂、独龙牛、稻田鱼）	通过"基地＋能人＋建档立卡贫困户"的模式，大力推广"林＋"生产模式，"林＋畜禽""林＋蜂"等"林业经济＋特色养殖"模式，提高林地利用率和产出率。	
	特色中药材（黄精、葛根）	通过财政资金支持，发展以黄精、葛根为主的中草药种植，实施"公司＋合作社＋建档立卡贫困户"模式，并通过土地流转，建成中药材种植示范基地，实现示范基地带动机制。	

案例 4-6　怒江州打造草果主产业

草果是一种种植于林下溪边、山沟或者山谷坡地的绿色经济作物，产品可以用作药材和调味香料。怒江州委州政府通过"纵向走访＋横向比对"分析发现，怒江州的自然气候条件为草果产业提供了广阔的发展空间，草果种植管理也符合当地群众劳动技能和生产方式，同时对草果市场分析发现：2007—2011 年，草果鲜果的种植成本 2 元/市斤，市场价在 3.5 元左右，经济效益可观。为此，怒江州确立了以草果为主导产业的特色产业发展目标。

找准定位后，怒江州成立草果产业发展工作领导小组，多部门整合资金加大投入，建立激励机制，无偿提供草果苗，扶持加工企业，培育专业合作社，从政策、资金和机制等给予全方位优先支持，保障了草果产业发展动能。采用"以点带面""能人带动"形式全面推开草果种植，种植区域涵盖怒江州三县（市）21 个乡镇 116 个村。2019 年底，全州草果种植面积达 111 万亩，鲜果产量 3.4 万吨，产值突破 3.4 亿元，种植面积和产量均超过云南省一半。怒江州已成为全省乃至全国草果核心主产区，草果产业成为贫困群众脱贫致富的主产业。

孔明光是一位深居高山峡谷的独龙族农民，在脱贫攻坚之前，家里一直延续着刀耕火种的生活方式，家庭生活来源仅仅依靠着几亩旱地，生活完全无法达到"两不愁三保障"标准。在贡山县确立了以草果作为绿色香料主产业之后，孔明光一家在政府帮助下，开始学习种植草果，仅 2017 年一年，依靠草果种植的收入就达到 2.5 万元，再加上参与护林员岗位的收入，孔明光一家彻底摘掉贫困户的帽子。现在孔明光还外包了 40 多亩土地种植草果，成为当地技术达人，不仅自己成功脱贫，还成为乡里致富奔小康的带头人。

案例 4-7　怒江人民的"甜蜜事业"

怒江大峡谷优越的生态环境造就了质量绝佳的蜂蜜，市面上怒江蜂蜜要卖到 300 元一斤，但是由于当地生态蜜蜂种群个头小，产蜜量不高，改善蜂种成了蜂蜜事业发展的第一要务。当地政府通过走访基地、专家座谈等方式了解到：中华蜂抗病抗螨，易于定地饲养，对山区气候条件有很强的适应性。于是，立即联系青岛姜岐中华蜂研究院，得到了技术支持后，怒江人民开始了他们的"甜蜜事业"——中华蜂养殖。

李六苟是怒江州一位普通村民，2013 年被列入建档立卡贫困户。心里感激国家帮扶的同时，李六苟也在暗暗发誓要摘掉贫困户帽子。他年轻的时候养过蜂，准备借助中华蜂项目实施脱贫，由于自己养蜂技术落后，2018 年他的蜂群遭受经济损失。他意识到学习科学养蜂的重要性，主动联系当地村委会，表达自己养蜂的意愿。村委会把他列入养蜂能人培训名单中，李六苟就在村委会与帮扶公司牵头下开始跟着村里的其他村民进行三个月的养蜂技术培训。由于他虚心踏实，快速掌握了养蜂技巧，不仅自己蜂群产蜜多、质量高，实现了脱贫的梦想，他还成了村里养蜂能人，在村委会号召下，对村里其余十位村民进行技术指导，带动大家一起养蜂脱贫。现在，怒江州中华蜂养殖 8.05 万箱，年产蜂蜜 350 吨，养蜂产业成了带领全州人民脱贫致富的"甜蜜产业"。

案例 4-8　药材合作社"订单化种植"

中药材特色产业标准扶贫系统是一种见效快、利于环境保护、收益面广的特色产业扶贫的创新机制，根本在于中草药种植、加工及流通等的标准化机制创新，借助互联网平台运行，兼顾各生产要素利益，提高中草药产业附加值，带动中草药特色产业整体发展，推动中草药种植农户增收。但是中药材种植因种源、环境、土地、技术、人力、种植时间等原因，种植数据差异较大，成本效益核算出入很大，有了市场，却不知道种植什么品种，成本如何。

怒江州泸水市依托生物科技开发公司，创新性地提出"无订单不种植"理念，通过营销订单倒逼种植品种及规模的方式，实施"政府＋公司＋合作社＋建档立卡贫困户"订单种植中药材模式，推动中药材稳定种植的规模发展进程。

泸水市大兴地镇成立中药材种植农民专业合作社，让贫困户通过土地流转获得土地租金，参加合作社中药材种苗基地建设获得劳务收入，带动三个贫困村建档立卡贫困户 1667 户 3709 人享受土地流转收益、入股分红，实现了在"家门口"的基地就业。公司订单种植面积 2100 多亩，带动建档立卡贫困户 2700 余户 6211 人，实现贫困户产业、劳务和土地流转三项收益；每年还可带动当地群众临时就业 15000 人次。2019 年累计发放农民工工资 121 万元。

2. 生态旅游业

生态旅游能够因地制宜结合地区生态底蕴优势，构建科学、完备的生态旅游体系，推动贫困地区生态旅游业的良好发展，以此实现脱贫攻坚的有效进行①。怒江州按照全域旅游发展理念，遵循"南北并重，东西联动"原则，确定了怒江州"一廊、一带、四核、六片"旅游建设发展总体布局（见专栏 4-4），将生态环境优化促进旅游发展模式作为怒江州旅游发展的基础。以怒江大峡谷为整体，构建"怒江生态旅游走廊""怒江民族文化走廊"，力争使怒江州成为具有国际影响力的人文之谷、和谐之谷、生态之谷。

---

① 黄宗华：《生态旅游扶贫是践行绿色发展理念的创新实践》，《中国党政干部论坛》2019 年第 6 期。

专栏 4-4　"一廊、一带、四核、六片"

"一廊"：怒江美丽公路风景廊道。

"一带"：老君山环线兰坪发展带。

"四核"：泸水—大环线西线旅游服务核；福贡—怒江峡谷旅游服务核；兰坪—老君山环线旅游服务核；贡山—丙中洛滇藏旅游服务核。

"六片"：泸水户外运动生态旅游片区；石月亮—亚坪生态旅游片区；知子罗—碧罗雪山民族文化旅游片区；独龙江生态旅游片区；丙中洛度假旅游片区；罗古箐—大羊场生态旅游片区。

　　同时，怒江州确立以"城镇为龙头、景区为重点、乡村为基础"的生态旅游发展路径（见图 4-5），通过实施"四治三改一拆一增"和农村"七改三清"（见专栏 4-5）的旅游景区环境整治行动，创造宜居宜业宜游的环境基础。以扶持专业旅游合作社和旅游扶贫示范户来推进，已经成立贡山县雾里村木休沐里农民专业旅游合作社、福贡县赤恒底村旅游农民专业合作社，创办利益连接机制，加强农户组织化程度。依托 30 个旅游扶贫示范村项目，围绕民族服饰、手工艺品、特色种植养殖、民族非遗文化遗产加工等劳动密集型产业，按照"一村一车间"布局，在全州建设旅游扶贫车间。针对怒江州旅游企业"小、弱、散"状态，怒江州采取"请进来""走出去"方式开展旅游扶贫人才素质提升，对酒店管理人员、各级

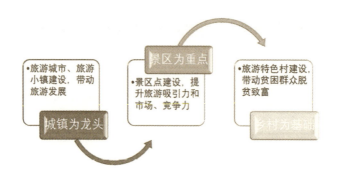

图 4-5　怒江州生态旅游发展路径

干部以及旅游村寨村民进行培训，实现"能人带动""以点带面"的示范效应。2019 年怒江州实现旅游业总收入 64.4 亿元，生态旅游建设发展成为怒江州实现生态保护与脱贫攻坚双赢的新思路。

专栏 4-5 "四治三改一拆一增"和"七改三清"

"四治"：治乱、治脏、治污、治堵

"三改"：改造旧住宅区、改造旧厂区、改造城中村

"一拆一增"：拆除违法违章建筑、大面积增加城市绿化

"七改"：改路、改房、改水、改电、改圈、改厕、改灶

"三清"：清洁水源、清洁田园、清洁家园

根据《怒江州脱贫攻坚旅游建设发展规划（2016—2025 年）》，怒江州到 2020 年底前力争建成 20 个以上旅游特色村，带动 250 个乡村旅游示范户、150 个特色旅游商品生产户、200 个民居客栈和 300 个农家乐，引导带动 10 万贫困群众脱贫致富。以特色旅游发展带动脱贫攻坚进程和贫困群众脱贫致富，既让当地群众分享了怒江州旅游发展的红利，传承了民族文化，又保护了祖祖辈辈赖以生存的绿水青山，探索出一条永续发展的生态扶贫之路。

案例 4-9 中国西南最后秘境：独龙江

2015 年独龙江公路高黎贡山隧道的全面贯通，让独龙江乡和独龙族群众彻底告别了半年大雪封山的历史，也为独龙江群众打开了生态旅游的大门。高建龄是云南省贡山独龙族怒族自治县独龙江乡巴坡村村民，如今，他的另一个身份是"巴坡客栈"老板。

高建龄在独龙江公路贯通之后，贷款买下一处院子进行翻新改造，做起了客栈老板，但是由于当时独龙江生态旅游刚刚起步，基础设施差、旅

游产品单一，越来越多问题出现在高建龄面前。2017 年，怒江州开始着力打造独龙江景区，高建龄的客栈暂停营业，进行整改。2019 年 10 月，独龙江景区重新开放，高建龄的客栈也重新开门迎客。景区提升改造后，独龙江游客明显增多，旅游旺季，"巴坡客栈"客房还会出现全部住满盛况。高建龄大致算了笔账，恢复营业后第一个月纯利润就有将近 2 万元。他还打算在客栈开展独龙族文化体验项目，让游客体验原生态的独龙族风情。

在独龙江乡，像高建龄这样发展旅游的村民并不在少数。近年来，独龙江乡积极开展旅游特色村项目，打造生态农业旅游、独龙美食文化体验、原生态民俗体验等特色村；发挥森林资源优势，打造科考探险、人马驿道等生态旅游项目，有效带动了一批村民脱贫致富。经过推进整乡、整族帮扶工作，全乡基础设施、人居环境得到极大改善，独龙江乡成为怒江州旅游发展的王牌区。2019 年 12 月，独龙江乡被确立为国家级 AAA 级景区，成为怒江州第一个 A 级景区。

案例 4-10　观鸟旅游新产业

怒江州鼓励"乡村旅游示范、带火一批村寨，扶持能人带动、带出一批能人"模式，发展了一批外界较为熟知的老姆登、秋那桶、三河村等特色村寨。其中泸水市鲁掌镇三河村的"扶贫车间＋科普基地＋护鸟协会＋农户"的生态旅游发展模式，带动村民在家门口脱贫致富。

云南复杂的生态环境孕育了多样鸟类环境，造就了极其丰富的鸟类资源。鲁掌镇三河村依托这些鸟类资源，以"扶贫车间＋科普基地＋护鸟协会＋农户"运营模式，形成以摄鸟、观鸟、爱鸟、护鸟为一体的特色生态旅游新模式。

三河村的老百姓把适宜建观鸟点的地块承包给扶贫车间，由扶贫车间统一建立观鸟点，每个观鸟点设有 8 个拍摄机位，每个机位出租价格为 60 元 / 天，其中 30 元为老百姓分红，另外 30 元为庄园观鸟点维护费用、鸟协会运营费用。村民还可以为游客提供背包、运输、送餐、住宿、鸟导等各项服务，获取部分收益。2019年1月以来，三河村共计接待游客4360人次，15个观鸟点带来收入13万余元。观鸟扶贫车间共计带动农户45户，其中建档立卡贫困户19户，通过背包、运输和接待服务，每户平均增加收益1500余元。村民们由打鸟、卖鸟、吃鸟的"猎人"变成了现在爱鸟、护鸟、养鸟的"鸟导"。

五、怒江州实现两场战役双赢的体制机制

（一）规划制度健全完善

怒江州把生态文明建设提高到"立州之本"高度，深刻把握"生态立州"原则，先后编制完成促进生态扶贫举措的《怒江州扶贫攻坚综合规划之怒江生态修复专项规划（2010—2015年)》《怒江州"两江"流域生态修复和绿色经济发展行动计划（2014—2020年)》《中共怒江州委、怒江州人民政府关于加快林业经济发展的意见》《"怒江花谷"生态建设规划（2016—2020年)》《云南省怒江傈僳族自治州林业生态脱贫攻坚区行动方案（2018—2020年)》，以及保护修复怒江州作为国家西南生态安全屏障的《高黎贡山国家级自然保护区总体规划》《兰坪云岭省级自然保护区总体规划》《云南省"三江并流"风景名胜区总体规划（2005—2020年)》《怒江州贯彻落实〈云南省生态文明建设林业行动计划（2013—2020年)〉的实施意见》等规划和政策。这些规划和政策以生态脱贫为原则，采取超常规措施，将生态保护、国土绿化、生态产业等脱贫措施向贫困村及建档立卡贫困人口倾斜，创新思路，创新模式，实现怒江州绿起来、美起来、富起来目标。

（二）管理机构纵横协同

为了加强高黎贡山国家级自然保护区和云岭省级自然保护区管理工作，怒江州成立"怒江傈僳族自治州自然保护区管理局"，加强自然资源调查监测评价、国土空间用途管制、自然合理开发利用等工作。县（市）层面，贡山县成立五级森林资源管理队伍，即县级成立森林资源管护大队、乡（镇）成立中队、村委会成立小队、村民小组成立管护小组、生态护林员实行"护林员＋农户"管理模式，做到管护区内户户有人管，家家都了解森林资源的管理、森林防火、林政、严禁偷砍盗伐、保护野生动物等管护知识。兰坪县成立由 2 名副县长任组长，乡(镇) 政府、县农业局、县林业局、县森林公安局班子成员任副组长，县农业局、县林业局、县森林公安局及沿江 4 乡（镇）专业技术人员为成员的专项工作组，对澜沧江峡谷沿岸、公路两侧的退耕还林还草及农业种植结构调整工作进行领导、监督和部门协调工作。泸水市森林公安局按照属地化原则，划归泸水市公安局直接领导管理，划转后更名为"泸水市公安局森林警察大队"，加强泸水市森林管理工作。福贡县建立了县、乡、村（社区）、组四级护林员管理体系和县、乡、村（社区）、组、护林员、责任区的网格化森林管护责任机制，做到山有人管、林有人护、责有人担，形成一级抓一级、层层抓落实的管理体制。

（三）基础设施扩能增效

交通运输是贫困地区脱贫攻坚的基础性和先导性条件。[①] 公路交通作为贫困地区的重要基础设施，对减贫及发展具有决定性作用。怒江州高山深谷的地理环境，导致长期处于"四无"落后状态（无机场、无铁路、无高速公路、无航运交通），全国罕见。"十三五"期间，国家加大对怒江州

---

① 鞠晴江、庞敏：《道路基础设施影响区域增长与减贫的实证研究》，《经济体制改革》2006 年第 4 期。

交通基础设施的投资，为怒江州实现社会经济发展"一步跨千年"注入强大动力。2014 年独龙江隧道贯通；2018 年福贡县木尼玛大桥正式开工；2019 年怒江美丽公路全线通车；2019 年兰坪丰华机场正式通航运营；2020 年中交怒江连心桥（怒江渡口大桥）通车；2020 年保泸高速公路建成通车。怒江州交通基础设施的全面改善，为融入滇西旅游大环线提供了重要的交通网络支撑。

（四）生态理念深入人心

生态教育是公民素质教育的重要内容。怒江州坚持开展"爱鸟周"等行动，在植树节、国际湿地日等重要生态纪念日，深入开展宣传教育活动，生态文化内涵不断丰富。生态文化基础建得到加强，建设了六库青山公园、"三江并流"世界自然遗产博物馆、新生桥国家森林公园等生态文化设施，保护了一批古树名木和革命纪念林，为人们了解森林、认识生态、探索自然、陶冶情操提供了场所和条件。2010 年以来，以城镇面山绿化和周边增绿工程为载体，怒江州组织机关干部职工、驻地部队官兵、农村群众，相继开展生态修复工程全民大行动、杨善洲纪念林营造活动、"森林云南"怒江州建设、争当生态文明建设排头兵、加快国土绿化步伐等全民义务植树活动，宣传和弘扬生态理念，普及森林文化知识，营造尊重自然、热爱自然、善待自然的生态氛围，增强国民的生态意识和责任意识，树立国民的生态伦理和生态道德，使人与自然和谐相处生态价值观深入人心。

（五）政策举措落实有力

在规划建设方面，怒江州结合州情贫情林情，对生态文明建设开展详实规划工作，全面推进生态保护、国土绿化、林业产业三大体系建设，吸纳建档立卡贫困户参与生态文明建设，探索符合怒江州实际的生态保护与脱贫致富协同发展的跨越之路。全力推进生态文明建设示范州创建，计划申报怒江大峡谷国家公园，加快兰坪箐花甸国家湿地公园建设。在生态修复方面，制定并通过了《怒江州"治伤疤、保生态、防返贫"生态建设巩固脱贫成果总体规划（2020—2022年)》，计划把"两江"沿岸建设成绿色经济和生态观光走廊，并通过土地、林地流转和入股等形式，带动贫困群众就地就近务工、参与分红、增收致富。拓展生态护林员职责，组织生态护林员全面参与国土绿化和"怒江花谷"生态建设，每人每年完成20株植树造林任务。在抓好污染防治和生态治理方面，抓好源头防控，做好农村垃圾分类处理、分户处置，加大饮用水源地保护，实施化肥农药零增长行动，加强农业面源污染治理。强化地质灾害防治和矿山环境恢复治理，坚决落实河(湖)长制，加强怒江、澜沧江流域和重要河流生态保护、系统治理，确保生态环境持续改善。

六、怒江州实现两场战役双赢的经验

（一）坚持新发展理念

脱贫攻坚与生态建设双赢既是怒江州解决区域性整体贫困的时代之举，更是推动怒江州社会经济长远高质量发展的固本之策。怒江州坚持把脱贫攻坚与生态建设相结合，带动生态环境不断改善；把生态建设与特色产业培育相结合，带动群众不断增收；把特色产业培育与群众素质提高相结合，带动群众内生动力不断提升，走出一条生态保护和生态脱贫相融共赢、人与自然和谐相处、区域社会经济发展与国家生态安全屏障共建的系统治理道路。

（二）坚决守住生态环境底线

怒江州具有丰富的生物资源、水资源，但是经常发生的滑坡、泥石流、滚石等自然灾害严重影响着人民的生命财产安全。因此，在怒江州不论是打赢打好脱贫攻坚战，还是实施乡村振兴战略，强化生态保护和生态宜居宜业都是根本保障和要求。2017 年，怒江州坚定"绿水青山就是金山银山"理念，提出了以生态脱贫为重点的脱贫路径，成为我国生态脱贫示范点，在全国深度贫困地区脱贫攻坚战中具有重要的示范推广意义。

（三）人民群众从生态环境保护中得实惠

怒江州根据"生态补偿脱贫一批"要求，鼓励建档立卡贫困户通过参与国家和省重点生态工程，获得相关补偿或补助资金，实现增收致富；积极探索推广"生态护林员＋"模式，不仅增加了贫困户的工资性和劳务性收入，还发挥了贫困户作为技术员、巡边员、带头员、宣传员、应急员、人力资源储备员"六大员"作用，使生态得到保护、群众得到实惠、民族更加团结、贫困群众赢得尊严。

（四）实事求是，实践、实践再实践

怒江州坚持实事求是，具体问题具体分析。林业方面，依托天保工程、退耕还林工程、林业产业建设项目等林业重点项目，大力发展特色经济林果产业，逐步构成以林果、林木、林药、林菜、林畜、林苗、林菌、林旅为主的"八林经济"。农业方面，改进农业种植与生产技术，在冻土层上种植优质蓝莓草莓，因地制宜养殖中华蜂，依托优质草场资源，发展畜禽养殖。旅游文化方面，建设独龙江、高黎贡山国家公园、特色旅游景区，利用三江并流、少数民族文化等资源开发生态旅游。生态移民方面，有针对性地开展易地搬迁、劳务输出、就近就业等，巩固扶贫成果，发挥扶贫能效。

（五）积极探索"绿水青山就是金山银山"转化机制和制度建设

怒江州积极探索绿水青山转化为金山银山的机制，从过去的刀耕火种、破坏生境到如今"生态立州""绿色发展"，怒江州实现了经济发展与生态环保相互促进、彼此提升。观鸟经济就是这个理念转化的缩影。通过保护鸟类生态环境，促进鸟类观赏、教育、科研用途转化为经济价值，同时发挥群众的积极性和主动性，让更多群众参与到生态旅游产业中来，实现"在开发中保护、在保护中开发"的良性互动，最终实现生态产品的可持续发展。

绿水青山向金山银山的转化离不开制度保障。怒江州通过布局合理、体系完整的国土空间规划，形成经济、社会、生态环境相协调的空间开发格局；在生态环境治理中，实行河长制，建立健全保护地体系，提高保护和管理水平；通过监管与考核制度保证政策效能，为生态文明建设与脱贫攻坚双赢提供了制度保障。

本章作者

中国人民大学农业与农村发展学院　刘金龙教授

中国人民大学环境学院　吴健教授

中国人民大学法学院　宋彪副教授

中国人民大学农业与农村发展学院　博士生朱舒宁、硕士生李欣阳、中国人民大学环境学院博士生许亿欣、袁甜对本文亦有贡献

第五章　脱贫攻坚与民族团结进步"双达标、双提升"的实践与探索

　　新中国成立以来，特别是党的十八大以来，怒江州各项工作得到党中央的高度重视和亲切关怀。习近平总书记先后两次给怒江州各族干部群众回信，在云南省考察期间亲切接见了怒江州干部群众代表，在中央召开的决战决胜脱贫攻坚座谈会上听取了怒江州等地的专题工作汇报。在习近平总书记"一次会见、两次回信、一次听取工作汇报"重要讲话、指示精神的激励和鼓舞下，怒江州经济社会发展各项事业取得了长足发展和进步。

　　与此同时，怒江州按照中央有关要求和云南省委、省政府部署，紧紧围绕铸牢中华民族共同体意识这一主线，全面深入推进民族团结进步创建工作，先后制定了《中共怒江州委关于在脱贫攻坚中推动全国民族团结进步示范州创建工作的决定》《怒江州建设全国民族团结进步示范州规划（2016—2020年）》等文件，出台了一系列具有"首创精神"的政策与制度，形成了党委牵头、政府负责、多方参与、层层落实、协调推进的民族团结进步创建工作格局。在全面深入持久推进民族团结进步创建工作的实践中，怒江州坚持民族团结进步示范创建与经济社会发展、脱贫攻坚统筹推进，以示范创建为发展进步凝心聚力、提质增速，以示范创建推动经济社会发展与民生改善，示范创建工作取得了显著成效，积累了宝贵经验，走出一条符合怒江州情、融合地域文化特点，具有时代特征、怒江特色的民族团结进步新路子。

一、怒江州推进民族团结进步创建工作的政策措施

（一）制定科学有效的政策制度，将中央有关精神和要求落实落细

1. 中央及有关部门下发文件的精神

民族团结是维护社会稳定、国家统一和长治久安的重要保证。民族团结既包括不同民族之间的团结，也包括民族内部的团结。习近平总书记反复强调："民族团结是各族人民的生命线"，"做好民族工作，最关键的是搞好民族团结，最管用的是争取人心"。①2019 年 9 月 27 日，在全国民族团结进步表彰大会上，习近平总书记深刻指出："实现中华民族伟大复兴的中国梦，就要以铸牢中华民族共同体意识为主线，把民族团结进步事业作为基础性事业抓紧抓好。"在中央第三次新疆工作座谈会上，习近平总书记再次强调："要以铸牢中华民族共同体意识为主线，不断巩固各民族大团结。"在习近平新时代中国特色社会主义思想特别是关于加强和改进民族工作重要思想指引下，中央及有关部门积极行动，制定了大量政策措施，内容涉及民族团结进步创建工作的重大意义、指导思想、总体要求、创建内容及形式、示范单位测评标准及评选程序等方面。

2010 年 2 月，中央宣传部、中央统战部和国家民委联合下发《关于进一步开展民族团结进步创建活动的意见》（民委发〔2010〕13 号），从开展民族团结进步创建活动的指导思想、总体目标、具体要求、创建形式、建立健全工作机制等方面对创建工作进行了系统部署。

2014 年 7 月，国家民委印发《关于推动民族团结进步创建活动进机关 企业 社区 乡镇 学校 寺庙的实施意见》（民委发〔2014〕94 号），明确提出推动民族团结进步创建活动进机关、企业、社区、乡镇、学校、寺庙

---

① 中共中央文献研究室编：《习近平关于社会主义政治建设论述摘编》，中央文献出版社 2017 年版，第 148、152 页。

（简称"六进"），提出"六进"目标要求、实施步骤和具体措施，并制定了示范州（地、市、盟）、示范县（市、区、旗）、示范机关、示范企业、示范社区、示范乡镇、示范高校、示范中学（中等职业学校）、示范小学、示范寺庙等 10 种类型的创建活动示范单位的测评指标体系，为开展全国民族团结进步创建示范区（单位）评选命名提供了重要依据。

2014 年 10 月，《中共中央、国务院关于加强和改进新形势下民族工作的意见》（中发〔2014〕9 号）明确提出："全面深入持久开展民族团结进步创建活动。坚持重在平时、重在交心、重在行动、重在基层，注重人文化、实体化、大众化，坚持不懈开展民族团结进步创建活动。突出创建主题，紧紧围绕共同团结奋斗，共同繁荣发展，引导各族干部群众倍加珍惜团结、自觉维护团结、不断加强团结。丰富创建形式，找准创建活动与社会心理的契合点、与民族情感的共鸣点、与群众切身利益的结合点，利用重要纪念日、民族传统节日等，组织开展富有特色的群众性活动，增强吸引力感染力。扩大参与范围，突出干部、青少年、知识分子等群体，推进创建活动进机关、进企业、进社区、进乡镇、进学校、进宗教场所。加强民族团结进步示范区建设，培养树立各级各类示范典型，表彰民族团结模范集体和个人。加强全国民族团结进步教育基地建设。中央和地方主要新闻媒体要持续开展民族团结宣传，推广经验，树立典型，营造浓厚氛围。"

2017 年 1 月，国家民委办公厅印发《关于全国民族团结进步创建示范州（地、市、盟）相关事项的通知》（民办发〔2017〕6 号），对全国民族团结进步创建示范州（地、市、盟）作了进一步规范，把示范州（地、市、盟）创建工作纳入常态化管理，总的工作方针是"国家支持、省负总责、市县落实、分级联创、分类推进"，创建程序是：有争创示范州（地、市、盟）意向的，经 2—3 年创建期，由省（区、市）进行初评，经省（区、市）人民政府同意上报推荐。创建期 3 年内发生影响民族团结重大事件的，不得推荐。

2019 年 10 月，中共中央办公厅、国务院办公厅印发《关于全面深入持久开展民族团结进步创建工作铸牢中华民族共同体意识的意见》，从总体要求、深化民族团结进步宣传教育、促进各民族交往交流交融、提升民族团结进步创建工作水平、加强保障措施等方面，对全面深入持久开展民族团结进步创建工作进行了全面部署安排，明确要求各级党委和政府要加强统筹协调，明确工作部门和责任，制定具体实施方案。

2020年1月，国家民委办公厅印发《全国民族团结进步示范州（地、市、盟）测评指标（试行）》（民办发〔2020〕4号），测评指标总分值为100分，包含坚持和加强党对民族团结进步的全面领导、构筑各民族共有精神家园、深化各民族交往交流交融、增进民生福祉、共享发展成果、全面提升民族事务治理现代化水平、建立创建工作长效机制6个测评项目20个测评指标，并阐明测评内容、测评分值和测评方法。

2.怒江州落实民族团结进步创建工作的政策

怒江州委、州政府结合州情民情，制定了一系列民族团结进步创建工作的政策文件，形成了较为科学完善的政策体系。

2013年4月，中共怒江州委、怒江州人民政府印发《关于建设民族团结进步边疆繁荣稳定示范州的实施意见》（怒发〔2013〕2号），从充分认识建设民族团结进步边疆稳定示范州的重要性、必要性出发，明确其指导思想、基本原则和建设目标，阐明其主要任务是做好促进民族经济发展、改善和保障民生、推动民族文化繁荣、振兴民族教育、建设生态文明、培养干部人才、完善民族法制建设、开展民族理论研究、创新民族工作、实现民族关系和谐等方面的示范创建工作，强调要加强组织领导，确保示范州建设取得实效。

2017年12月，中共怒江州委、怒江州人民政府印发《怒江州建设全国民族团结进步示范州规划（2016—2020年)》（怒发〔2017〕22号），对规划的指导思想、基本原则、目标任务等进行了明确规定。该规划明确提出，主要任务是着力实施民生持续改善、发展动力增强、民族教育促进、民族文化繁荣、民族团结创建、民族事务治理等6大工程、30项建设任务、

126 个子项目，并提出了规划实施的保障措施。

2018 年 4 月，中共怒江州委、怒江州人民政府根据《中共云南省委 云南省人民府关于印发〈云南省建设我国民族团结进步示范区规划（2016—2020 年）〉》（云发〔2017〕8 号）、《中共怒江州委 怒江州人民政府关于印发〈怒江州建设全国民族团结进步示范州规划（2016—2020 年）〉的通知》（怒发〔2017〕22 号）精神，印发《怒江州创建民族团结进步示范州实施方案（2018—2020 年）》（怒发〔2018〕5 号），提出创建全国民族团结进步示范州的目标要求、创建步骤、主要任务和保障措施，对《规划》提出的 6 大工程进行了细化规定，明确了牵头单位和责任单位。

2018 年 11 月，中共怒江州委民族团结进步示范州建设暨民族宗教工作领导小组办公室印发《怒江州创建全国民族团结进步示范州、县（市）及机关、企业、社区、乡(镇)、学校、教堂、军(警)营、家庭创建标准》（怒创办发〔2018〕1 号），从重视民族工作、贯彻执行政策法规、经济社会发展、履行社会责任、维护民族团结和社会稳定等方面对创建标准进行了系统部署。

2019 年 3 月，中共怒江州委民族团结进步示范州建设暨民族宗教工作领导小组办公室印发《怒江州创建全国民族团结进步示范州宣传工作方案》（怒创发〔2019〕2 号），从总体要求、工作机构、宣传重点、宣传安排、工作要求等方面对宣传工作进行了规定和部署。明确提出，宣传工作要坚持以"中华民族一家亲，同心共筑中国梦"为总目标，按照人文化、实体化、大众化总体要求，坚持社会宣传与新闻宣传、传统媒体与新兴媒体、内宣与外宣、线上与线下统筹兼顾。明确提出，将宣传重点放在深化民族团结进步宣传教育、准确宣传党的民族政策、传承和发展中华民族优秀传统文化、唱响民族团结进步主旋律、突出宣传民族团结进步示范创建的经验和成果 5 个方面。

2019 年 7 月，中共怒江州委印发《中共怒江州委关于在脱贫攻坚中推动全国民族团结进步示范州创建工作的决定》（怒发〔2019〕10 号），对在脱贫攻坚中推动全国民族团结进步示范州创建工作提出了总体要求，明确提出以坚决打赢怒江州深度贫困脱贫攻坚战促进全国民族团结进步示范州创建工作，以创建全国民族团结进步示范州助力怒江州打赢深度贫困脱贫攻坚战，加强党的领导，坚决走出一条脱贫攻坚与示范州创建工作双融合双推进双达标的跨越发展之路。

2019 年 7 月，中共怒江州委民族团结进步示范州建设暨民族宗教工作领导小组办公室印发《关于建立怒江州民族团结进步示范创建工作四级联创机制等七个机制的通知》，对怒江州创建工作联创联动方式、投入保障、氛围营造、监督检查、考核评价、长效激励等提出了具体标准和工作要求。

2019 年 7 月，中共怒江州委办公室、怒江州人民政府办公室印发《关于将每年八月份确定为怒江傈僳族自治州"民族团结进步宣传月"的通知》（怒办通〔2019〕54 号），提出一要高度重视，精心安排；二要营造氛围，注重实效；三要加强督查，推动工作。

2019 年 10 月，中共怒江州委民族团结进步示范州建设暨民族宗教工作领导小组办公室印发《关于下发怒江州创建全国民族团结进步示范州"九进"活动工作指引的通知》（怒创办发〔2019〕19 号），明确了怒江州创建全国民族团结进步示范州进乡镇、机关、企业、社区、学校、医院、军警营、宗教活动场所、家庭（简称"九进"）的责任主体、任务分解、工作要求、工作要点及工作进度。

2019 年 10 月，中共怒江州委、怒江州人民政府印发《关于命名第一批民族团结进步创建示范单位的决定》（怒办〔2019〕189 号），命名中共怒江州委组织部、怒江州人大常委会、怒江州中级人民法院等 83 个单位为"第一批州级民族团结进步创建示范单位"。

2019 年 11 月，中共怒江州委民族团结进步示范州建设暨民族宗教工作领导小组办公室印发《关于调整充实怒江州委创建全国民族团结进步示范州暨民族宗教工作领导小组办公室的通知》（怒创发〔2019〕8 号），对中共怒江州委民族团结进步示范州建设暨民族宗教工作领导小组的成员进行了充实和调整，并提出了具体的工作职责。

2020 年 7 月，中共怒江州委民族团结进步示范州建设暨民族宗教工作领导小组办公室印发《怒江州创建全国民族团结进步示范州 2020 年 "民族团结进步宣传月" 活动方案》（怒创发〔2020〕7 号），从指导思想、活动主题、活动时间、活动重点、方法步骤、相关要求等方面对民族团结进步宣传月进行部署。明确 "感恩共产党，感谢总书记" 的活动主题，将开展民族团结进步成就学习宣传活动、感恩教育 "六个一" 活动、创建民族团结进步示范州 "十进" 活动作为活动重点，分成启动、宣传、总结 3 个环节，并提出相关要求。

2020 年 8 月，中共怒江州委、怒江州人民政府印发《关于命名第二批民族团结进步创建示范单位的决定》（怒委〔2020〕89 号），命名中共怒江州委宣传部、中共怒江州委机要和保密局、怒江州人民政府办公室等 231 个单位为 "第二批州级民族团结进步创建示范单位"。

由上可见，在中央精神指导引领下，怒江州委、州政府结合本地实际出台了大量民族团结进步创建工作的政策制度，在全国民族团结进步示范州的规划、实施、宣传、机制、活动等方面都进行了规定和部署。明确全国民族团结进步示范州的建设重点是实施民生持续改善、发展动力增强、民族教育促进、民族文化繁荣、民族团结创建、民族事务治理 6 大工程；确立民族团结进步示范创建工作的七个机制，对创建工作联创联动方式、投入保障、氛围营造、监督检查、考核评价、长效激励等提出具体标准和工作要求；明确全国民族团结进步示范州创建进乡镇、机关、企业、社区、学校、医院、军警营、宗教活动场所、家庭的责任主体、任务分解、工作要求、工作要点及工作进度。

（二）采取了切实可行的方法举措，将中央有关精神和要求抓紧抓实

怒江州委、州政府在充分发挥政策效能的同时，为使中央的精神和要求落到实处，采取了行之有效的办法和举措。

1. 加强领导，高位推动，以习近平总书记重要指示批示精神引领创建工作全局

党的十八大以来，以习近平同志为核心的党中央十分关心、关注边疆民族地区脱贫攻坚、全面小康建设，作为"三区三州"深度贫困地区之一的怒江州更是受到习近平总书记的牵挂，"一次会见、两次回信、一次听取工作汇报"充分体现了习近平总书记对怒江州各族群众的深切关怀，充分体现了总书记对怒江州各族群众建设好家乡、守护好边疆的殷切希望。怒江州委、州政府始终牢记谆谆嘱托，把创建"全国民族团结进步示范州"作为贯彻落实习近平总书记考察云南重要讲话精神的政治要求，作为贯彻落实"在云南，不谋民族工作就不足以谋全局"指导思想的具体体现，作为打赢怒江州深度贫困脱贫攻坚战的迫切需要，作为维护边疆安宁、固边守边的战略要求，努力为云南建设成我国民族团结进步示范区创造更加鲜活的怒江经验。

怒江州成立了由州委、州政府主要领导分别担任组长和常务副组长，65 家州级单位主要负责同志为成员的州委民族团结进步示范州建设暨民族宗教工作领导小组。研究制定了《中共怒江州委关于在脱贫攻坚中推动全国民族团结进步示范州创建工作的决定》《怒江州建设全国民族团结进步示范州规划（2016—2020 年）》《怒江州创建全国民族团结进步示范州实施方案（2018—2020 年)》等政策措施，明确提出"在深度贫困地区脱贫攻坚上作示范、在维护边境安宁稳固上作示范、在加快经济社会发展上作示范、在民族文化保护和传承上作示范、在推动生态与脱贫互促双赢上作示范、在提升各族干部群众素质能力上作示范、在落实党的民族政策上作示范、在创新民族工作上作示范"8 个示范创建目标任务，为打赢深度贫困脱贫攻坚战与创建全国民族团结进步示范州实现双融合、双推进、双达标奠定了坚实的基础。2017—2020 年累计安排民族团结进步示范创建工作经费 1000 余万元，为创建工作提供了坚强保障。创新出台了推动和保障全面深入持久开展民族团结进步示范创建工作的 7 项工作机制、规范和提升创建主阵地工作效能的"九进"工作指引等一系列具有"首创精神"的制度机制。大力推行县（市）委书记、县（市）长和"九进"活动牵头单位主要负责同志月度任务清单的工作措施，把创建工作成效作为各级"一把手"讲不讲政治、敢不敢担当、能不能作为的"试金石"。充分发挥各级党委（党组）统揽全局、协调各方的领导核心作用，州委常委会、州政府常务会定期听取创建工作情况汇报，着力加大解决问题的广度和力度，构建起横向联动、纵向衔接、定期会商、运转高效的创建工作格局。

2. 决战脱贫，决胜小康，以解决"两不愁三保障"突出问题推动发展

怒江州委、州政府始终坚定"各民族都是一家人，一家人都要过上好日子"的信念，坚守"决不让一个民族掉队，决不让一个民族地区落伍"的庄严承诺，坚持把发展作为解决怒江州各种问题的"金钥匙"，誓将千百年来压在怒江州各族人民头上的贫困大山彻底挖掉。

自实施精准扶贫、全面拉开脱贫攻坚战以来，怒江州不断丰富完善脱贫攻坚总体思路，立体推进易地扶贫搬迁、产业扶贫、生态扶贫、健康扶贫、教育扶贫、能力素质建设、农村危房改造、贫困村提升、兜底保障、守边强基"十大工程"，形成独具怒江特色的深度贫困脱贫攻坚作战体系。具体措施为：坚持把易地扶贫搬迁作为帮助山区贫困群众"挪穷窝、拔穷根、摘穷帽"的关键举措；加快推进易地扶贫搬迁后续保障和公共服务管理工作，在安置点设置了综合服务中心、党群活动中心、关爱中心、物业管理等机构，配套建设了农家书屋、群团之家、村史馆、幼儿园、爱心扶贫超市、休闲广场等。州人社局、扶贫办等部门积极开展农家菜烹饪、草果秆编制、竹编和棒球制作、厨师烹饪、挖掘机操作等培训，帮助搬迁群众提高劳动技能，增加收入。同时启动实施"治伤疤、保生态、防返贫"生态建设巩固脱贫成果行动，出台实施了户均安排一个公益性岗位，给予建档立卡贫困户小额贴息贷款等后续帮扶措施，促进村民创业就业。

全面落实"党政一把手负总责、四级书记抓扶贫"责任制，38名厅级领导、700余名处级领导每月深入田间地头抓产业、推项目、助就业；

29 名县（市）委常委担任乡（镇）党委第一书记，29 名州级部门处级领导担任乡（镇）脱贫攻坚和基层党建实战队大队长，累计 8000 余名驻村工作队员常年驻村驻点推动工作。组建 2000 多人的"背包工作队"下乡，帮助群众"搬出大山、迁入新居"；组织 1.9 万名干部挂联 6.9 万建档立卡贫困户，一手抓"两不愁三保障"问题落实，一手抓群众关切问题解决，提高群众获得感幸福感。全州各级干部勇挑使命、敢于担当，舍小家、顾大家，苦干实干、流汗拼搏，甚至流血牺牲，"怒江缺条件，但不缺精神、不缺斗志"的怒江脱贫攻坚精神和"苦干实干亲自干"的怒江脱贫攻坚作风蔚然形成。

在"怒江所需，珠海所能"的东西部扶贫协作框架下，采取"二帮一"的方式，深入开展"携手奔小康"和"百企帮百村"行动。珠海社区为进一步促进各族群众充分就业专门成立了劳务公司，将青壮年劳动力输送到东部各省区务工，实现增收致富。珠海市 8 个区与怒江州 4 个县（市）结对帮扶，珠海 18 个镇、8 个行政村、161 家企业、35 所学校、17 家医院和 12 家社会组织分别与怒江州乡镇、村、学校、医院对口帮扶。中交集团共选派 15 名优秀干部赴怒江州开展定点扶贫，与怒江州在决战脱贫攻坚、决胜全面小康的征程中结成命运共同体，达成定点扶持 50 年的共识。三峡、大唐集团始终情倾怒江、情系怒江，用真情真心帮助怒江州傈僳族、普米族、怒族等各民族贫困群众脱贫。

3. 面向全体，宣教并重，以构建中华民族共同精神家园凝聚人心

按照中央提出的民族团结进步创建"重在平时、重在交心、重在行动、重在基层，注重人文化、实体化、大众化"总要求，怒江州委、州政府始终把"精准滴管"的教育方式作为增强"五个认同"、"铸牢中华民族共同体意识"的有力抓手，把保护和传承民族文化作为促进民族团结、建设各民族共有精神家园的重要手段。

州委、州政府编印《怒江州创建全国民族团结进步示范州文件汇编》、《习近平总书记关于民族和宗教工作的重要论述摘编》10000 余册、示范

创建应知应会 100 题、宣传折页等学习宣传材料 20000 余册，并将其纳入各级党委（党组）理论中心组学习计划、党员干部教育培训重要内容，通过学习导读、重点引领发言、知识竞赛、演讲比赛、主题式研讨、撰写学习心得、理论文章等教育形式，增强干部职工贯彻执行党的民族政策的自觉性。

聚焦青少年、知识分子、信教群众等群体，把民族团结教育贯穿教书育人全过程，播撒中华民族一家亲，各民族和睦相处、和衷共济的"金种子"；贯穿于宗教活动全过程，宣讲好党的民族宗教政策，让信教群众筑牢"三个离不开"思想，自觉抵制利用宗教进行分裂渗透和破坏活动；贯穿夯实信仰之基、铸牢思想之魂的全过程，以社会主义核心价值观为引领，大力弘扬以爱国主义为核心的民族精神，在历史与现实的交互共生中不断增强红色基因的感召力。把每年 8 月定为"民族团结进步宣传月"，结合怒江元素，设计了怒江州创建全国民族团结进步示范州标志、宣传海报、宣传折页等宣传资料，各级各部门突出行业特色、民族特色、文化特色，在广场、街道、市场、学校、车站、社区、易地扶贫搬迁安置点等人员密集区域，通过发放宣传材料、举办专题讲座、张贴宣传海报等形式扩大宣传辐射面。

同时，充分利用电视、会议、标语、微信、报刊、官方微博、微信公众号、广播、QQ 等宣传媒介和短视频、宣传片、专访专谈、文艺展演等载体，实现文字、图片、视频全媒体宣传，大力推进"互联网＋民族团结"行动，多渠道、全方位讲好民族团结故事、唱好民族团结之声、传播民族团结正能量，让各族群众从今昔对比中、从社会变迁中、从身边变化中感受民族团结进步带来的福祉，努力做到人人知晓民族团结政策、人人自觉维护民族团结、人人争做民族团结模范的社会氛围。截至 2020 年 9 月，怒江州委创建办公简报 105 期 238 条，全州各级各类媒体通过报纸、电视、广播、网站、微信公众号、客户端等媒体平台共推出相关新闻报道 1000 余条。协同有关部门、合唱团举办怒江州创建全国民族团结进步示范州"进社区"群众性主题活动——"同唱民族歌、共跳民族舞"晚会，"打赢脱贫攻坚战、同心共筑中国梦"专场音乐晚会和庆祝新中国成立70周年"祖国奋进七十载峡谷风雨铸税魂"主题文艺晚会。

州委、州政府注重把中华优秀传统文化融入课堂教育、道德建设、文化创造和生产生活，不断完善民族文化特色课程建设，建立健全民族文化校外辅导员互动机制，大力开展"开学拜师礼"、射弩竞技、民族乐器制作、民族八套舞课间操等文化传承传播活动，在孩子们的心灵中从小播下爱国主义和民族团结的种子。大力实施"百名民族民间传统文化突出人才""百项少数民族文化精品"工程，重视培养非遗传承人和民族民间文化传承人，重视扶持民族文化与旅游、创意、休闲等融合发展的产业项目，连续28年举办乡级农村文艺汇演活动，打造了《母亲河》《傈僳人》《独龙江·独龙人》等一大批脍炙人口的文化精品，"各美其美，美人之美，美美与共"的民族文化发展观已成为怒江州各族干部群众的共同价值追求。

4. 主动汇报，争取支持，将示范州创建作为重要政治任务抓实抓细

怒江州委、州政府按照习近平总书记对云南发展"三个战略定位"的要求，及时调整发展战略、发展重点和目标任务，把示范州创建作为全州一项重要的政治任务抓实抓细。州委、州政府、州政协主要领导先后多次带队到国家民委、省委省政府、省民族宗教委等部门汇报创建全国民族团结进步示范州工作情况，积极争取上级部门的帮助和支持。上级领导对怒江州在示范创建和民族宗教领域工作中取得的成绩给予充分肯定。国家民委副主任赵勇要求在民族团结进步创建工作中突出"铸牢中华民族共同体意识"这个主线，做到抓学习、抓规划、抓研究、抓教育、抓宣传、抓转化、抓建设、抓机制，不断地创造新的经验，做好示范，走在全国前列。同时，时任云南省委书记陈豪在兰坪调研座谈会上明确提出"民族团结进步事业怒江州要走在全省的前列"，要"为把云南建设成我国民族团结进步示范区创造更加鲜活的怒江经验"。

5. 交流学习，开拓视野，不断提升创建工作能力

怒江州委、州政府在民族团结进步示范州创建过程中，高度重视学习借鉴兄弟省、州的经验，也非常重视内部的学习交流，在交流学习、开拓视野中不断提升创建工作的能力和水平。具体来说：一是由州委统战部组织学习考察组，赴贵州省黔西南州考察学习易地扶贫搬迁、脱贫攻坚、产业发展、民族团结进步示范创建等工作，为实现脱贫攻坚与民族团结进步示范双融合双推进双达标提供了有益借鉴。二是由州人大常委会组织州委创建办、州委宣传部、州人大常委会办公室和四县（市）相关工作人员赴昆明市、楚雄州考察学习示范创建工作，通过听取汇报、查阅资料、座谈交流、实地观摩、观看示范片和展板等形式，开拓视野，增长见识，升华思想。三是州委创建办组织州"九进"活动牵头单位、有关单位和相关县（市）创建工作相关人员到贡山县、兰坪县开展民族团结进步创建工作互观互检，相互学习、相互交流示范创建工作经验，有效提升了创建工作能力。

6. 围绕主线，聚力"三交"，以打造共建共享共居共乐的社会环境增进感情

各民族交往交流交融是社会发展的必然趋势，是加强民族团结、铸牢中华民族共同体意识的根本途径。怒江州委、州政府着力在创造各族群众共居、共学、共事、共乐的互嵌式社会环境上下功夫，不断完善市民公约、村规民约、学生守则、行业规范，注意充实民族团结进步的内容，各族群众同村庄共小组、同社区共单元、同学校共班级、同机关共处室、同企业共班组已成为常态。大力开展交流、培养、融洽感情的工作，通过举办"同唱民族歌、共跳民族舞"群众性主题活动、民族团结文艺晚会、"传承民族文化"主题少先队活动等系列活动，真正让各族群众交得了知心朋友、做得了和睦邻居、结得了美满姻缘。

注重与东西部扶贫协作单位和在怒江州开展社会帮扶的企业、团体、

高校等的联创联建，建立健全外出务工少数民族流动人口服务管理协调机制，"珠海班""怒江班"积极帮助外出务工群众搭建创业就业平台、个人提升平台、才能展示平台，让他们适应城市生活，更好融入当地社会，在共建共享中有更多的归属感。广大干部职工与各族群众"一对一"结成"民族团结"共建对子，面对面宣传党的民族理论政策、法律法规，手把手指导群众谋发展，促进党群和谐、政群和谐、干群和谐、社会和谐。

7. 加强指导，注重实效，以绵绵用力、久久为功的理念狠抓落实

怒江州委、州政府按照"重点突破、以点带面、示范引领、全面推进"的工作思路，把民族团结进步创建"进机关、进乡镇（村）、进企业、进社区（易地扶贫搬迁安置点）、进学校、进宗教活动场所、进军（警）营、进医院、进家庭"活动作为工作的主阵地、主渠道。

州级领导多次深入基层一线调研指导民族团结进步示范创建工作，加强创建工作指导力度。州委创建办加大对各县（市）和州级各单位的业务指导，在创建主题、创建核心、创建内容等方面给予意见和建议。州委创建办派工作人员到贡山县驻点指导创建 45 天，到兰坪县驻点指导创建 60 天，为贡山县、兰坪县创建全国民族团结进步示范县顺利通过省州初验奠定了坚实的工作基础。州委创建办结合"不忘初心、牢记使命"主题教育，深入贡山县独龙江乡、丙中洛镇、茨开镇，福贡县石月亮乡、鹿马登乡、匹河乡，兰坪县通甸镇、啦井镇、金顶镇、营盘镇，泸水市片马镇等，调研民族团结进步创建工作，指导设计示范亮点打造方案，为顺利通过省检、国检做好准备。

同时，印发《怒江州创建全国民族团结进步示范州、县（市）及机关、企业、社区、乡（镇）、学校、教堂、军（警）营、家庭创建标准》《怒江州民族团结进步创建示范单位命名管理办法》，在努力实现创建全覆盖的基础上，积极培树各行各业示范典型，总结好各族干部群众在党的坚强领导下排除万难谋发展的脱贫经验，讲好怒江州各族儿女休戚与共的感人故事，宣传好各族干部群众扎根边疆无私奉献的典型事迹，全州上下掀起创

示范、学模范、争先进的热潮。

8.法治护航，维护稳定，依法保障各民族群众合法权益。

怒江州委、州政府制定完善了民族立法流程，采取立法专家授课、外出参训等多形式强化民族立法工作培训，常态化开展《民族区域自治法》的执法检查和《云南省城市民族工作条例》专项执法检查，形成一套富有边疆地方民族特色的法治体系。把党的民族理论、政策、法律法规纳入"六五"和"七五"普法规划，以"法律七进"为载体深入持久抓实学习、宣传、教育活动。制定出台《怒江州律师助力脱贫攻坚专项行动方案》，大力开展"万人进千村帮万户"法律服务助推脱贫攻坚暨律师助力脱贫攻坚活动，以"应援尽援"为工作目标，以服务民生为标准，畅通群众申请和获得法律援助渠道。出台《关于加强和完善社区治理的实施意见》《怒江州综治委〈关于进一步加强城乡社区网格化服务管理工作的通知〉》《怒江州易地扶贫搬迁安置点"综治中心"建设实施方案（试行）》等政策措施，紧紧围绕"守好南北两道门、管好边境一条线、建好城乡一张网"的防控新格局，推进社会治理制度化、规范化、程序化。制定《怒江傈僳族自治州突发公共事件总体应急预案》，稳妥调控和处置脱贫攻坚、生态环保、民族团结、民生问题等社会热点舆情，及时处理有害信息，全州未发生重大网络意识形态事件。深入学习推广新时代"枫桥经验"，建立州、县（市）、乡三级矛盾纠纷大调解工作联席会议、矛盾纠纷排查调处工作协调会议纪要月报制度，实现矛盾纠纷就地化解，做到小事不出村、大事不出乡（镇）、难事不上交。

二、怒江州民族团结进步示范创建
工作取得的显著成效

怒江州在全面深入持久推进民族团结进步创建工作的实践中，始终围绕铸牢中华民族共同体意识这一主线，牢记习近平总书记"建设好家乡，守护好边疆"的殷殷嘱托，坚守"决不让一个兄弟民族掉队，决不让一个民族地区落伍"的信念，坚持示范创建与脱贫攻坚、经济社会发展统筹推进，以示范创建为发展进步凝心聚力，以示范创建推进脱贫攻坚与经济社会发展，成绩斐然，效果明显，实现了示范创建与脱贫攻坚、民生改善双融合、双提升。

（一）民族团结先进典型、优秀事迹不断涌现，中华民族共同体意识进一步增强

怒江州始终把民族团结进步创建工作的出发点和落脚点放在铸牢中华民族共同体意识上，始终把创建工作作为强基固本的"基础工程"，持续用力、形成常态；始终把创建工作作为争取民心的一项"人心工程"，以心换心，润物无声；始终把创建工作作为改善民生福祉的一项"德政工程"，重点支持、优先保障；始终把创建工作作为统筹改革发展稳定大局的一项"系统工程"，统筹规划、协调推进；始终把创建工作作为一种理念和价值观，融入到各部门各行业各领域中心工作之中，融入各族群众生产生活实践。全州干部群众牢固树立民族团结意识、中华民族共同体意识，处处呈现出各民族和睦相处、和衷共济、和谐发展的生动局面。2020年初，面对来势汹汹的新冠肺炎疫情，全州各族干部群众主动请战、勇挑重担，日均3000余人参与联防联控，多方筹集162吨蔬菜驰援咸宁、集中转运5430名外出务工人员助力复工复产，充分彰显了"你中有我，我中有你，谁也离不开谁"的中华民族命运共同体强大的凝聚力和向心力。

截至2020年底，全州有8个单位、18人被授予全国民族团结进步模范集体和个人，26个单位、40人被授予省级民族团结进步先进集体和个人，83个单位获第一批州级民族团结进步创建示范单位，贡山县被命名为"第七批全国民族团结进步示范区（单位）"，兰坪县创建全国民族团结进步示范县通过省级验收。先后涌现出"时代楷模"高德荣、"全国敬业奉献模范"

邓前堆、"全国五一劳动奖章"获得者吉思妞、"最美支边人物"管延萍、"人民满意的公务员"彭鑫亮和"枫桥式派出所"独龙江边境派出所等一大批闪烁时代光芒的先进模范，多个示范村、示范社区获全国文明村、全国最美乡村、中国最美村镇"人文环境奖"等荣誉，引领新时代怒江州民族团结进步创建工作创新发展。

（二）各民族交往交流交融不断深化，守望相助、休戚与共的观念深入人心

怒江州委、州政府始终把促进各民族交往交流交融作为铸牢中华民族共同体意识的根本途径，以"九进"活动为主阵地、主渠道，大力构建各民族共居、共学、共事、共乐的互嵌式社会结构和社区环境。制定了《怒江州易地扶贫搬迁后续扶持工作实施意见》，通过提升教育水平，提高生产技能，让搬迁群众积极参与到各个行业、各个层次的工作中，在共同的生产生活中加深了解、增进感情。出台了《怒江州关于外来务工人员随迁子女接受义务教育后参加升学考试工作的规定（试行）》，通过财政扶持、政策支持等措施，优化调整中小学布局，推进国民教育民汉合校、混班教学、混合住宿，引导各民族学生互助共学、共同成长。大力推动"两后生"送学工程、怒江州技能人才培养"双百工程"、"墩苗计划"和"三同计划"，采取"贷免扶补"及财政贴息措施大力扶持各民族联合创业，携手并进。珠海市 126 名优秀中青年干部到怒江州贫困村与困难群众"同吃同住同劳动"，促进观念互通、思路互动、作风互鉴，"中华民族一家亲，同心共筑中国梦"的观念深入人心。广泛开展"小手牵大手，推普一起走"活动，成功创建 113 个"普及普通话示范村"，完成 4 万"直过民族"和人口较少民族群众普通话培训，4 县（市）顺利完成国家三类城市语言文字规范化达标建设，极大地提高了各民族群众交流交际能力和水平。大力开展"农村文明素质提升工程"，将规范操办婚丧喜庆事宜纳入《村规民约》和《红白理事会章程》，构建邻里团结、家庭和美、互帮互助、共同发展的良

好社会氛围。从机关到乡镇，从城镇到农村，从学校到企业，从部队到地方，从扶贫车间到网络空间，处处呈现着各族群众同心协力、幸福生活的温馨场景。

（三）民族团结进步创建与脱贫攻坚、经济社会发展统筹推进，民族团结的物质基础进一步夯实

怒江州是"三区三州"最困难的地区，境内山高谷深、地势险峻，很多村寨分布在崇山峻岭之中，交通不便，平地资源稀缺，人居环境恶劣。为解决这一问题，怒江州将易地扶贫搬迁作为脱贫攻坚的头等大事，坚持把易地扶贫搬迁作为帮助山区贫困群众"挪穷窝、拔穷根、摘穷帽"的关键举措，实施了占全州总人口五分之一、建档立卡贫困人口三分之一的10万贫困群众易地扶贫搬迁，农村"危房不住人，住人无危房"目标全面实现。建成的41个安置区扶贫车间带动千名贫困群众实现家门口就业，"一站式"服务推动群众外出务工。新建（改扩建）79所义务教育学校，241所中小学全部达到"20条底线"办学标准，全州九年义务教育巩固率从2015年的65.82%提高到2020年的92.76%。255个行政村均建设了标准化卫生室，配备638名乡村医生，建档立卡贫困人口全部参加城乡居民基本医保和大病保险，并纳入医疗救助保障范围，实现"先诊疗后付费"和"一站式、一单式"即时结报。

与此同时，全州经济社会加速发展。2017年至2019年，全州地区生产总值年均增速11.37%，人均GDP年均增速11%，高于全国平均水平；全州城镇常住居民人均可支配收入年均增速8.73%，农村常住居民人均可支配收入年均增速10.57%，高于全省平均水平。全州城镇化率由35%上升到48%。兰坪丰华通用机场实现通航，怒江人民的"飞天梦"终于实现。德贡公路、美丽公路南延线等加快推进，所有行政村实现通硬化路，交通网络得到极大改善。农网改造升级和新一轮农网建设任务全面完成，一批"一水两污"项目及配套管网工程加快推进，所有行政村实现饮水安全

有保障，广播电视、动力电、4G 网络等实现了农村全覆盖。建成 4 个 5G 通信基站，独龙江乡率先开通 5G 实验站。结合傈僳族阔时节、独龙族卡雀哇节、怒族仙女节、普米族"吾昔节"和傈僳族"刀山火海"旅游文化节等，每年开展群众性文化活动 20 余场，年服务群众 6.8 万人次。公共基础设施不断完善，公共服务水平不断提高，过去落后的社会面貌、生产生活方式正在彻底得到改变，各民族群众共享改革发展、现代文明成果，民族团结的物质基础不断夯实。

（四）民族事务治理能力和现代化水平不断提升，社会主义民族关系进一步巩固和发展

在民族团结进步创建工作中，怒江州全面贯彻落实宪法和民族区域自治法，坚持依法治理民族事务，大力推进民族事务治理能力和治理体系现代化建设。党的十八大以来，怒江州先后修订完善《怒江傈僳族自治州自治条例》《贡山怒族独龙族自治县自治条例》《兰坪白族普米族自治县自治条例》和 9 个单行条例，做到立法先行，于法有据，依法平等保障各民族群众合法权益。坚持分类推进社会依法治理，不断完善网格化管理机制，大力推行"一站式"、"一窗式"、"一网办"等执法司法便民服务模式，综合运用政策、法律、经济、行政和教育、协商、调解等方法把不稳定因素消除在萌芽状态。2017 年以来，共受理法律援助案件 1694 件，人民群众涉法涉诉来信来访 1544 件，排查化解各类矛盾纠纷 7892 起，建州以来从未发生影响民族团结的重大事件或负面舆情。聚焦涉黑涉恶问题突出的重点地区、行业、领域，依法打掉了一批黑恶势力犯罪团伙，及时整治了一些行业乱点乱象，查处了一批"保护伞"，2019 年度怒江州群众安全感满意度调查综合满意率为 96.74%，排名全省第 3 位。推动民族事务治理重心向基层下移，把民族宗教领域和谐稳定目标管理责任制落实到全州 29 个乡镇、92 个重点村（社区）、15 个宗教团体，建立州、县（市）两级领导联系民族宗教代表人士制度，充分发挥代表人士联系各族各界群众的桥

梁纽带作用，及时掌握了解和处置民族宗教领域出现的新情况新问题。深入开展"七五"普法、"法治怒江"建设，社会治安防控体系建设不断健全，群防群治基础不断夯实。全州上下尚法守制、公平正义、诚信文明、安定和谐的法治秩序总体形成。各民族群众同呼吸、共命运的良好氛围逐步形成，平等、团结、互助、和谐的社会主义民族关系进一步巩固和发展。

（五）党的建设贯彻始终，各族干部群众感恩奋进的精气神不断提振

怒江州把民族团结进步创建工作与"三严三实"和"忠诚干净担当"专题教育、"两学一做"学习教育常态化制度化、"不忘初心、牢记使命"主题教育等一系列主题教育活动结合起来，深入开展"自强、诚信、感恩"主题活动，帮助群众摆脱思想贫困、精神贫困；全面开展"感恩共产党、感谢总书记"感恩教育，坚定边疆人民心向党、听党话、感党恩、跟党走的信念；在各级干部中扎实开展"对党忠诚、履职尽责、攻坚克难"专题谈话，增强"四个意识"，做到对标对表、强化思想洗礼，不断锤炼党性。坚持把脱贫攻坚的"主战场"变成检验干部能力和实绩的"大考场"，把想干事能干事干成事的人派去啃最难啃的骨头，让干部特别是少数民族干部在脱贫一线锤炼意志品质、提高能力素质、炼就铮铮铁骨。230名干部在脱贫攻坚一线提拔，2017年以来提拔的少数民族干部占提拔干部总数的80%以上，各级干部贯彻执行民族工作方针政策的能力、驾驭处理复杂问题的能力、做好群众工作的能力不断增强。以"党支部＋产业合作社""党建＋合作社＋贫困户"等产业发展模式发展壮大村级集体经济，发挥新时代农民讲习所、怒江州职教中心、乡镇党校、党群活动场所作用，开展实用技能培训，群众走入学堂学技能、走出学堂上岗位，党组织和广大党员干部已成为各族群众战天斗地的"主心骨""贴心人"。

（六）各族干部群众建设美丽家乡、守护祖国边疆的信念更加坚定

"脱贫只是第一步，更好的日子还在后头。希望乡亲们再接再厉、奋发图强，同心协力建设好家乡、守护好边疆"。全州各族干部群众牢记习近平总书记的嘱托，比进步、促团结、谋发展的热情空前高涨，涌现出大量可歌可泣的感人故事和先进典型。独龙江边境派出所发扬"扎根独龙江，一心为人民"的戍边为民精神，视群众为亲人，投身当地教育、卫生、农业生产等一线，始终把边疆繁荣稳定和群众福祉放在心中的最高位置，2019 年，荣获全国民族团结进步示范单位和全国首批"枫桥式"公安派出所殊荣。全州各族干部群众紧密团结在以习近平同志为核心的党中央周围，高举中国特色社会主义伟大旗帜，牢记嘱托，感恩奋进，只争朝夕，不负韶华，坚定不移贯彻落实习近平总书记对云南的"三个定位"，坚决扛起云南建设我国民族团结进步示范区的怒江责任，持续发扬"怒江缺条件，但不缺精神、不缺斗志"的怒江脱贫攻坚精神和"苦干实干亲自干"的怒江脱贫攻坚作风，同心同德，同向同行，建设好家乡，守护好边疆。坚持摘帽不摘责任、摘帽不摘政策、摘帽不摘帮扶、摘帽不摘监管，着力加大致贫返贫风险防控，健全脱贫巩固长效机制，统筹实施、协调推进脱贫攻坚和乡村振兴战略，推动基础设施和公共服务提档升级，促进乡村产业振兴、人才振兴、文化振兴、生态振兴、组织振兴，厚植发展优势，增强自我发展能力，增强边境影响力和中华文化凝聚力。坚持"党委把方向、政府总协调、军队当骨干、警方抓治理、民众为基础"的原则，加快推进"技防物防人防相结合、一线二线社会面相结合、打防管控相结合、专群力量相结合"的边境立体化防控体系建设，边境管控工作不断巩固加强，军民融合发展深入推进，"党政军警民"亲如一家、同守共建，牢牢构筑维护边境安全稳定的"铜墙铁壁"。

三、怒江州民族团结进步示范创建
工作积累的宝贵经验

怒江在全面深入推进民族团结进步创建工作，积极创建全国民族团结进步示范州过程中，积累了丰富而宝贵的经验。

（一）统一思想、提高认识是深入推进民族团结进步创建工作的前提

思想是行动的先导，只有思想到位，认识到位，才能措施到位，行动到位。为统一全州干部群众的思想，提高全州干部群众对民族团结进步创建工作的认识，怒江州印发了《怒江州创建全国民族团结进步示范州宣传工作方案》《中共怒江州委办公室　怒江州人民政府办公室关于将每年八月份确定为怒江傈僳族自治州"民族团结进步宣传月"的通知》等文件，编印了《习近平总书记关于民族和宗教工作的重要论述摘编》《怒江州创建全国民族团结进步示范州文件汇编》、示范创建应知应会100题等学习宣传材料，并将其纳入各级党委（党组）理论中心组学习计划、党员干部教育培训重要内容，通过学习培训，不断增强干部职工民族团结意识和贯彻执行党的民族政策的自觉性。重点针对青少年、知识分子、信教群众等群体，把民族团结教育贯穿于教书育人全过程，贯穿于宗教活动全过程，宣讲好党的民族宗教政策。结合怒江地域和民族元素，设计了怒江州创建全国民族团结进步示范州标志、宣传海报、宣传折页等宣传资料，在人员密集区域，通过发放宣传材料、举办专题讲座、张贴宣传海报等形式扩大宣传辐射面。同时，充分利用报刊、官方微博、微信公众号、广播、电视等宣传媒介和短视频、宣传片、专访专谈等载体，实现文字、图片、视频全媒体宣传。积极举办"民族团结进步"知识竞赛、演讲比赛、诵读会等活动，推出民族团结进步歌舞公益巡演、百姓大舞台、民族团结摄影展、

书画展等，以通俗易懂、喜闻乐见的方式深化民族团结进步宣传教育，讲好民族团结故事，传播民族团结正能量，努力营造民族团结、社会和谐的良好社会氛围。广泛深入地学习、宣传与教育，极大地提高了全州各族干部群众对民族团结进步创建工作的思想认识和行动自觉。

（二）领导重视、顶层设计是深入推进民族团结进步创建工作的关键

怒江州的民族团结进步创建工作得到了州委、州政府的高度重视，州委、州政府始终站在全州经济社会发展全局的高度，站在脱贫攻坚、全面建成小康社会的高度，多次专题研究民族团结进步创建工作。州委专门下发了《关于在脱贫攻坚中推动全国民族团结进步示范州创建工作的决定》，成立了由州委、州政府主要领导分别担任组长和常务副组长，65 家州级单位主要负责同志为成员的州委民族团结进步示范州建设暨民族宗教工作领导小组，领导小组下设创建全国民族团结进步示范州办公室，组建了州委创建办工作专班，充实了工作力量。各县（市）、乡（镇）、全州各级部门也相应成立了创建工作领导机构和办事机构，形成了党委领导、政府负责、部门实施、社会参与的工作格局。同时，积极推行县（市）委书记、县（市）长和"九进"活动牵头单位主要负责同志月度任务清单的工作措施，把创建工作成效作为各级"一把手"讲不讲政治、敢不敢担当、能不能作为的"试金石"。领导重视、高位推动，保证了民族团结进步创建工作的顺利有效实施。

（三）思路明晰、机制完善是深入推进民族团结进步创建工作的基础

2013 年以来，怒江州先后制定下发了《关于建设民族团结进步边疆繁荣稳定示范州的实施意见》《关于在脱贫攻坚中推动全国民族团结进

步示范州创建工作的决定》《怒江州建设全国民族团结进步示范州规划（2016—2020年）》《怒江州创建全国民族团结进步示范州实施方案（2018—2020年）》等文件，对民族团结进步示范州建设的指导思想、基本原则、主要目标、重点任务、创建步骤、责任单位、保障措施等进行了明确规定。下发了《怒江州创建全国民族团结进步示范州、县（市）及机关、企业、社区、乡镇、学校、教堂、军（警）营、家庭创建标准》《怒江州创建全国民族团结进步示范州"九进"活动工作指引》，明确了全州各层级、各机关企事业单位、社会各个方面示范创建的标准条件、内容任务、职责要求。制定了《州委民族团结领导小组关于建立怒江州民族团结进步示范创建工作四级联创机制等七个机制的通知》，建立了怒江州民族团结进步示范创建四级联创机制、高效联动机制、监督检查机制、考核评价机制、长效激励机制、投入保障机制、氛围营造机制七项工作机制，有效构建了横向联动、纵向衔接、定期会商、运转高效的创建工作格局。四县（市）结合本地实际相应出台了《示范县市实施方案》《"九进"创建标准》《领导小组会议制度》等措施方案。"九进"牵头单位相继下发了"九进"创建实施方案，着力提升创建工作主阵地、主渠道工作效能。明确的工作思路，完善的工作机制，为打赢深度贫困地区脱贫攻坚战与创建全国民族团结进步示范州实现双融合、双推进、双提升奠定了坚实的基础。

（四）培树典型、示范引领是深入推进民族团结进步创建工作的抓手

怒江州委、州政府按照"重点突破、以点带面、示范引领、全面推进"的工作思路，把民族团结进步创建"进机关、进乡镇（村）、进企业、进社区（易地扶贫搬迁安置点）、进学校、进宗教活动场所、进军（警）营、进医院、进家庭"活动作为工作的主阵地和主要抓手。出台《怒江州民族团结进步创建示范单位命名管理办法》，在实现创建全覆盖的基础上，积极培树勤政廉洁、一心为民的"机关"典型，谋求改革发展新成果的"乡

镇"典型,互嵌融合的"社区"典型,热爱民族事业、帮助各族群众发展致富的"企业"典型,将民族团结与校园文化建设相互融合的"学校"典型,走宗教中国化道路的"宗教活动场所"典型,勤劳致富的"家庭"典型,送卫生、化民忧的"医院"典型和军警民"一家亲"的典型。在示范创建实践中,注重总结各族干部群众在党的坚强领导下排除万难谋发展的脱贫经验,讲好怒江州各族儿女守望相助休戚与共的感人故事,宣传好各族干部群众扎根边疆无私奉献的优秀事迹。先后召开了5次全州民族团结进步表彰大会,表彰了在民族团结进步事业中作出突出贡献的125个模范集体和345名模范个人。2019年,命名第一批州级民族团结进步创建示范单位83个。2020年,命名第二批州级民族团结进步创建示范单位231家。全州上下形成了创示范、学模范、争先进、当标兵的良好创建氛围。通过抓示范、树典型,以点带面,点面结合,不断推进全州民族团结进步示范创建工作向纵深发展。

(五)明确责任、加强督查是深入推进民族团结进步创建工作的保障

为切实有效推进全州民族团结进步创建工作,落实落地《怒江州建设全国民族团结进步示范州规划(2016—2020年)》,怒江州委、州政府适时印发了《怒江州创建全国民族团结进步示范州实施方案(2018—2020年)》,对创建任务及职责进行分解,明确主责单位和共同责任单位。同时,根据全州创建工作总体安排,围绕目标任务和时间节点,"正排工序、倒排工期",分级分块层层签订责任书,把任务分解到各县(市)、各部门、各乡镇、各企业等。并把创建工作纳入全州各级党委政府、州级各部门年度目标责任制考核内容,采取"州委创建办常态督查、挂钩联系领导专项督导、领导小组组长和常务副组长重点督办"的"三级督查"模式,不断加大督导检查力度,把责任压实到每一个环节和"神经末梢"。州委创建办先后5次组成工作督导组,对全州四县(市)及州"九进"活动牵头单

位创建工作推进情况进行督查，查摆问题，提出整改意见，有效推动创建工作开展。与此同时，充分发挥各级人大法律监督和工作监督、政协民主监督、新闻媒体舆论监督的作用，定期开展人大代表、政协委员视察调研活动，形成"千斤重担千人挑、人人肩上有责任"的共创局面，不断深入推进民族团结进步示范创建工作。

四、怒江州民族团结进步示范创建典型案例

怒江州在推进全国民族团结进步示范州创建过程中，在面上深入推进的同时，在点上也形成了一批示范典型，这些典型在社会上及广大群众中产生了很好的影响。

（一）怒江州税务局案例：九曲连弹奏响民族团结进步最强音

国家税务总局怒江州税务局在州委、州政府和云南省税务局的坚强领导下，始终牢记"为国聚财、为民收税"的神圣使命，紧扣"中华民族一家亲，同心共筑中国梦"总目标，全面贯彻落实党的民族政策，不断加强各民族交往交流交融，多形式开展民族团结进步教育活动，谱写了税收与民族团结进步融合奋进的"和谐曲"。

1.健全工作机制，奏响民族团结进步"制度曲"

成立怒江州税务局民族团结进步创建工作领导小组，制定民族团结进步工作实施方案，把创建工作纳入重要议事日程，定期召开专题会议研究安排创建工作。2018年以来，共召开民族团结进步创建动员大会3次，专题会议6次，累计安排创建工作经费16万元，为全面深入持久开展民族团结进步示范创建工作打牢基础。

2.突出党建引领，奏响民族团结进步"奋进曲"

充分发挥党建引领效能，以"党建＋扶贫""党建＋民族""党建＋边疆""党建＋国门"为载体，打造"学习先锋、执法先锋、服务先锋、文化先锋、创新先锋、扶贫先锋"为主要内容的"峡谷情怀、怒税先锋"特色党建品牌。在怒江税务微信公众号持续推出先进典型人物系列报道，展示怒江税务人扎根边疆、无私奉献的正能量。2016年被怒江州直机关工委授予"边疆民族地区基层党组织政治引领功能示范点"，局机关党委连续两年在年度党建目标责任制考核中被评为优秀，第一党支部被省局表彰为"优秀基层党组织"，两名党员分别被省局表彰为"优秀共产党员"和"优秀党务工作者"。

3.夯实思想基础，奏响民族团结进步"同心曲"

坚持把习近平总书记关于民族工作的重要论述纳入党委理论中心组学习和干部职工教育的重要内容，印制《习近平总书记关于民族和宗教工作的重要论述摘编》《国家税务总局怒江州税务局创建全国民族团结进步示范单位应知应会手册》1000余册，组织干部职工开展民族团结进步知识测试，并将测试结果纳入绩效考核，营造浓厚的学习氛围，增强干部职工贯彻执行党的民族政策的自觉性，民族团结进步示范创建工作知晓率、参与度不断提高。

4.强化依法治税，奏响民族团结进步"便民曲"

全面学习贯彻落实宪法和民族区域自治法，树牢"严格、规范、公正、文明"执法理念，深入开展税企座谈会、政策宣讲会、税法知识进校园、纳税人学堂、税收公益广告等丰富多彩的宣传活动和便民办税春风行动。制定优化营商环境11项行动，在各办税服务厅均设立民族语和普通话"双语"服务窗口。整合"一部手机办税费"、智能咨询等7大类33项服务，实现"一个入口、尽享服务"的掌上办税。2019年助力19户诚信企业贷款 1026 万元，在 2019 年民营企业评价政府职能部门工作中，怒江州税务系统排名全州第一。

5. 落实减税降费，奏响民族团结进步"惠民曲"

以群众喜闻乐见的传统乐器"起奔"，创作《减税降费红利享　边疆人民心向党》宣传视频，通过税收宣传小分队深入怒江峡谷村寨和集市宣传减税降费优惠政策和城乡居民基本养老保险和城乡居民基本医疗保险，推广运用怒江农行"缴费易"机具、手机 APP 等平台开展城乡居民"两险"征缴，实现足不出户、人不出村就能成功缴纳城乡居民"两险"。2019 年，全州共征收城乡居民"两险"9047.65 万元，共 63.4 万人次，其中通过"缴费易"机具成功缴费 53.03 万笔，征收 7185.36 万元，占比达到 84%，实现了城乡居民"两险""无现金"征收，有效降低了缴税（费）成本，广大纳税人和缴费人实实在在享受到了减税降费的"红利"。

6. 热心志愿服务，奏响民族团结进步"暖心曲"

组建党员先锋队、志愿服务队和青年突击队，大力开展"民族一家亲、中秋庆团圆""金秋助学""重阳敬老""感党恩、促脱贫、树新风"等主题实践活动，弘扬扶贫帮困、助人为乐的优良传统，不断增强各族群众的获得感和幸福感。2018 年以来，共组织开展志愿服务活动 22 次，参与人员 600 多人次。

7. 注重典型引领，奏响民族团结进步"感召曲"

把精神文明建设工作同税收中心工作结合起来，定期开展文明家庭、民族团结进步先进集体和先进个人评选表彰，组织开展"祖国奋进七十载、峡谷风雨铸税魂"文艺晚会、"红心向党、致敬国旗"、"我心中的中国税务精神"主题演讲比赛，文明创建工作感召力、领导力、影响力得到全面增强，极大激发税务干部干事创业的热情，涌现出"全国税务系统先进工作者"五二文等一大批先进典型。

8.倡导廉洁从税，奏响民族团结进步"清廉曲"

以落实"两个责任"为抓手，坚定不移的推进全面从严治党和党风廉政建设工作向纵深发展。拓宽外部监督渠道，聘请党风廉政建设和减税降费特邀监督员 12 人。深入开展"明法纪　树清风"专题警示教育和"树优良家风　创和谐税风"为主题的家庭助廉活动，筑牢干部职工思想防线，增强拒腐防变能力。2018 年以来，组织开展 13 次廉政主题警示教育活动，参加 856 人次。

9.聚力脱贫攻坚，奏响民族团结进步"发展曲"

2018 年以来，州局选派 41 名优秀干部驻村攻坚，96 名干部挂联 384 户建档立卡贫困户，暖心入户、帮扶到人。州局领导多次下沉一线研究、推进产业发展，累计投入扶贫资金 287.37 万元，大力发展阿克鸡养殖，羊肚菌、花椒、草果种植等 45 个扶贫项目。2019 年，州局机关被州委州政府表彰为"扶贫先进单位"，4 名个人被评为省、州优秀驻村扶贫工作队员。

（二）中国农业银行怒江分行案例：用心结"穷亲"，出力拔"穷根"，"9＋扶贫"暖人心

自 2016 年怒江州启动全国民族团结进步示范州创建工作以来，农行怒江分行在州委州政府的带领下，紧紧围绕铸牢中华民族共同体意识这一根本任务，准确把握新时代民族工作和创建工作的主题、主线，团结全州各族同胞，以脱贫攻坚为抓手推动民族团结进步创建工作，以怒江州情为布，以中央的政策要求为线，以"一行一策"为针，着实下了一番"绣花"的苦功夫，构筑了一幅有声有色的"9＋扶贫"图。

1. 党的建设与脱贫攻坚"双推进"，构建"党建＋扶贫"模式

深入开展基层党建与脱贫攻坚"双推进"，把建强基层党组织建设作为打赢打好精准脱贫攻坚战的总抓手，强化金融扶贫"一把手"负责制，以加强党的建设带动脱贫攻坚各项任务全面落实。一是配强支行班子强力抓脱贫。把最优秀的人才放到脱贫攻坚最前线接受锤炼，四个县（市）支行班子中，百分之百的成员都是中共党员，国民教育大学本科以上学历占比 78%。同时建立帮扶机制，怒江分行党委带头，二级分行党委班子成员每人至少挂钩帮扶 1 个县支行，着力提升帮扶支行金融扶贫能力。二是建优县域青年英才队伍奋勇战脱贫。不断选先建优，为脱贫攻坚培养一批批青年才俊，放到各民族同胞最需要的地方。选好驻村工作队员精准带脱贫。抽调经验丰富、熟悉民情、懂民族语言、精力旺盛的干部进驻各县（市）支行扶贫点开展工作，一心一意改善民生，让各族群众的钱包越来越鼓、生活越来越富、心情越来越舒畅。

2. 不断延伸服务网络，构建"渠道＋扶贫"模式

为解决怒江州各族群众居住分散，出行不便，长期享受不到现代化便捷金融服务的难题，农行怒江分行在各级监管部门的指导帮助下，持续构建"物理网点＋自助银行＋惠农金融服务点＋互联网金融平台""四位一体"的"惠农通"渠道服务体系，在全国最贫困的地方把国有大型商业银行的优质金融服务供给最需要的贫困群众。一是不断扩大覆盖面。积极打造"金穗惠农通服务点"，在全州着力打通农村金融服务"最后一公里"。截至 2020 年底，全州共设 347 个惠农支付服务点（其中新增 54 个安置点普惠金融服务站），做到对所有行政村的服务覆盖后，进一步提升助力脱贫攻坚易地搬迁群众"搬得出、稳得住、能发展"能力。二是在贫困乡镇增设人工物理网点，2019 年新增设上江支行和营盘支行，2020 年又积极筹建福贡上帕支行和贡山丙中洛支行。同时，大力推行移动智能设备和流动金融服务车的运用，进一步实现农行全方位延伸金融服务网络，为打赢

脱贫攻坚战修好金融桥、铺好金融路。三是搭建线上线下消费扶贫渠道，加大互联网金融产品的推广应用；深入开展消费扶贫，依托农行东西部行协作扶贫机制，举办消费扶贫展销会，鼓励员工购买扶贫产品等，不断助推消费扶贫。截至 2020 年 9 月，成功销售怒江州扶贫产品 860 万元，有效带动了怒江州 4353 户建档立卡贫困户。

3. 破解怒江州脱贫攻坚初期基础设施薄弱的瓶颈，构建"基建＋扶贫"模式

面对怒江州基础设施薄弱的现状，农行怒江分行围绕交通主干道路建设项目、社会事业领域重大工程项目以及能源、水利等基础设施建设"瓶颈"着力，帮助补齐经济社会发展的短板。一是助力地方路网建设。2015 年以来累计投放基础建设贷款 24.8 亿元，支持公路、村容整治，惠及怒江州农村百姓。二是支持农村电网改造。大力扶持农村水电开发，以农村电网改造为精准扶贫重点，助力脱贫攻坚。2015 年以来全州累计发放农网改造相关贷款 30000 万元。有效改善了怒江州各族群众生产生活的用电条件，推动贫困群众精准脱贫。三是改善人居环境。依托县域机构和专业化优势积极争取了易地扶贫搬迁资金的发放和管理，全流程免费为易地扶贫搬迁贷款提供全方位的金融服务。累计发放 4035 笔易地扶贫搬迁贷款，金额 18033 万元，帮助贫困农户实现易地搬迁安置。携手国家开发银行云南省分行、国家发展银行云南省分行，代理支付泸水市、福贡县棚户区（城中村）改造等项目，截至 2019 年末，累计支付棚户区改造项目货币化补偿款 3090 户、金额 104147 万元。

4. 变"输血"为"造血"，构建"产业＋扶贫"模式

产业增收是脱贫攻坚的主要途径和长久之策，农行怒江分行着力培育种养业、特色资源、能源开发等带动脱贫效应最直接、最广泛的优势产业。一是着力支持特色农业发展。通过农户小额贷款、农村个人生产经营贷款、创业担保贷款等多种形式重点支持了中华蜂养殖、重楼、草果、羊

肚菌、核桃种植等特色农业产业发展。截至 2019 年末，累计投放产业精准扶贫贷款 23.71 亿元。二是着力支持特色资源开发。累计对拥有亚洲最大铅锌矿床开采权的云南金鼎锌业有限公司投放 73.44 亿元，用于该特色资源的项目开发，通过提供就业、产业延伸等方式，有效带动周边贫困户增收脱贫。三是着力支持怒江州水电建设开发。截至 2019 年末，全州共投放水利水电项目贷款共计 34.23 亿元，精准带动了周边贫困人口，为其提供服务，助其精准脱贫。

5. 着力激发内生动力，构建"扶志＋扶贫"模式

扶贫要先扶志，只有激发深度贫困地区各族群众的脱贫内生动力，才能真正实现民族共同繁荣。为此，农行怒江分行不断深入贫困群众中，开展帮教、宣讲，帮助他们建立信心、树立志气，激发内生动力。一是组织人员上山下乡，开展外出务工人员培训，全力以赴推广多种精准农户贷款产品；为让各民族同胞更好地了解有关政策，制作双语宣传折页、语音迅播等宣传资料。二是针对建档立卡家庭大学生，设立专场招聘，切实解决就业问题。三是创新推出"产业链＋农户""整村推进＋多户联保""致富带头人＋林、地权抵押"以及"扶贫贴息＋农户"等多种精准农户贷款产品，发展种养业，支持贫困地区村民自主"造血"。2016 年以来累计发放个人精准扶贫贷款 13894.6 万元，其中，针对建档立卡贫困户发放贷款 4844.35 万元。多措并举，帮助各族同胞建立信心，树立志气，激发内生动力。

6. 阻断贫困代际传递，构建"扶智＋扶贫"模式

为阻断贫困代际传递，农行怒江分行通过捐资建校、捐资助学、打造征信教育基地等方式助力脱贫攻坚，推进斩断贫困"根"、铸牢中华民族共同体意识工程。一是积极捐资建学校，农行怒江分行先后资助 190 万元，帮助修建位于福贡县腊乌村的中国农业银行（腊乌）希望小学和丙中洛中学。二是加快推进农村信用体系建设，积极打造征信教育基地，将泸

水市古登乡中心完小建成征信知识普及教育实践基地，通过落实农村信用体系推广应用来解决农民和农村中小企业贷款难问题，加大金融精准扶贫。三是开展捐资助学活动。一方面配合总行中国青少年发展基金会，开展"金穗圆梦"深度贫困地区大学生助学活动，已先后向怒江州近百名困难学生捐资 96.5 万元。另一方面，积极开展农行怒江分行"圆梦助学"活动，帮助帮扶挂联村在校大学生解决上学期间生活困难问题，截至2020 年 9 月，已筹集资金 42600 元，帮助了 7 名在校大学生。

7. 发挥金融优势，助力健康脱贫，构建"健康 + 扶贫"模式

发挥金融力量，助力健康脱贫，加大力度支持当地政府"补短板"，完善健康工程。一是在山高路险，沟壑纵横的峡谷怒江州为各族群众打造足不出村即可"零距离"缴费、"零时差"确认参保权益、"零风险"保障资金安全和"零成本"增加征收力量的便民服务。截至 2020 年底，全州50 余万各族同胞均享受到了便捷缴费渠道带来的福利。二是投入全行力量积极配合各级社保部门推进社会保障"一卡通"建设，主动走进机关、社区、农村开展发卡、激活服务，为怒江州各族干部群众节约数千万元金融社保卡制卡费和年费等。三是大力支持医保系统建设。投资 149 万元整合建设怒江州城乡居民基本医疗保险信息系统；捐赠 100 万元助力泸水市易地扶贫搬迁安置点医疗建设项目和易地扶贫搬迁安置群众实训技能培训提升工程。四是为全州 55 万城乡居民提供"互联网 + 医保"的益民服务，给各族群众参保登记、缴费和就医带来更多便利。

8. 在助力怒江州扶贫开发和生态保护双推进中，构建"生态 + 扶贫"模式

绿水青山就是金山银山。农行怒江分行通过大力支持发展生态产业、创新生态扶贫等方式，在助力怒江州扶贫开发和生态保护双推进中，写下浓墨重彩的篇章。一是结合怒江州生态脱贫工程，依托怒江州林业资源优势发展"绿色产业"，推出绿水青山管护惠农 e 贷、草果贷、护边贷、花

农贷、草莓贷等"惠农 e 贷"系列产品，采用"政府风险补偿基金＋农户"方式，对符合条件的建档立卡贫困户进行放贷。截至 2019 年末，已成功导入白名单 4344 户，预授信 1.91 亿元，投放惠农 e 贷累计 801 笔，金额 3710.5 万元，帮助 801 户家庭逐步实现脱贫致富。二是举办旅游创客金融知识普及培训会，引导农家乐（旅馆）和农民走产业化发展之路。

9. 为脱贫攻坚提供新动力，构建"创新＋扶贫"模式

把最新的金融创新成果及时引用到怒江州，为脱贫攻坚提供科技赋能。量身定制各类"惠农 e 贷"系列产品，帮助近千个建档立卡贫困户家庭走上了逐步能致富的新路子。先后创新推出惠农支付服务点信息引荐制度、一行一策、农担贷款等方式，助推金融扶贫走上新征程。

（三）泸水市维拉坝珠海社区案例：城乡融合治理与民族团结进步"双推进""双丰收"

"维拉坝"是傈僳语，直译为蝙蝠坪，蕴意为"有福之地"。维拉坝珠海社区于 2016 年 10 月开工，2018 年 11 月建成，总投资 1.89 亿元，辖 10 个居民小组 912 户 2806 人，少数民族人口 889 户 2744 人，占总人口的 97.79%，傈僳族占少数民族总人口的 99.99%；易地扶贫搬迁群众 741 户 2348 人（建档立卡 604 户 1900 人），分别来自泸水市大兴地镇和称杆乡的 52 个自然村。

1. 加强领导，强化机制

成立以社区党支部书记为组长的创建工作领导小组，安排专人分别负责组织联络、谈心交心、解困帮扶、对点服务、宣传发动等工作，把示范创建工作与日常工作同安排、同检查、同考核，着力构建共居、共学、共事、共乐的互嵌式社区环境，形成"人人抓创建、事事有落实"的工作格局。

2. 创新载体，强化宣传

切实开展宣传发动，搭建居民与居民之间、居民与周边村民之间、居民与外来各界人士之间的交流平台。制作多条永久性标语、多面宣传专栏，充分利用高音喇叭、黑板报、座谈会、知识讲座等形式，有重点、分层次地向广大人民群众、中小学生宣传民族团结工作的重大意义；牢牢把握信息时效性，及时编辑简报并发送至"怒江文明""怒江安置点宣传""摆时之乡"等新媒体平台，所编写的简报信息多次被州指挥中心采用，云南日报和新华社云南分社记者也多次到社区采访。社区充分利用元旦节、儿童节、建党节、建军节、中秋节、国庆节、傈僳族"阔时节"、白族"尚旺节"等节日组织开展民族团结进步文化宣传。

3. 推动发展，激发动力

始终坚持"全面小康，决不让一个民族群众掉队"的思想，提升各族群众生活幸福指数。铁核桃巾帼扶贫车间均为少数民族女性，建立于2018 年11 月，现有员工52 人，解决了家庭存在特殊困难不能外出务工妇女的就业问题。成立于2019 年的数据线加工扶贫车间为居民提供了125 个就业岗位，在车间上班的也多为女性，实现了"要我脱贫"向"我要脱贫"的转变。

4. 党建引领，共建共治

推进社区网格化管理，建设温馨之家、幸福之家、发展之家，营造浓厚的"入住新家园、过上新生活、步入新起点"的氛围。评选出"民族团结示范户""卫生家庭示范户""十星级文明示范户""最美家庭示范户""善行义举人物"等，使新区群众在潜移默化中树立新观念。每周一进行升国旗仪式，优秀党员、文明家庭、脱贫能手等先进模范个人发表国旗下讲话，与普通群众作经验交流，培养群众的爱国爱党情怀。

（四）贡山县茨开社区案例："五个结合"推进民族团结进步建设全覆盖

自开展民族团结示范社区创建活动以来，茨开社区始终将民族团结工作放在讲政治的高度，坚持民族平等和民族团结的原则，促进各民族"团结、进步、发展"，得到了社区各族居民的认可与好评。

1. 坚持"五个结合"，统筹推进示范创建工作

开展民族团结进步示范创建活动中，茨开社区坚持做到"五个结合"，即创建活动与维护民族团结、社会治安稳定结合，与爱国主义教育和做守法公民结合，与创建平安社区、和谐社区结合，与扶贫帮困、解决少数民族具体困难问题结合，与创建模范社区和创建环境优美社区结合，做到民族团结进步示范创建工作同其他工作同部署、同检查、同考核，使民族团结进步示范创建活动更贴近实际、贴近生活、贴近群众。创建工作开展以来，茨开社区多方联动，多次为辖区内居民送温暖，多次慰问社区居民贫困户、残疾户、困难党员，认真组织开展民主评选"五好家庭""民族团结进步示范户""平安家庭"等活动。

2. 层层联动，确保多主体共创共建共享

民族团结进步示范创建活动是一项系统工程，茨开社区各组组长、居民、各行各业人士紧密配合、共同推进，充分发挥职能作用，形成各负其责、共同奋进的工作合力。自创建活动开展以来，社区党总支与社区分管干部、宗教人士、网格长、信教群众签订民族团结示范创建工作责任书100余份，签订"远离非法宗教活动"公开承诺书600余份，签订了"共产党员不信教承诺书"40份，明确目标和责任，做到民族团结进步示范创建工作多主体参与，共创、共建、共享。

3. 以党日活动为抓手，加强民族团结进步宣传教育

为进一步巩固辖区各民族居民平等、团结、互助的民族关系，社区各党支部坚持每月党日活动，组织党员讲好自己身边自觉维护民族团结、反对民族分裂、各族居民互帮互助、团结友爱的典型事例和感人事迹，营造各族居民讲团结的氛围。社区党总支部开展以"各民族共同团结奋斗，共同繁荣发展"为主题的主题党日活动，按照"6 + X"流程，通过学习民族团结相关政策知识、讲民族团结小故事、观看民族团结电教片、上民族团结党课等方式，进行民族团结宣传教育，通过活动提高社区党员维护民族团结的自觉性，为维护社会稳定奉献力量。

4. 以重要节日为契机，开展丰富多彩的民族团结文艺活动

茨开社区成立了社区文艺队7队，结合民族团结教育活动，在"三·八"妇女节、"六·一"儿童节、"七·一"建党节、"八·一"建军节（军民共建）、"十·一"国庆节等节庆期间，组织社区居民、社区文艺队开展文艺汇演。通过一系列的文艺活动，搭建民族团结文化平台，弘扬民族文化，丰富少数民族群众的精神生活，促进各族群众的交流、交往、交融，促进民族团结，增进民族友谊。

5. 坚持宣传内容和形式多样化，营造民族团结的良好氛围

通过发放宣传手册、悬挂横幅标语、LED电子屏滚动播放、集中培训、自主学习等方式，组织居民学习习近平新时代中国特色社会主义思想、党的民族宗教政策理论、民族发展历史及宗教演变的历史等知识；有计划、有组织地在党员、居民中开展民族团结的研讨、知识问答、知识测试等活动；组织观看民族团结系列电教片，引导社区党员、居民进一步认清分裂主义的本质和危害，分清是非界限和敌我界限；组织开展"民族团结进步示范进社区""妇幼亲子活动""青年志愿服务"等文化宣传活动。通过形式多样的宣传活动，加大宣传教育力度，引导居民全面正确地理解

党的民族政策，增强反对民族分裂，维护祖国统一，维护社会稳定的自觉性和坚定性，营造民族团结的良好氛围。创建工作开展以来，社区领导班子坚持每季度召开会议，研究民族团结工作 2 次以上，共召开民族团结大会 12 次；共张贴民族团结标语 35 条，发放各类宣传单 1000 余份。

（五）通甸镇典型案例：全国民族团结进步示范建设标杆乡镇

通甸镇位于云南省大理、丽江、迪庆、怒江四地州结合处，是兰坪白族普米族自治县的"东大门"。全镇国土面积 521.33 平方公里，耕地面积 42858 亩，林地面积 59.4 万亩，森林覆盖率 69.9%。下辖 13 个村委会、1 个社区、123 个村民小组、88 个自然村，6020 户 24767 人，其中农业人口 21971 人。居住着白族、普米族、傈僳族、彝族等 11 个民族，少数民族占总人口的 96.8%，是云南省民宗委命名的"省级民族团结进步示范乡镇"，多民族涉藏乡镇的典型代表，2019 年荣获"全国民族团结进步先进集体"称号。

1. 完善体制机制，提供制度保障

通甸镇始终坚持把民族团结进步创建摆上重要议事日程，加强组织领导，统筹协调推进。一是健全工作体系。成立了以镇党委书记为组长、镇长为副组长的民族团结进步示范建设工作领导小组，结合通甸实际，制定了民族团结进步示范创建方案，把创建工作纳入坚决打赢深度贫困脱贫攻坚战、全面建成小康社会重点工作，做到同步规划、同步部署、同步推进，为全镇民族团结进步活动的深入开展奠定了组织基础。二是巩固基层基础。强化基层党组织建设，选优配强各村党组织主要负责人，始终以党建引领推动各项工作，全面加强党对民族宗教工作的领导，充实乡镇、村（社区）民族宗教工作专兼职人员。三是提高政治站位。全镇上下深入学习贯彻习近平新时代中国特色社会主义思想和党的十九大精神，深入学习习近平总书记关于民族工作的重要论述，强化党委政府的主体责任，增强

全镇干部群众守护民族团结生命线的共同责任，推动党政主导、共建共享，形成共同推进民族团结进步创建工作良好社会环境。

2.抓实脱贫攻坚，打牢团结基础

通甸镇始终牢记习近平总书记"全面建成小康社会，一个民族都不能少"的重要指示，坚持精准扶贫、精准脱贫方略，瞄准贫困村和建档立卡贫困人口，认真落实好中央和省委给予的差别化政策措施。认真组织完成通甸镇镇、村两级脱贫攻坚规划，2018—2020 年"三区三州"深度贫困项目规划，普米族整族帮扶规划和三峡集团对口帮扶规划等多个扶贫规划，规划资金 8.7 亿元。举全镇之力推动建设兰坪通用机场、维通二级公路项目、罗古箐普米风情小镇等重大建设项目。镇党委政府积极探索产业发展新模式，引导发展本地特色畜禽、高原蔬菜、高山花卉、中药材等，引进培育了瑞源高原特色农业、萱萱玫瑰种植、科创万羽蛋鸡养殖、滇药天麻种植等潜力较好的种养企业，鼓励镇内各企业（合作社）采取群众土地入股、产业扶持资金入股、吸纳劳动力等方式，有效解决少数民族建档立卡贫困户持续增收问题。

3.加强宣传教育，筑牢团结意识

通甸镇是省委命名的"兰坪革命老区核心区""爱国主义教育基地"，有浓厚的革命气息和红色基因。依托深厚的历史文化，把深化民族团结进步宣传教育作为重点，进行广泛深入的爱国主义教育和民族团结教育。2017 年，通甸小学被评为全国第一所普米族红军小学。依托全国第七批国家级文物保护单位玉水坪古人类遗址，国家级非物质文化遗产龙潭村普米族"蹉搓"、省级非物质文化遗产"四弦舞乐"、黄松村委会"割肝救父"孝道文化等文化艺术，弘扬民族团结正能量。利用通甸镇武装暴动纪念活动、"白族二月会"、"普米族吾昔节"、"普米族情人节"等节日开展群众性活动，普及民族政策和民族知识。抓实农村文明素质提升活动，制定符合各村实际、群众认可的村规民约，成立"红白"理事会带村风促民风，打造村（社区）活动场所，兴建各村农民讲习所、民间文艺队、道德讲坛等，加强农村道德教育、培育文明新风。八十一社区被评为怒江州州级文明社区，黄松村委会连续六届被评为省级文明村，2019 年又入选第三批中国传统村落名录。

4. 加强依法治理，维护地方稳定

通甸镇全面宣传贯彻落实宪法、民族区域自治法、宗教事务条例、自治州条例、自治县条例等，依法保障各民族公民合法权益。结合"扫黑除恶"专项斗争，开展平安建设宣传下乡进村活动，做好矛盾纠纷排查调处，做好敏感时期及特殊时段维稳工作，有效摸排调处各类不稳定因素，近年来通甸镇没有赴省进京上访事件发生，没有涉及民族宗教因素群体性事件发生。接待群众来访咨询、办理群众来信来访，群众满意率 100%。以"五进五好"引导宗教、信教群众与社会主义建设相适应，加强对藏传佛教场所和人员管理。在镇综治中心建设了反邪教警示基地，成立了镇反邪教协会，编印了反邪教知识宣传手册，深入村寨、学校等进行反邪教宣传教育，形成社会、家庭、学校相结合的反邪教警示大氛围，为进一步开展创建通甸镇"无邪教乡镇"奠定了坚实的基础。

5. 树立典型亮点，推进示范作用

根据云南省实施第三轮"十县百乡千村万户示范创建工程"，结合"怒江花谷"建设、人居环境提升、"四城同创"、"两违"整治、美丽乡村建设等行动，深入开展民族团结进步"进乡镇（农村）"，以建设"民族团结进步示范乡镇""民族团结进步示范村""美丽乡村""民族特色村寨"为载体，将创建工作与精准扶贫、乡村振兴、基层组织建设有机结合，引导通甸镇各族干部群众参与到创建活动中。通甸镇着力打造民族特色乡镇，德胜、罗古箐、八十一少数民族特色村，河边村委会北松园民族团结进步示范村，下甸村委会全国人居环境保障基本示范村等一批类型多样、各具特色、具有标杆性的示范典型，示范引领各民族发展进步。

本章作者

中国人民大学理学院心理学系　陈立鹏教授

中国人民大学理学院心理学系　胡平教授

中国人民大学社会与人口学院人类研究所　赵旭东教授

第六章 深度贫困地区抓党建促
脱贫攻坚的怒江经验

党的十八大以来，以习近平同志为核心的党中央从全面建成小康社会要求出发，把扶贫开发工作纳入"五位一体"总体布局、"四个全面"战略布局，为实现第一个百年奋斗目标的重点任务，作出了一系列重大部署和安排。党的十八届五中全会提出了脱贫攻坚的基本方略，全面打响脱贫攻坚战，脱贫攻坚力度之大、规模之广、影响之深，前所未有。

云南省怒江傈僳族自治州是国家层面的深度贫困地区，是国家重点支持脱贫攻坚的"三区三州"之一。2014年底，全州贫困发生率高达56.24%，下辖四个县（市）均为国家级贫困县，贫困程度之深居全国之首，是全面建成小康社会最难啃的"硬骨头"。习近平总书记一直高度重视怒江州的社会经济发展：2014年1月，习近平总书记致信祝贺独龙江公路高黎贡山隧道贯通；2015年1月，习近平总书记在云南考察时接见怒江州少数民族干部群众代表，提出了"全面小康，一个民族都不能少"的重要论断；2019年4月10日，习近平总书记给贡山县独龙江乡群众回信，祝贺独龙族实现整族脱贫，勉励独龙族人民群众建设好家乡、守护好边疆，努力创造更加美好的明天；2020年3月6日，在决战决胜脱贫攻坚座谈会上，习近平总书记专门听取了怒江州脱贫攻坚工作汇报。习近平总书记的"一次会见、两次回信、一次听取工作汇报"，坚定了怒江州打赢深度贫困脱贫攻坚战的信心、决心。到2019年末，怒江州累积脱贫22.35万人，贫困发生率从56.24%下降到10.09%，贡山县实现脱贫摘帽。到

2020 年 6 月，怒江州建档立卡贫困人口全部达到"两不愁三保障"脱贫标准。2020 年 11 月 13 日，泸水市、福贡县、兰坪县已达贫困县退出标准，退出贫困县。怒江州如期实现脱贫摘帽。千百年来压在怒江州各族人民头上的贫困大山被彻底搬开，怒江州实现了从区域性深度贫困到区域性整体脱贫的千年跨越。

习近平总书记指出，"抓好党建促脱贫攻坚，是贫困地区脱贫致富的重要经验"，并强调"要把夯实农村基层党组织同脱贫攻坚有机结合起来"①。习近平总书记就抓党建促脱贫攻坚作出的一系列重要指示批示，为怒江州打赢脱贫攻坚战提供了强大的思想武器和根本遵循。怒江州认真学习、深入贯彻习近平总书记重要指示批示精神，推动各级党委切实担负起抓党建促脱贫攻坚的政治责任，为决战决胜脱贫攻坚提供了坚强组织保证。

在脱贫攻坚的伟大实践中，怒江州坚持高位推动与基层支持相配合、制度优势与治理效能相统一、传导压力与激发动力相结合、政策宣传与讲好故事相协调的原则，固本强基，助力脱贫。坚持同步谋划、同向发力、同时考核、同期提高，实现基层党建与脱贫攻坚"双推进"，走出了一条以党建为龙头，抓班子强队伍，树导向增活力，实现整体脱贫的新路子，形成了一套完备深刻、丰富全面、系统充实的脱贫攻坚经验体系。

怒江州抓党建促脱贫攻坚不仅是习近平新时代中国特色社会主义扶贫战略思想的生动实践，更为全球尤其是发展中国家的脱贫事业贡献了具有中国特色的怒江方案和怒江智慧。

一、怒江州脱贫攻坚实践中的党建工作总体情况

怒江傈僳族自治州是边境集中连片贫困地区和深度贫困地区的典型代

---

① 《习近平关于社会主义经济建设论述摘编》，中央文献出版社 2017 年版，第 227 页。

表。习近平总书记曾强调："脱贫攻坚本来就是一场硬仗，而深度贫困地区脱贫攻坚是这场硬仗中的硬仗。"① 总体来看，怒江州具有自然生存环境恶劣、致贫原因复杂、基础设施和公共服务缺口大等深度贫困地区共性问题，又集边疆、山区、宗教、"直过"、民族等特殊因素于一体。因此怒江州的贫困发生率远高于全国平均水平，区域型贫困、整体型贫困、条件型贫困、素质型贫困并存，脱贫攻坚任务的复杂性、艰巨性尤为突出，怒江州被称为全国脱贫攻坚的"上甘岭"。

怒江州脱贫攻坚战打响以来，自治州州委坚持"围绕扶贫抓党建，抓好党建促脱贫"工作思路，找准党建与扶贫工作的结合点，坚持不懈抓基本组织、基本队伍、基本活动、基本制度、基本保障，推进基层党支部规范化建设的同时，着力加强对软弱涣散基层党组织的整顿力度。

（一）总揽全局，总体谋划，构建抓党建促脱贫攻坚工作部署

2015 年 11 月 27 日举行的中央扶贫开发工作会议吹响了脱贫攻坚冲锋号，习近平总书记在会上明确指出："越是进行脱贫攻坚战，越是要加强和改善党的领导。"② 脱贫攻坚是全面建成小康社会的头等大事和第一民生工程，组织领导则是推进贫困治理体系和治理能力的根本。怒江州委、州政府深入学习习近平新时代中国特色社会主义思想和习近平总书记对云南、对怒江州工作重要指示批示精神，深刻认识到党的建设伟大工程是打赢脱贫攻坚战的重要保障。怒江州委充分发挥总揽全局、协调各方的领导核心作用，围绕脱贫攻坚统筹谋划，对抓党建促脱贫攻坚作出一系列安排，使工作有方向、有目标、有抓手。

怒江州委坚持把学习贯彻习近平新时代中国特色社会主义思想作为首要政治任务，推动广大党员、干部全面系统学习《习近平扶贫论述摘编》，

---

① 习近平：《在深度贫困地区脱贫攻坚座谈会上的讲话》，人民出版社 2017 年版，第 7 页。

② 《习近平关于社会主义经济建设论述摘编》，中央文献出版社 2017 年版，第 225 页。

跟进学习习近平总书记在决战决胜脱贫攻坚座谈会、"两次考察云南"和对怒江州"一次会见、两次回信、一次听取工作汇报"重要讲话、重要指示精神。坚持以习近平总书记关于扶贫工作重要论述为根本遵循，坚决落实党中央决策部署，把增强"四个意识"、坚定"四个自信"、做到"两个维护"落实到脱贫攻坚具体行动中。怒江州委把打赢深度贫困脱贫攻坚战作为首要政治任务和头等大事、头号工程，坚持以脱贫攻坚统揽经济社会发展全局，聚焦"两不愁三保障"，狠抓责任落实、政策落实、工作落实。

怒江州委高度重视、高位推动脱贫攻坚工作。在党中央"精准扶贫"方略的指导下，在《云南省脱贫攻坚规划（2016—2020)》、《云南省全面打赢"直过民族"脱贫攻坚战行动计划（2016—2020)》、《云南省全力推进迪庆州怒江州深度贫困脱贫攻坚实施方案（2018—2020年)》等纲领性文件的指引下，怒江州出台了一系列脱贫攻坚工作实施方案：2017年8月，怒江州委八届三次全会作出《关于大力加强基层党组织建设带领群众坚决打赢深度贫困脱贫攻坚战的决定》和《怒江州深度贫困脱贫攻坚规划（2017—2020年)》，对围绕脱贫攻坚抓实基层党建、抓好基层党建助推脱贫攻坚作出全面安排。在脱贫攻坚主战场坚决打赢疫情防控阻击战和深度贫困歼灭战两场战役的关键时刻，怒江州委、州政府决定从2020年2月20日到5月30日，用100天时间在全州范围内迅速打响怒江州深度贫困"百日歼灭战"，坚决向深度贫困发起最后冲刺，确保如期高质量全面完成脱贫任务和全面建成小康社会目标。

怒江州委大力推动落实基层党建工作责任清单制度，每年制定州委常委、县（市）党委以及州委各工委书记抓基层党建责任清单，将抓党建促脱贫攻坚列为重点述职内容，州委常委会至少专题听取1次责任落实情况，进一步推动抓党建促脱贫攻坚各项任务落实落地。

习近平总书记2020年1月21日在考察云南时强调，要聚焦深度贫困地区，聚焦工作难度大的县乡村，按照"五个一批"的办法，强化分类指导、挂牌督战，着力攻克最后的堡垒。怒江州在2018年初便着手建立州委常委督战脱贫攻坚制度，成立4个督战组推动工作落实，充分发挥党建引领作用。全州 33 名厅级领导干部全部挂包到乡镇，453 个州县单位挂包行政村，35 名州级领导、58 名县（市）处级领导对剩余贫困人口超过500 人或贫困发生率超过 10% 的 57 个重点村实行挂牌督战；20 名州级领导对全州 19 个千人以上的易地扶贫搬迁集中安置点实行挂牌督战。2018年 6 月起怒江州开始实行领导干部下沉驻村抓基层党建和脱贫攻坚"五个一"工作机制，即厅级领导干部、州直单位主要负责人和处级领导干部、县（市）直单位主要负责人和乡镇党政正职，每月驻村不少于 2 天，开展联系一个党支部、上好一堂党课、走访一批群众、抓实一个产业项目、助推一批劳务输出"五个一"工作。为强化落实，确保各基层党组织种好"责任田"，2019 年起怒江州实行县（市）党委常委担任乡镇第一书记制度，对乡镇的党建和脱贫攻坚工作负全责，进一步强化"抓好党建是本职，不抓是失职，抓不好是不称职"的意识，推动第一书记带头谋划好基层党建工作与脱贫攻坚事业。

（二）规范格局，上下联动，健全脱贫攻坚制度体系

党的十八大以来，我国脱贫攻坚事业建立了中国特色脱贫攻坚制度体系，"这个制度体系中，根本的是中央统筹、省负总责、市县抓落实的管理体制，从中央到地方逐级签订责任书，明确目标，增强责任，强化落实"[①]。中国特色脱贫攻坚制度体系，为脱贫攻坚提供了有力制度保障。而怒江州的脱贫攻坚实践所取得的伟大成就，与其建立的系统完备、科学规范、运行有效的脱贫攻坚制度体系是分不开的。怒江州委坚持用科学态度抓工作，朝着制度建设发力，通过层层压实脱贫攻坚责任，推动"五级书记抓扶贫、全党动员促攻坚"的工作格局进一步形成，为决战脱贫攻坚提供了坚强的政治保证和组织保证。

怒江州委不断加强和完善对脱贫攻坚工作的领导，保证脱贫攻坚机构

---

① 习近平：《在打好精准脱贫攻坚战座谈会上的讲话》，人民出版社 2020 年版，第7 页。

健全、职能配套：通过基层党建责任清单制度、挂联督战机制等构建起各负其责、各司其职的责任体系；通过脱贫攻坚"五个一"工作机制，建立健全精准识别、精准脱贫的工作体系；通过州县乡三级领导干部下沉驻点推动工作和派驻工作队员抓落实机制，建立起怒江州脱贫攻坚上下联动、统一协调的政策体系，实现了对脱贫攻坚领导的全覆盖。

怒江州始终注重脱贫攻坚制度体系的运转协调、执行顺畅、监督有力，确保脱贫攻坚工作质量。怒江州委坚持党政"一把手"负总责的工作责任制，州县乡各级党委和政府坚定信心、勇于担当，把脱贫职责扛在肩上，把脱贫任务抓在手里；各级"一把手"切实扛起"第一责任"，发挥好"头雁作用"，落实好党政领导班子和党政领导干部的政治责任。怒江州各县（市）、乡镇制定了地方脱贫责任书，明确了脱贫攻坚的时间节点和目标任务。怒江州委进一步按照党中央的指示要求，把有效性作为评价扶贫工作效果的重要标准，重点加大对攻坚责任书落实情况的检查力度，通过建立多渠道全方位的监督体系，建立最严格的考核评估体系，解决怒江州脱贫攻坚中的实效性问题，推进机构职能优化协同高效。

怒江州委、州政府大力推动脱贫攻坚各项制度设置合理、程序严密，不断提高脱贫攻坚制度化、规范化、程序化水平：通过建立保障资金、强化人力的投入体系，推动易地扶贫搬迁"进城抵边"战略实施到位。通过建立健全综治服务体系，怒江州广泛参与、合力攻坚的社会动员体系逐步形成，因地制宜、因村因户因人施策的帮扶体系不断发展完善，解决了脱贫攻坚职能体系精准度问题。怒江州根据山高坡陡、群众居住相对分散的实际情况，建立起了"乡（镇）党委—党总支部—党支部—党小组—党员—群众"农村基层组织六级管理服务网络，变"网络"覆盖为"党员"覆盖。

怒江州政府在易地扶贫搬迁安置点组建起警务室、调解室、网格室、综治中心"三室一中心"，配强治保员、调解员、网格员，做好矛盾纠纷化解、治安防控、隐患排查、法治宣传、信访维稳、网格化服务管理等基层社会治理工作，确保安置点社会治安和谐稳定；同时组建党组织领导、居委会具体指导下的老龄协会、红白理事会、文体协会、合作经济组织、集体经济组织、志愿服务队等，挂牌成立 20 个红白理事会，规划建设农村公益性公墓 37 个。搬迁点"两委"班子成员通过法定程序兼任其他组织的负责人，根据搬迁点实际需求组建农业生产服务技术中心、电商服务中心等组织。怒江州委高度注重规范社区居委会组织建设，全州 67 个易地扶贫搬迁安置点建立起社区机构 22 个、其他管理机构 24 个；设立综治中心（含警务室、调解室、网格室）34 个，配备工作人员 85 人，有力推动社区治理正常化。

（三）支部支撑，强基固本，着力提升基层组织力

基层党支部是党的全部工作和战斗力的基础。农村是脱贫攻坚的"主战场"，打赢脱贫攻坚战，最终要靠坚强有力的农村基层党组织积极地去引导、推动和落实。习近平总书记曾指出："农村要发展，农民要致富，关键靠支部。"[①] 深度贫困地区的"穷根子"久拔不掉，基层党组织的软弱涣散是其中一大主要原因。怒江州坚持把脱贫攻坚同基层党组织建设有机结合起来，让农村基层党支部充分发挥带领和服务作用，带领贫困户脱贫致富。

怒江州根据党中央、国务院的决策要求，按照云南省实施基层党建"推进年"、"提升年"、"巩固年"、"创新提质年"的工作部署，进一步找准基层党建与脱贫攻坚的结合点，切实把组织优势转化为扶贫脱贫优势。

一是推动农村基层党组织全面进步、全面过硬。怒江州委以"基层党建创新提质"、党支部规范化建设目标为统领，推进地域特色党建，截至 2020 年底，怒江州 2046 个基层党组织全部达到规范化标准。同时，深入开展宗教势力干扰侵蚀基层党组织等专项整治、软弱涣散基层党组织整顿工作，实现信教党员"零报告"。严格落实"1 名县级领导班子成员联村、1 名乡镇领导班子成员包村、1 名第一书记驻村、1 个县以上机关单位结对"

---

① 习近平：《做焦裕禄式的县委书记》，中央文献出版社 2015 年版，第 20 页。

的"四个一"整顿措施，"一村一策"逐村摸排整顿。一个支部一个支部地分析，一类问题一类问题地研究，建立整改台账，一件一件销号，坚持不设比例、不定指标、实事求是、应整尽整。2018 年以来，怒江州 53 个软弱涣散党组织经过整顿提升，达到合格标准，成为脱贫攻坚的战斗堡垒和各族人民脱贫致富的主心骨。

二是着力发展农村青年党员，选好村级带头人。怒江州入党积极分子总量逐年增加，申请入党人数年均递增 20%，2016 年以来全州累计发展农村党员 1462 名。在这一过程中，怒江州委始终把发展农村青年党员作为农村党组织建设长期重点任务，按照每个行政村不少于 3 人的要求，将农村青年党员、入党积极分子、乡村能人列为村组后备力量进行培养。2016 年以来，全州 1290 名乡村能人、脱贫能手被纳入 29 个乡镇青年人才党支部进行培养；共建立 29 个乡（镇）青年人才党支部。怒江州深入实施乡村能人培养工程、脱贫能手竞赛活动，深入推进农村优秀人才回引计划，纳入农村优秀人才库 780 人，纳入重点回引对象 407 人。

三是加强村组干部队伍建设，抓好干部选育管用工作。"群雁要靠头雁领"，怒江州坚持选优配强乡镇班子，各县（市）党委定期研究村党组织书记选优配强工作，严格落实村（社区）干部任职资格联审制度，建立每个县（市）每年至少招录 1 名村干部为公务员、2 名为事业编制人员到乡镇工作的制度。怒江州委推动建立起健全乡镇党委直接抓村党组织建设制度，乡镇党政班子成员组织关系转到村党支部直接参加村级组织生活，参与重大议事决策；各乡镇每年集中研判 1 次村党组织书记履职情况，定期组织村（社区）干部参加学历提升教育。特别注重贫困村支部建设，通过吸纳"第一书记"充实强化"两委"班子，优化班子结构，提高"两委"干部履职能力和综合素质，切实增强村级组织的战斗堡垒作用。2019 年村"两委"换届，农村致富能手、本土回归人才当选农村"两委"主干占到总数的 68.9%。

四是抓农村党群活动场所"建管用"。2016 年以来，怒江州新建农村党群活动场所 1050 个，全州农村党群活动场所达 1671 个，全面覆盖党员 10 人以上或群众 200 人以上的村民小组。2018 年以来，累计筹集资金 1.099 亿元用于活动场所功能提升，配备旗杆、移动音箱、电视机、自动广播设备、桌椅、文件柜等基本设备，农村党组织教育管理监督党员和宣传动员凝聚群众有了"实体"阵地。大力推进活动场所建设的同时，2018 年怒江州制定了《怒江州党群活动场所建设管理使用办法》，按照"天天广播响、周周有活动、月月有竞赛、年年有进步"的目标，定期开展党群活动。全州党群活动场所每日开展活动的占 10%，每周活动 5—6 次的占 40%，每周活动 3—4 次的占 50%。各活动场所广泛开展脱贫攻坚政策宣讲、升国旗唱国歌、党支部"三会一课"、决策议事"四议两公开"、贫困户"三评四定"、驻村队"三讲三评"、劳动技能培训、广场舞等组织群众、宣传群众、动员群众、凝聚群众的工作。这些活动调动了怒江州广大农村群众投身脱贫攻坚和乡村振兴实践的积极性和主动性，凝聚起脱贫攻坚的向心力。

五是拓展基层党组织到产业一线。怒江州按照"有利于党组织活动、有利于党员参加、有利于发挥作用"的原则，着力扩大党组织覆盖面。2015 年全州 188 个行政村党支部被优化设置为党总支，下设党支部 748 个。"产业发展到哪里，党的组织就建设到哪里，党的服务就延伸到哪里。"全州在产业链、专业协会和各种联合体上建立党支部 36 个，在 120 家非公企业中组建了党支部 54 个，共占应建数的 100%。这些基层党组织为怒江州的经济发展提供了坚强的组织保障。

六是同步建设易地搬迁安置社区基层党组织。在怒江州易地扶贫搬迁的基层社区党建实践中，基层党支部更是主动作为，勇挑大梁，形成了脱贫攻坚战的桥头堡。怒江州坚持党的组织和政权组织、经济组织、自治组织、群团组织、社会组织"六个同步"建设，建立健全以党组织为核心、社区自治组织为基础、群团组织和社会组织为纽带、集体经济组织为支撑的组织体系，形成"一体化"领导、管理、服务的工作模式。根据全州 2457 名易地扶贫搬迁群众党员分布情况，在全州 67 个易地扶贫搬迁安置点成立了 81 个党组织（含党委 1 个、党总支 13 个、党支部 67 个），做到了应建尽建、应设尽设，使搬迁党员和群众一到迁入地就能找到党组织。社区"两委"干部队伍建设不断加强。泸水市、福贡县、贡山县采取公开招考、提交选举的方式，招录179名40岁以下、大专以上学历的青年担任社区"两委"干部；对32个规模安置点驻点工作队长、部分党组织书记进行全覆盖轮训，切实提升"两委"干部的工作能力和水平。

（四）挂牌督战，政策落地，重实绩讲实干提升攻坚力

习近平总书记在2020年决战决胜脱贫攻坚座谈会上强调，对全国52个未摘帽贫困县和1113个贫困村实施挂牌督战，国务院扶贫开发领导小组要较真碰硬"督"，各省区市要凝心聚力"战"，啃下最后的"硬骨头"。脱贫攻坚到了最后关头，要用挂牌督战向贫困"亮剑"，以督促战，变督为战，加快补齐短板弱项，强化问题整改，克服疫情不利影响，保证各项政策落地，向贫困发起总攻。

根据此前怒江州委牵头建立的基层党建责任清单制度和挂联督战机制，2018年6月起，为落实好各级各部门的"挂包帮"责任，怒江州实施了领导干部下沉驻村抓基层党建和脱贫攻坚"五个一"工作机制。2019年1月起，怒江州组织开展"盯项目、转作风，抓落实、促脱贫"主题实践活动，建立"项目工作日"制度，要求每月月初制定"州委重点工作任务清单"，其中至少安排一项党建项目。怒江州注重实施基层党建与脱贫攻坚"双推进"，落实领导干部"五个一"抓基层党建和脱贫攻坚行动、"四个一"工作制度，选优配强村"两委"班子，充分发挥基层党组织在脱贫攻坚中的战斗堡垒作用和基层党员在脱贫攻坚中的先锋模范作用。在此基础上，怒江州发动了打响深度贫困"百日歼灭战"。2020年2月22日，怒江州出台了《怒江州深度贫困"百日歼灭战"十条措施》，聚焦打好贫困村退出、易地扶贫搬迁入住等七大歼灭战持续发力，确保在6月底前高质量实现全州剩余贫困人口、80个贫困村、3个贫困县（市）达到退出标准，巩固好全州已脱贫人口、出列村和贡山县摘帽成果。为此，全州、县

（市）确保不少于三分之一的干部下沉一线抓脱贫。

在"挂牌督战"的部署安排下，怒江州针对深度贫困村开启"三级作战"模式：州委组织部部长挂牌"督战"，县委组织部部长挂牌"领战"，乡党委书记带头"作战"。为彻底改善贫困群众的生产生活质量，怒江州按照"十三五"发展规划实施 10 万贫困群众易地扶贫搬迁工程。为确保"督"出成效、"战"出成果，怒江州委按照"下沉作战、全面总攻"要求，根据《怒江州易地扶贫搬迁攻坚大会战工作方案》，组织全州各级各部门广大干部职工错峰下沉开展"大走访大排查"工作，全覆盖走访，排查问题，发现问题，解决问题。怒江州 30 多名州级领导、80 多名县处级干部深入挂联乡镇、挂牌督战村、易地扶贫搬迁安置点排查走访，州、县、乡三级共上万名干部职工进村入户，确保高质量完成脱贫任务，脱贫成果经得起历史检验。

针对脱贫攻坚一线工作中出现的问题，怒江州委坚持以"刀刃向内"的勇气，下大力气抓好整改落实。中央脱贫攻坚专项巡视"回头看"和脱贫攻坚成效考核为怒江州扎实推进问题整改提供了有力工作指导。怒江州委成立整改工作督导专班，州委常委会开展专题研究会议，州扶贫开发领导小组专门进行安排部署。怒江州委还成立由党政主要领导任组长的整改工作领导小组，认真细化整改措施方案，明确整改责任、整改时限。怒江全州上下通过认真落实挂牌督战制度，脱贫攻坚工作成效明显、脱贫质量更高成色更足。

（五）配强干部，带好队伍，用好脱贫攻坚"主力军"

"政治路线确定之后，干部就是决定性的因素。"干部队伍是我国脱贫攻坚工作的基础与保障，具有重要的统筹和引领作用。党政"一把手"是脱贫攻坚的组织者，干部则是脱贫攻坚的实际推动者。扶贫干部是群众脱贫事业的"引路人"，是确保党中央方针政策和省、市两级党委安排部署落地落实的基本保障，是实施精准帮扶、精准脱贫的重要责任主体，是确保每个贫困户充分享受优惠政策实现如期脱贫的关键所在。贫困地区的老百姓呼唤一支沉得下去、真抓实干的扶贫干部队伍，干部队伍建设关乎脱贫攻坚成败。

怒江州委深入学习贯彻习近平总书记考察云南重要讲话精神，将重实绩、讲实干作为选拔任用扶贫干部的鲜明导向，坚持"信念坚定、为民服务、勤政务实、敢于担当、清正廉洁"的新时代好干部标准，坚持对脱贫攻坚一线的党员干部从严要求，努力造就一支"忠诚、干净、担当"的高素质干部队伍。

一是坚持"第一议题"制度。怒江州各级党委（党组）会议始终把学习贯彻习近平总书记重要讲话作为第一项会议议题，推进"两学一做"学习教育常态化制度化。扎实开展"不忘初心、牢记使命"主题教育，截至2019年底，组织全州1871个党支部、30682名党员参加主题教育，确保中央和省委、州委部署落实到基层党支部，达到理论学习有收获、思想政治受洗礼、干事创业敢担当、为民服务解难题、清正廉洁作表率的目标。2019年11月25日，怒江州委书记纳云德在州委理论学习中心组第十三次集中学习暨州委常委班子主题教育第五次集中学习时提出，要争当"有情怀有血性有担当"的新时代怒江扶贫干部，要把个人奋斗融入时代大潮，坚决做心中有"忠诚情怀、爱国情怀、感恩情怀、为民情怀、奉献情怀、廉洁情怀"的新时代怒江扶贫干部。在跨越发展面前"敢于争"，落后观念面前"敢于改"，艰难困苦面前"敢于拼"，急难险重面前"敢于上"，歪风邪气面前"敢于斗"，坚决做干事"有血性"的新时代怒江扶贫干部。为深入推进"争当'有情怀有血性有担当'怒江脱贫攻坚干部"研讨实践，怒江州持续开展"万名党员进党校"培训。坚持每年对基层党组织书记至少轮训一遍。持续开展"百名讲师上讲台、千堂党课下基层、万名党员进党校"工作，全覆盖轮训普通党员21270名，2017年来累计轮训102184人次。

二是坚持选优派强、管好用好驻村扶贫工作队。怒江州委2017年11月作出《关于抽调精兵强将组建脱贫攻坚和基层党建实战队的决定》，按照贫困村 3 人、深度贫困村 5 人的选派驻村扶贫工作队员标准，动态选派 3734 名实战队员，四年来累计选派 13383 人次干部驻村。怒江州委创新驻村干部队伍管理，将驻村工作职责归纳为政策宣讲员、基层党建指导员、产业发展服务员、项目建设助理员、易地搬迁组织员、素质提升培训员、环境卫生监督员、党风廉政监督员、动态管理信息员、新时代农民讲习所讲习员等"十大员"，采取自愿认领、组织安排相结合的方式，根据队员个人专业特长、能力特点，将"十大员"任务分工到队员个人，统分结合、AB 角管理，针对阶段性重点脱贫攻坚任务集中人员力量合力攻坚，做到精准扶贫、精准施策。怒江州注重统筹发挥驻村第一书记和驻村干部的引领带动作用，在全省率先建立起"乡镇大队长"工作层级，共选派 29 名州级机关副处级实职干部担任大队长，选好配强 257 名行政村（社区）第一书记、工作队长，均由科级以上干部担任。

三是创新组建"背包工作队"。2020 年初，为攻坚易地扶贫搬迁堡垒，根据深度贫困"百日攻坚战"安排部署，通过个人报名请战、单位组织推荐形式，怒江州共组建 15 支"背包工作队"，1006 名懂当地少数民族语言、有基层工作经历、能打硬仗的优秀干部下沉一线，开展"背包上山、牵手进城"行动，集中优势兵力、全力推进易地扶贫搬迁重点工作。截至 2020 年 5 月，全面完成全州 25133 户、95859 人建档立卡群众易地扶贫搬迁任务。2020 年 7 月，怒江州再次组建"背包工作队"决胜人居环境提升大会战。按照"在各级机关剩余人员中再下派一半"的标准，选派 1313 名州、县（市）机关干部充实到驻村工作队、易地扶贫搬迁安置点管委会，聚焦整改质量、脱贫成色、产业发展、就业稳岗、数据质量、人居环境、后续巩固、群众认可度"八个再提升"，全面实施脱贫攻坚"百日提升行动"，确保不留死角、夺取全胜。

四是在易地扶贫搬迁安置点组建管理委员会。全州 19 个千人以上集中安置点均组建了管理委员会。县城安置点由县（市）处级干部担任管委会主任、1 名正科级干部担任副主任脱岗驻点工作，乡（镇）集镇安置点由乡镇党政正职担任管委会主任、1 名乡（镇）党政领导班子成员担任副主任负责具体工作。坚持驻村队员"跟着搬迁群众走"，统筹乡镇干部、村组干部，按照搬迁群众每 200 人配备 1 名干部的比例配足配强工作人员共 425 人。

在易地扶贫搬迁安置点，怒江州委按照战时标准，配强力量专项攻坚劳动力转移就业难题。在 67 个集中安置点中设立 52 个就业创业服务站（点），安排工作人员 257 人，先后组织开展能力素质提升培训 2.54 万人次，累计实现转移就业 4.8 万人，安置点劳动力家庭户均就业达到 1.85 人。在此基础上，2020 年 6 月，全州新选派 500 名干部，组建 15 支新增劳动力转移就业"背包小分队"，入驻怒江州千人以上易地扶贫搬迁安置点，专项开展易地搬迁转移就业工作。截至 7 月 22 日，完成全州新增转移就业 4587 人（转移州外、省内就业 2383 人），推动全州实现农村劳动力转移就业 17.4 万人次，其中建档立卡贫困劳动力 10.36 万人次，实现了有劳动力的建档立卡贫困家庭至少有 1 人就业的目标。

五是加强干部培训选用。脱贫攻坚战打响后，怒江州委出台了《怒江州容错纠错实施办法（试行）》和《怒江州关于进一步激励广大干部新时代新担当新作为的实施意见》，以激发脱贫攻坚一线干部干事创业热情。2018 年国庆节以来，全州坚持周一例行开展"升国旗唱国歌"和"国旗下的讲话"活动，保证全体党员干部每周受到一次思想政治教育。怒江州委坚持对广大党员干部严管和厚爱结合、激励和约束并重：严格执行保持贫困县、贫困乡党政正职稳定的有关政策规定，深入细致做好党员干部思想政治工作，讲透道理、沟通思想、疏导情绪，让党员干部全身心投入脱贫攻坚工作。坚持每年分级举办扶贫干部培训班，2018 年以来，共举办扶贫干部培训班 94 期，累计培训 26330 人次，提升了扶贫干部攻坚力。建立州委组织部领导班子成员分片联系服务干部工作制度，近距离了解考察识别干部，对推进脱贫攻坚不力的坚决调整，对脱贫攻坚实绩突出的提拔使用，对工作表现一般的约谈诫勉。2018 年来，全州共提拔使用脱贫攻坚实绩突出的干部 464 名，其中处级干部 74 名，科级干部 390 名。职务职级并行以来，因脱贫攻坚工作实绩突出，451 名干部晋升职务，其中一至四级调研员114名，一至四级主任科员337名；全州18名干部因推动脱贫攻坚工作不力被组织调整，其中处级2名，科级16名。

六是关心关爱干部。怒江州委大力关心关爱脱贫攻坚一线干部，保证干部集中精力脱贫攻坚。先后两次提高村组干部补贴，行政村干部补贴从原来每月1400元提高到2800元、村民小组党支部书记和村民小组长补贴从原来每月50元提高到400元。建立健全村干部医疗、养老保障机制，医疗保险由财政负担，养老保险按财政及个人分担50%交纳，解决村干部离任后的后顾之忧。2020年3月，怒江州推出关心关爱干部"暖心＋"套餐，州、县（市）委常委、各单位党政主要负责人带队深入脱贫攻坚一线和扶贫干部家中开展暖心慰问、暖心家访。为帮扶干部组织暖心体检，派出"舒心减压服务队"到脱贫任务较重的地方巡回开展心理疏导。自2015年脱贫攻坚战打响后，在怒江州脱贫攻坚的战场上有30名同志献出生命。州委及时启动"扶贫暖心基金"，对在脱贫攻坚一线牺牲干部的配偶、子女、父母进行抚恤救助，对因脱贫攻坚患病、致伤致残等干部进行关爱救助。2020年7月，州委举行首批扶贫暖心基金集中关爱慰问活动，对78名脱贫攻坚一线死亡干部遗属、受伤致残患重病干部进行慰问，共发放"怒江扶贫暖心基金"慰问金138万元。

一批驻村第一书记、扶贫干部、乡村干部在脱贫攻坚中锻炼成长，成为思想好、作风正、能力强的"扶贫尖兵"，得到群众的认可与称赞。在脱贫攻坚一线，广大干部的"本领恐慌"得以克服，扶贫工作质量显著提升，基层党组织凝聚力和战斗力明显增强，基层党组织的治理能力和管理水平明显提高，党群干群关系不断改善，党的执政基础更加巩固。习近平总书记提出要求："群众不脱贫，干部不离村。"截至2020年底，怒江全州仍有7493名干部在脱贫攻坚一线，占全州干部职工总数的52%，包括：背包工作队员1313名，其中处级干部129人、科级干部355人；驻村工作队员1631名，其中中央和省级选派114人、州级选派396人、县（市）级选派1118人、处级干部65人、科级干部464人；易地扶贫搬迁安置点新增就业背包小分队员500名。

怒江州广大党员干部把思想认识升华为为人民谋幸福的崇高情怀、决战决胜脱贫攻坚的血性拼劲、功成必定有我的责任担当，能力提升了，作风转变了，自信心增强了，精气神提振了。在脱贫攻坚实践中涌现出了"人民楷模"高德荣、"全国最美支边人"管延萍等一批"有情怀有血性有担当"的怒江脱贫攻坚干部，形成了"怒江缺条件，但不缺精神，不缺斗志"的怒江脱贫攻坚精神和"苦干、实干、亲自干"的怒江脱贫攻坚作风，切实提升了决战决胜脱贫攻坚的战斗力。

（六）严明纪律，严肃问责，从严治党贯穿脱贫攻坚全过程

求真务实是中国共产党人的重要思想和工作方法。习近平总书记曾在东西部扶贫协作座谈会上强调："打赢脱贫攻坚战不是搞运动、一阵风，要真扶贫、扶真贫、真脱贫。要经得起历史检验。攻坚战就要用攻坚战的办法打，关键在准、实两个字。"① 要做到扶贫工作务实、脱贫过程扎实、脱贫结果真实，就必须把全面从严治党要求贯穿脱贫攻坚全过程，强化作风建设。

打赢脱贫攻坚战绝非朝夕之功，在问题错综复杂的深度贫困地区，脱贫攻坚更是不能脱离实际。怒江州委和纪检监察机关认真贯彻落实习近平总书记的讲话要求，坚持实事求是，在脱贫攻坚实践中纵深推进全面从严治党，持续深入开展"对党忠诚、履职尽责、攻坚克难"廉政谈话，注重及时纠正脱贫攻坚中的干部作风问题，深化扶贫领域腐败和作风问题专项治理，把责任压实到基层一线，确保党中央决策部署不折不扣落到实处。

一是坚决扎紧制度"笼子"、拉紧监督"尺子"、打响问责"板子"，以优良作风决战决胜脱贫攻坚。怒江州委在逐级压实脱贫主体责任的同时，坚持实施最严格的脱贫攻坚考核评估，坚决以严格督查督办倒逼工作提质增效，通过强化跟踪问效、过程监督，动真碰硬、真督实查，以最严

---

① 《习近平关于社会主义经济建设论述摘编》，中央文献出版社 2017 年版，第 233—234 页。

肃的纪律作风保障脱贫攻坚决战决胜。怒江州层层压实州级领导挂联县（市）、乡（镇）、督战到村和县（市）、乡（镇）领导包乡包村的政治责任和攻坚责任，全面落实村"两委"、驻村扶贫工作队和一线作战人员的工作责任，细化"百日歼灭战"的各项任务，对履职不到位影响脱贫攻坚成效的严格按照《怒江州脱贫攻坚问责实施办法》进行追责问责。怒江州坚持做到脱贫攻坚工作推进到哪里，全面从严治党就覆盖到哪里，监督执纪问责就跟进到哪里。

二是持续深入开展扶贫领域腐败和作风问题专项整治。按照扶贫领域腐败和作风问题十大专项治理行动动员部署会议精神和《中共怒江州委办公室印发关于在全州深入开展扶贫领域腐败和作风问题十大专项治理行动的通知》要求，怒江州各级党组织及时召开扶贫领域腐败和作风问题专项治理行动动员部署会议，定期举行党风廉政教育宣传教育活动，强化脱贫攻坚一线干部"不敢腐、不能腐、不想腐"的思想认识。对于国家发改委稽察、省委巡视、扶贫开发成效考核、脱贫攻坚巡查过程中发现的问题，怒江州委不回避、不遮掩，迎难而上，采取坚决有力措施切实加以解决，确保群众搬得出、稳得住、有事做、能致富，逐步融入当地社会，切实把"十大行动"落实到具体行动之中，确保巡视整改工作取得实效。

三是抓执纪问责，实现"零容忍"。怒江州坚持严格执纪问责，把扶贫领域腐败和作风问题作为执纪问责的重点工作，建立起扶贫领域问题线索直查快办、提示预警工作机制和监督执纪问责工作季度通报制度，加大问题线索处置力度。加大扶贫领域专项纪律检查力度，怒江州纪检监察机关严肃整治脱贫攻坚一线不作为、慢作为的现象，问责24名领导干部，处理23名"庸懒滑贪"村组干部。2019年，全州共立案审查调查扶贫领域案件149件192人，同比上升40.6%，占全年查办案件总数的41.9%；给予党纪政务处分183人，同比上升50%；批评教育610人次，对失职失责的20个单位、104人严肃追责问责。

四是严格监管监督干部选拔任用，保证脱贫攻坚一线党员队伍的先进性和纯洁性。2015年，对兰坪、福贡、贡山3个县和36个州直单位开展的"一报告两评议"中，怒江州委要求民主评议满意率低于80%的10个单位进行自查自纠和专门整改。同年，怒江州委对40名拟提拔干部、2名转任重要岗位干部、26名厅级后备干部的个人有关事项报告情况进行了抽查核实；对136名处级干部、305名科级干部进行了任前、调整前提醒谈话或纪律问题提醒谈话，对3名科级干部进行了诫勉谈话；对州管干部因私出国（境）证件50本进行集中管理，办理了65名州管干部因公出国（境）备案手续；对17名正科级、18名副科级和3名科级非领导职务超职数配备干部进行了整改消化，实现了超职数配备干部"零增量"。

怒江州委坚定不移抓正风肃纪，持续巩固风清气正的良好政治生态，坚持做到脱贫攻坚"既完成任务，又保证质量"，让脱贫成效真正获得群众认可、经得起实践和历史检验。

（七）转变作风，压实责任，保持打好脱贫攻坚战的良好状态

作风问题是扶贫工作领域长期存在的突出问题，形式主义、官僚主义问题屡禁不止，数字脱贫、虚假脱贫经常发生，个别地区"一发了之""一股了之""一分了之"的问题难以解决。习近平总书记在2020年决战决胜脱贫攻坚座谈会上强调："脱贫攻坚任务能否高质量完成，关键在人，关键在干部队伍作风。"[1]怒江州在脱贫攻坚工作中始终立足作风建设，坚持以"硬作风"啃下"硬骨头"。从长效机制建设着力，聚焦脱贫领域的突出问题，举一反三，完善政策措施，加强制度建设，扎紧制度笼子。

一是主题教育抓作风。2019年1月14日，在全州脱贫攻坚处于爬坡过坎、加速推进的关键时期，怒江州委召开"盯项目、转作风，抓落实、促脱贫"主题实践活动启动大会，动员全州各级干部进一步提振精气神，突出项目攻坚，着力转变作风，助推脱贫攻坚，提升干部创新攻坚能力，努力营造"想干事、能干事、干成事"的良好社会氛围，确保如期实现脱

207

---

[1] 习近平：《在决战决胜脱贫攻坚座谈会上的讲话》，人民出版社2020年版，第13页。

贫摘帽、全面小康和"怒江2020"新目标。着力解决少数单位和干部思想不够解放、因循守旧，能力不足、本领恐慌，精神不振、动力不足，作风不实、怕慢拖推，执行乏力、效率不高和服务不优、审批繁琐等问题，以解决问题促进工作落实，确保如期脱贫摘帽。

二是全面加强机关自身建设。怒江州委严格压实两个责任，坚决防止形式主义和官僚主义，集中整治群众反映强烈的帮扶措施不实、帮扶责任不实、工作作风不实等问题，坚决防止出现数字脱贫、虚假脱贫的情况，做到真扶贫、扶真贫、真脱贫。2019年，对兰坪、福贡、贡山、泸水四县（市）和50个州直单位开展的"一报告两评议"中，怒江州委要求民主评议满意度不高的3个单位进行整改。同时，怒江州委坚持强化扶贫资金使用监管，严肃查处优亲厚友、吃拿卡要、贪污挪用等侵害群众利益的违规违纪违法行为，确保脱贫攻坚的每一笔钱都用到刀刃上。严肃执行请销假和外出报备制度，严肃查处领导干部、干部职工、驻村工作队员请销假制度、报备制度执行不严等行为。此外，怒江州委坚持从严控制出访、教育培训、考察学习等活动，确保县（市）、乡（镇）党政主要负责同志，州、县（市）行业扶贫部门主要负责同志集中精力抓实抓细脱贫攻坚各项工作。怒江州委认真做好"一人多证"专项清理工作，对州管干部出国境证件进行集中管理；领导干部外出培训按照干部管理权限严格审批；持续抓好超职数配备干部问题集中整治，实现了超职数配备干部"零增量"。

三是精文减会、减轻负担。怒江州委带头建立起每月"无会日"制度，在"百日歼灭战"期间，确定每月10天为"无会日"，除中央、省级安排的会议外，不再召开全州、全县（市）集中性的会议。严格实行计划管理，严控会议和发文，全面减少填表报数，统筹和改进督查调研，减轻基层负担。由此，脱贫攻坚一线的基层干部轻装上阵，真正发挥出"主攻队长""尖刀排长"的作用。

（八）东西协作，内引外挂，为高质量脱贫攻坚提供人才保障

习近平总书记在党的十九大报告中指出，"要动员全党全国全社会力量……坚持大扶贫格局，注重扶贫同扶志、扶智相结合，深入实施东西部扶贫协作，重点攻克深度贫困地区脱贫任务"。凝聚社会力量，推动东西部扶贫协作和对口支援是贯彻落实"五大发展理念"，如期全面打赢脱贫攻坚战的伟大战略决策。在党中央的统一部署下，2016 年 8 月，珠海市与怒江州全面展开东西部扶贫协作，这是中国特色扶贫开发事业的重要组成部分，也是我国政治优势和制度优势的重要体现。

怒江州与珠海市成立了由党政主要领导任组长的工作领导小组，建立联席会议、定期报告、信息交流等工作制度，推动两地扶贫协作向更广更深领域拓展。此外，中交集团、三峡集团、大唐集团等企业也对怒江州开展精准帮扶，助力怒江州决战决胜脱贫攻坚。怒江州紧紧抓住这一战略机遇，建立健全与东部地区的高效协作机制，纵深推进产业合作，精准对接劳务协作，推动社会帮扶事业发展。同时注重内引外挂，全面展开与东部地区的人才交流、干部培训、教育合作，为高质量脱贫攻坚提供人才保障。

怒江州积极推进人才强州战略，以高层次人才为重点统筹抓好专业技术人才、高技能人才队伍建设。2017 年怒江州建立了人才工作领导小组联席会议制度，制定印发了《关于深化人才发展体制机制改革的实施方案》、《怒江州人才扶贫行动计划》，修改完成了《怒江州人才引进办法（试行）》报州人才开发领导小组。2018 年完成了全州公务员（含参公）和事业单位工作人员统计数据的统计工作，并编制了《2017 年度人才统计资料册》，起草了《怒江州事业单位人才引进办法》。2016 年至今，怒江州各事业单位公开招聘 1070 人，人才引进 168 人，晋升正高级职称 37 人，晋升副高级职称 1829 人，晋升中级职称 1445 人，晋升初级职称 1211 人。怒江州注重开展"乡土人才"培养，共评选本地名医、名师、名家、能人 17 人，大力开展"乡村能人"培养工程，将 1290 人纳入"乡村能人库"

进行培养，计划到 2020 年全州 255 个行政村每村培养"乡村能人"10 名以上。

怒江州委、州政府积极做好人才引进工作。截至 2020 年 12 月底，怒江州共有外来帮扶干部、人才 607 名，其中争取支医支教人才 349 名（珠海市支教教师 62 名，支医医生 29 名，三级医院对口帮扶 38 名，国家教育部对口帮扶人才 58 人，省教育厅对口帮扶人才 162 名）；挂职干部 55 名（中央部委，中央企业选派 29 名，珠海等东部地区选派 23 名，省级机关选派 3 名）；省委下派怒江州帮扶队员 39 名，省委选派怒江州脱贫攻坚人才支持专项工作队员 49 名；驻村扶贫工作队员 114 名（中央和国家机关选派 5 名，省级机关选派 109 名）；其他各类外来人才 22 名。同时注重人才服务工作和专业化人才业务交流。怒江州成功承办第 57 批中国博士后科技服务团（云南怒江行）活动，15 名专家、博士后在怒江州开展了培训讲座 12 场，参加人员 260 人次，服务团队与各项目单位达成多项合作意向，建立长效合作机制，成为一支"永不离开"的怒江博士后服务团。①

怒江州积极外派本地干部，提升专业能力。怒江州共选派 62 名干部到中央和国家机关、东部发达省市、省直和省内其他地州挂职锻炼，选派 5 名专业技术人员参加"西部之光"访问学者研修，选派 32 名专业技术人才参加云南省基层人才对口培养。同时，怒江州深入开展与东部地区的教育合作，在珠海技工学校等开设"怒江班"，在怒江州开设 8 个普通高中"珠海班"。在怒江州委、州政府的努力下，一大批党政干部和专业技术人才强化了怒江州脱贫攻坚的"造血"功能，增强了怒江州的发展后劲。

（九）革新观念，转变思想，激发决战决胜脱贫攻坚强大动力

习近平总书记明确指出，脱贫攻坚要加大内生动力培育力度，"扶贫

---

① 怒江州人力资源和社会保障局：《关于报送 2017 年工作总结和 2018 年工作计划的报告》，2018 年 1 月 12 日；《关于报送 2018 年工作总结暨 2019 年工作计划的报告》，2018 年 12 月 29 日。

要同扶智、扶志结合起来"。调动贫困群众积极性是激发脱贫攻坚内生动力的重要基础，摆脱贫困最重要的是摆脱思想观念和发展思路的"贫困"。

怒江州在长期的发展历程中，形成了具有民族特色的思想观念，但这些思想观念中还存在许多落后于时代、造成深度贫困的成分。在脱贫攻坚的伟大实践中，怒江州坚持"造血"式扶贫，在提高贫困人口的生存、生产和发展能力的同时，注重对困难群众的思想改造和引领，激发和培育他们自我发展、自我创新的能力。

"一个健康向上的民族，就应该鼓励劳动、鼓励就业、鼓励靠自己的努力养活家庭，服务社会，贡献国家。要改进工作方式方法，改变简单给钱、给物、给牛羊的做法，多采用生产奖补、劳务补助、以工代赈等机制，不大包大揽，不包办代替，教育和引导广大群众用自己的辛勤劳动实现脱贫致富。"[①] 怒江州委贯彻落实习近平总书记的要求，通过各种形式的就业技能、农业生产培训和锻炼，培育起贫困群众发展生产和务农经商的基本技能，改变了贫困群众的"等、靠、要"思想，调动了贫困群众的积极性、主动性和创造性，完善了农村贫困劳动力就业机制。

怒江州各县（市）、乡镇政府把培育特色优势产业作为主攻方向，充分利用区位优势和自然资源禀赋，加快培育新兴农业和畜牧业，精准扶贫、精准施策，做到了户户有增收项目、人人有脱贫门路。通过加强教育引领，常态化宣讲、物质奖励和精神鼓励等形式，引导贫困群众改变陈规陋习、树立文明新风，减轻精神负担。通过大力推动易地扶贫搬迁，改善和提升贫困群众的生活环境、生活习惯，贫困群众慢慢习惯了住楼房，用电磁炉、液化灶替代了烧柴。各乡镇、村农民的文明素养和商品经济意识不断增强，逐渐变成了有技术、懂经营、思发展的新型农民。

在怒江州委的引领下，干部群众的精神面貌焕然一新，自强自立的社会新风正在形成，贫困群众自我脱贫意识不断增强，内生动力被不断激发，安贫守贫的观念已转变为对美好生活的不懈追求和向往。

---

① 习近平:《在深度贫困地区脱贫攻坚座谈会上的讲话》，人民出版社 2017 年版，第 16—17 页。

二、怒江州抓党建促脱贫攻坚的主要特征

在怒江州党委的带领下，经过怒江州全体人民的不懈努力，怒江州的脱贫攻坚战取得了决定性成就，彰显了中国共产党领导的政治优势和中国特色社会主义的制度优势，走出了一条中国减贫事业的怒江实践之路，证明了怒江州"围绕扶贫抓党建，抓好党建促脱贫"的决策部署是正确的。怒江州坚持党建工作与脱贫攻坚工作、民族团结事业相互融合、紧密联系，密切结合怒江州实际，贯彻落实新时代党的建设总要求，打造出新时代具有边疆民族特色的党建工作格局。

（一）高位推动与基层支持相统一

习近平总书记明确指出了党领导下的脱贫工作要形成"中央统筹、省负总责、市县抓落实"的管理机制。中央统筹，就是要做好顶层设计，主要是管两头，一头是在政策、资金等方面为地方创造条件，另一头是加强脱贫效果监管。省负总责，就是要做到承上启下，把党中央大政方针转化为实施方案，加强指导和督导，促进工作落地。市县抓落实，就是要因地制宜，从当地实际出发，推动脱贫攻坚各项政策措施落地生根。怒江州作为全国深度贫困"三区三州"之一，贫困面大、贫困程度深，少数民族人口多，脱贫攻坚的难度和复杂程度都超过其他贫困地区。怒江州的脱贫工作在全国脱贫攻坚大局中有特殊重要地位，贯彻好中央的要求，落实好中央的政策，解决好本地的问题，需要各方面共同努力。

怒江州坚持高位推动见真章，同时抓好基层党组织建设各方面的对接落实工作。怒江州委、州政府严格按照党中央、国务院的统筹规划和云南省委、省政府关于《怒江州脱贫攻坚行动计划（2016—2020年）》的战略部署，有序推进脱贫攻坚事业发展。在2019年4月10日习近平总书记给贡山县独龙江乡群众回信后，云南省政府主要领导亲自挂联怒江州，省政

府三位副省长、省政协一位副主席分别挂联怒江州 4 个县（市）。云南省委、省政府主要领导多次深入到怒江州一线开展调研，每个季度召开一次省政府怒江州脱贫攻坚专题会，逐项研究和推动怒江州脱贫攻坚工作。怒江州不断强化州委主体责任，多次召开有关巡视整改工作会议，就中央和省委巡视指出问题整改工作进行全面、系统、深入的动员、部署和推进。怒江州委推动"片为重点、工作到村、扶贫到户"的工作机制和党政"一把手"负总责的扶贫开发工作责任制真正落到实处，持续深入开展遍访贫困对象行动，带动全州各级干部到脱贫攻坚一线"看真贫、扶真贫、真扶贫"，用干部的"辛苦指数"换贫困群众的"幸福指数"。

易地扶贫搬迁是怒江州脱贫攻坚工作中的"头号战役"。云南省发改委定期对怒江州各县（市）易地扶贫搬迁工作开展挂联督导，助力怒江州决战决胜易地扶贫搬迁。同时，怒江州成立了州委书记、州长任总指挥的怒江州易地扶贫搬迁攻坚指挥部，实现了全州易地扶贫搬迁工作顶层谋划、高位推动；并从各部门抽调了"精兵强将"，充实和加强州级指挥部力量。各县（市）也成立了相应的指挥部，抽调人员不少于 30 人，实行倒排工期、挂图作战。州、县指挥部下设综合协调、宣传发动、项目督查、后续保障、数据调度等多个工作组，确保全州易地扶贫搬迁的组织指挥体系顺畅，组织机构运转高效。在扶贫责任落实上，怒江州突出"一把手"亲自推动。州委书记、州长率先垂范，亲力亲为，每月专题研究部署易地扶贫搬迁工作、深入一线调研督导至少 1 次以上，带头到现场研究解决问题。各级各部门"一把手"也带头深入一线宣传动员、解决问题、推动工作。构建州县乡三级领导干部下沉驻点推动工作和派驻工作队员抓落实机制，压实工作责任，确保干部下得去、蹲得住、干得实，形成级级有任务、层层抓落实的良好局面。

怒江州委坚持狠抓基层党建，不断筑牢决战决胜脱贫攻坚基层基础。坚持选优配强党支部班子成员，结合村"两委"换届，实施"能人引领"工程，对现任村干部采取择优留任，优先推荐农村中涌现出的致富能人、优先引进进城务工经商人员等进入村"两委"班子。创新推行"支部＋农民专业合作社＋农户"模式，切实将党的组织嵌入到产业扶贫之中，引导村党组织创办领办专业合作社，组建产业党支部，扶持建立产业基地，实现"支部建在产业链、党员聚在产业链、群众富在产业链"，以党建推动村级集体经济发展。推进党支部规范化建设，强化日常管理，建立轮班值守制度，村"两委"班子成员每人每月至少 10 天轮流在活动场所值班，实现办公常态化。建立"周一"活动日制度，将每月的各个周一依次确定为支部集中学习日、主题党日、党费交纳日、支委会议日，实现活动常态化。建立活动场所管理制度，村级活动场所均有专职管理人员，负责日常卫生及设备设施管理，实现管理常态化。加强基层组织建设是打赢脱贫攻坚战的关键，怒江州坚持脱贫攻坚同基层组织建设有机结合，真正发挥了基层党组织的战斗堡垒作用。

（二）制度优势与治理效能相一致

制度是人类社会知识和经验的总结，对经济社会发展具有决定性影响。只有建立起科学完备、系统有效的制度，才能形成健全的国家治理体系和强大的国家治理能力。习近平总书记在党的十八大后提出要求，"必须坚持发展为了人民、发展依靠人民、发展成果由人民共享，作出更有效的制度安排，使全体人民朝着共同富裕方向稳步前进"[①]。在脱贫攻坚战中，怒江州根据党中央的决策部署建立健全与"中央统筹、省负总责、市县抓落实"体制机制相适应的脱贫攻坚责任体系、政策体系、动员体系、督查体系和考核体系，创新完善了精准扶贫的工作机制。怒江州委书记纳云德要求："各级各部门必须服从服务于脱贫摘帽这个中心和大局。尽锐出战，投入最大的精力、集聚最强的兵力、压实最严格的责任。心往一处想、劲往一处使、力往一处发、拧成一股绳、铆足一股劲，汇聚起打赢脱贫攻坚战的强大攻坚合力。"在脱贫攻坚战中形成的具有怒江特色的贫困

---

① 《十八大以来重要文献选编》（中），中央文献出版社 2016 年版，第 827 页。

治理体系，与怒江地区的社会治理相互促进、相互推动，展现了强大的治理效能。

一是建立起各负其责的合力脱贫攻坚责任体系。在云南省委、省政府的带领下，怒江州委承担起主体责任，制定脱贫攻坚实施规划，组织落实各项政策措施，做好进度安排、项目落地、资金管理使用、人力调配、推进实施等工作。县级党政正职是脱贫攻坚第一责任人。怒江州严格保证各县（区）党政正职稳定，坚持做到不脱贫不调整、不摘帽不调离。乡镇、村两级党委是脱贫攻坚的"最后一公里"，怒江州各乡镇均建立起了脱贫攻坚责任组，由包村乡镇领导任组长，驻村第一书记、村干部、驻村工作队员、经济能人等为成员，做到了对贫困人口精准识别、动态管理，负包干责任。在东西部扶贫协作方面，怒江州与珠海市党政主要负责人亲力亲为，建立领导小组，推动建立精准对接机制，聚焦脱贫攻坚，注重帮扶成效，在产业带动、人才交流等方面深度合作。

二是针对怒江州的特殊致贫因素、形成政策"组合拳"的政策体系。为落实好易地扶贫搬迁的群众生计，保障后续产业、就业发展，规范项目建设程序，怒江州委研究制定了《怒江州易地扶贫搬迁攻坚战指挥部工作推进措施》、《怒江州易地扶贫搬迁一月一督查制度》、《怒江州易地扶贫搬迁一月一调度制度》、《怒江州易地扶贫搬迁一月一通报制度》、《怒江州易地扶贫搬迁问题销号管理制度》、《怒江州易地扶贫搬迁规范化建设 18 条标准》、《怒江州易地扶贫搬迁群众宣传动员 10 项要求》等。易地扶贫搬迁攻坚战指挥部严格落实以上规定，为全州易地扶贫搬迁群众的生活质量提供了保证，为脱贫攻坚的实现提供了良好的政策保障。

三是建立健全社会动员体系。在脱贫攻坚战中，怒江州坚持动员全体人民群众参与其中，以多种方式和途径调动贫困群众脱贫积极性；充分发挥政府和社会两方面力量作用，强化各级政府责任，利用好社会各界帮扶支持带来的优质资源和东西部扶贫协作的制度优势，形成了专项扶贫、行业扶贫、社会扶贫"三位一体"的大扶贫格局，真正做到了广泛参与、合力攻坚。

四是建立起确保真扶贫、扶真贫、真脱贫的督查体系和考核体系。怒江州委带头开展了作风转变"强身健体"行动、领导干部"下沉驻点"行动、扶贫领域建章立制"规范管理"行动、州委常委定期"巡回督战"行动、反馈问题限期整改"清零"行动、腐败问题查处"亮剑"行动等"十大行动"，进一步突出问题导向，以精准监督促进精准扶贫，切实扭转了扶贫领域腐败和作风问题易发频发、禁而不绝的势头，为打好怒江州易地扶贫搬迁攻坚战提供了坚强的纪律保证。怒江州委紧扣脱贫攻坚任务，采取激励鞭策，不断调整改进脱贫攻坚考核方式方法、动态调整考核指标，督促引导贫困县、贫困乡镇按时间节点完成脱贫攻坚任务，切实发挥了考核在脱贫攻坚中的"助力器"作用。

（三）传导压力与激发动力相结合

脱贫攻坚既要有动员机制、压力传导机制，也要有参与机制、内生激励机制。脱贫攻坚尤其需要构建起能够激发动力和潜能的制度体系，才能形成脱贫攻坚的巨大合力。

在"五级书记抓扶贫"的体制下，怒江州狠抓责任强化促落实，建立起脱贫攻坚的压力传导机制，创新举措用责任考核倒逼责任落实。同时重视激发动力，加大对脱贫攻坚一线干部的评先评优、表彰激励、关心关爱力度。完善在脱贫攻坚一线选拔使用干部的激励机制，建立脱贫攻坚嘉奖制度。对因大胆履职、应急处置而出现无私之过的干部，按容错纠错有关规定免除相关责任或从轻减轻处理。怒江州委切实保障广大干部职工的权益，各级党组织对扶贫人员在政治上关心、待遇上保障、工作上支持、生活上关爱、纪律上严管，充分激励广大扶贫人员在脱贫攻坚一线安心、安身、安业，凝聚起决战决胜的磅礴力量。

怒江州更注重激发贫困群众的积极性，凝聚脱贫合力。贫困群众既是脱贫攻坚的对象，更是脱贫致富的主体。通过改进帮扶方式，加强教育引导，加强典型示范引领，改善贫困群众精神面貌，以更明确的思路和更精准的举措激发群众内生动力。此外，怒江州创新开展群众感恩教育活动，在每个易地搬迁安置点居民楼顶或外墙体安装"感恩共产党、感谢总书记"十个红色大字；统一定制习近平总书记接见怒江州少数民族干部群众代表相框照片，在群众客厅正方悬挂；组建感恩宣讲团，用少数民族语言巡回开展宣讲活动。广泛组织开展家庭内务、"搬迁能手"等评比活动；每个安置点建设"暖心公益超市"，开展"积分兑换"，用参加公益活动的积分兑换商品等。通过开展感恩教育，怒江州各族人民群众深刻认识到在党中央和习近平总书记的坚强领导、关心关怀下，过去封闭、落后的怒江州已成为幸福、美丽的怒江州，发自内心感恩共产党、感谢总书记，听党话、感党恩、跟党走的信念更加坚定。

怒江州在脱贫攻坚工作中紧紧抓住了人、事、机制三要素，引导广大干部群众奋力攻坚，确保脱贫攻坚目标任务落地见效。

（四）政策宣传与组织动员相协调

习近平总书记反复强调，脱贫攻坚不仅要做得好，而且要讲得好。扶贫宣传是推进脱贫攻坚战的重要抓手，做好扶贫宣传工作有利于广大干部群众掌握党的扶贫方针、政策，让全社会进一步了解脱贫攻坚进展情况和取得的成效，从而进一步凝聚脱贫攻坚的信心和力量。

脱贫攻坚战打响以来，怒江州积极抢占宣传主阵地，全方位、多形式、立体化开展脱贫攻坚宣传，及时进行舆论引导，把政策引导和典型教育贯穿扶贫工作始终，营造起全社会人人关注扶贫、支持扶贫、参与扶贫的良好氛围，为打赢脱贫攻坚战筑牢思想基础。

易地扶贫搬迁是怒江州经济结构调整和拓展增收领域的重要方式，是帮助建档立卡贫困户逐步脱贫致富的好政策。怒江州通过"一把手"亲自推动、亲自落实，采取干部包保结对、群团组织齐上阵、组建"尖刀班"等超常规措施，进村组、进学校、进教堂、进活动场所、进农户等进行宣传发动。各州、县指挥部成立了宣传组，对易地扶贫搬迁中好的做法、好的经验、好人好事及时宣传报道，从舆论上进行正确的引导。[①]

为了营造全社会了解、关心、支持易地扶贫搬迁的良好氛围，州易地扶贫搬迁指挥部通过多种形式、多种渠道强化易地扶贫搬迁政策宣传和解读。一是开通官方微信公众号"怒江易地扶贫搬迁"，第一时间发布怒江州易地扶贫搬迁工作信息，开设《讲话调研》《动态分享》《政策解答》等专栏，截至 2020 年底共发布信息 1100 条，先后被"共产党员网""云南网""云南易地扶贫搬迁""云南扶贫热线"等上级媒体平台采用 30 余条次。同时，成功申请今日头条号，为全州各县（市）和各级各部门提供了工作交流平台，为全力打赢易地扶贫搬迁攻坚战提供了坚强舆论支持。二是制作宣传片《一步跨千年》，通过广播、电视等媒体平台广泛宣传；全州各县（市）全媒体中心均开设《易地搬迁政策解读》专栏，使易地扶贫搬迁政策家喻户晓，深入人心。三是通过党校干部培训等渠道，强化全州各级领导干部对易地扶贫搬迁政策的学习和应用。州指挥部领导多次利用州委开展的处级、科级党政领导干部培训班和相关行业部门培训班，对全州广大领导干部进行易地扶贫搬迁政策和业务培训，有效提升各级领导干部对易地扶贫搬迁政策的理解和执行能力。四是充分利用全州驻村扶贫工作队力量，结合建档立卡贫困人口动态调整和精准识别工作，举办了 2 期易地扶贫搬迁"尖刀班"培训；组织村组干部和群众代表到已搬迁入住的安置点现场观摩，打消群众顾虑，让搬迁群众心热起来、劲鼓起来。五是编印双语版《怒江州易地扶贫搬迁政策解读》30000 册，发放至搬迁群众和扶贫干部手中；张贴怒江州易地扶贫搬迁政策宣传海报，覆盖到村委会一级，确保政策宣传到户到人。

打赢怒江州深度贫困脱贫攻坚战，在中华民族历史上整体消除绝对贫困现象，是人类历史上的伟大壮举，是中国共产党正确领导、中国特色社会主义制度优越性的雄辩证明。习近平总书记在深度贫困地区脱贫攻坚座谈会上还提出要求：要广泛宣传为脱贫攻坚作出突出贡献的典型事例，为

---

① 纳云德：《在怒江州决战决胜脱贫攻坚大会上的讲话》，2020 年 3 月 10 日。

社会力量参与脱贫攻坚营造良好氛围。怒江州坚持认真总结脱贫攻坚实践，讲好怒江州脱贫攻坚故事，推出一批接地气、可复制、有影响的经验做法、经典案例、先进事迹，弘扬脱贫攻坚精神，注重总结科学治贫、科学治理的理论成果和制度机制，为乡村振兴提供系统经验和可靠路径。

三、怒江州抓党建促脱贫攻坚的主要经验

中共怒江州委在贯彻落实习近平总书记脱贫攻坚重要思想，在抓党建促脱贫攻坚的斗争中，积累了丰富的实践经验。

（一）在脱贫攻坚中毫不动摇坚持党的领导

为中国人民谋幸福、为中华民族谋复兴是中国共产党的初心和使命，消除贫困、逐步实现共同富裕是社会主义制度的本质要求。党的领导是中国特色社会主义最本质的特征和最大的制度优势，也是夺取脱贫攻坚战最终胜利的根本政治保证，也只有中国共产党能发起这样一场规模巨大的反贫困斗争并取得历史性成就。怒江州的实践充分证明，越是脱贫攻坚，越要坚持党的领导，这是社会主义本质的必然要求，是党的先进性和纯洁性的重要体现，更是党的执政基础得以巩固的基本保证。

怒江州坚持贯彻落实习近平总书记关于扶贫开发系列重要论述，充分发挥各级党委总揽全局、协调各方的作用。怒江州委在中央和云南省委的领导下，贯彻落实"中央统筹、省负总责、市县抓落实"的工作机制，坚持"大扶贫工作格局"，将党政"一把手"负责制，省市县乡村"五级书记一起抓"落到实处，为脱贫攻坚提供坚强政治保证。

（二）始终坚持以党的创新理论引领脱贫攻坚

习近平新时代中国特色社会主义思想是新时代中国共产党的思想旗帜，是国家政治生活和社会生活的根本指针，是当代中国马克思主义、21世纪马克思主义，为实现中华民族伟大复兴提供了行动指南。怒江州委坚持带领全体党员干部认真学习习近平新时代中国特色社会主义思想，系统掌握贯穿其中的马克思主义立场、观点、方法，把深入学习贯彻习近平总书记关于扶贫工作的重要论述、考察云南重要讲话、给贡山县独龙江乡群众回信重要精神结合起来，一体学习贯彻、一体推进落实。

（三）始终将制度建设贯穿脱贫攻坚全过程

打赢脱贫攻坚战需要可持续的制度保障。在脱贫攻坚实践中，怒江州委、州政府坚持夯实脱贫攻坚制度体系，狠抓制度创新，尽超常之责、用超常之策、举超常之力，将制度建设贯穿脱贫攻坚始终，提供坚强制度保证。

为确保脱贫攻坚各项政策落到实处，切实提高脱贫成效，怒江州委建立起脱贫攻坚"四梁八柱"政策制度体系，不断建立健全脱贫攻坚考核制度保障，通过实行一月一督查、一月一调度、一月一通报和问题销号管理等政策制度，坚持问题导向，强化问题整改清零，层层传导压力，切实增强党员干部的政治担当、责任担当和行动自觉。

怒江州充分利用优势林业生态资源，通过制度建设大力推动林业生态建设与脱贫攻坚的互促双赢。州委、州政府先后出台《怒江州人民政府关于规范发展生态扶贫专业合作社的指导意见》《中共怒江州委关于在脱贫攻坚中保护好绿水青山的决定》《怒江州人民政府关于加强退耕还林地资源保护的通告》《怒江州人民政府关于进一步加强建档立卡贫困人口生态护林员管理的意见》，为林业脱贫攻坚提供政策保障。州林业局印发《怒江州林业局关于加强护林员管理体系建设的实施意见》《林业扶贫应知应会知识手册》《怒江州全力推进深度贫困脱贫攻坚林业实施方案（2018—2020 年）》，编制《云南省怒江傈僳族自治州林业生态脱贫攻坚区行动方案（2018—2020 年）》，明确了林业扶贫的目标、任务、措施和要求。中共中央政治局常委、全国政协主席汪洋同志对行动方案作出"既利当前，亦利长远，抓好落实，久久为功"的重要批示，对怒江州林业生态扶贫工作给予了充分肯定。

（四）始终注重党建与脱贫攻坚双推进双促进

党建扶贫就是将党建与扶贫、党的政治优势和发展优势、加强党的建设和推进中国特色社会主义伟大事业有机结合起来，充分发挥党组织在脱贫攻坚战中的领导作用。

怒江州坚持"四个融合"，将脱贫攻坚和基层党建工作有机结合在一起，动员全社会力量，齐心协力打赢脱贫攻坚战。一是目标融合，坚持"党建带扶贫，扶贫促党建"，把基层党建目标任务与扶贫开发目标任务有机融合，把基层服务型党组织建设的重心放在找"贫"根、寻"困"源上，确保扶贫开发工作做到哪里，基层服务型党组织建设工作就开展到哪里，实现党的建设和扶贫开发"无缝对接"。二是责任融合，建立健全"书记抓、抓书记"责任机制，坚持做到扶贫开发推进与加强基层党建工作同研究、同部署、同推动、同考核，建立"定人员、定任务、定责任、定目标、定时限"的"五定"责任机制，通过一级抓一级、层层抓落实，督促各级把扶贫开发与基层党建"双推进"抓在手上、扛在肩上。三是项目融合，加大项目整合力度，用活用好各种扶贫资源，做到有基础设施建设的地方就把党组织阵地建设"捆绑"起来，有产业培植壮大的地方就把集体经济融入进去，有急难险重的工作任务就由党员带头顶上去。把群众愿望、群众需求与党建项目紧密结合起来，着力发展一些改善人民群众生产生活条件的项目，着力办好一些顺民意、惠民生的好事实事，把扶贫工作做到群众心坎上。四是机制融合，积极探索建立党政同责、部门联动的工作机制，推行党建工作和扶贫开发整村推进联系点制度，采取领导抓乡挂村、部门联动包组、干部结对联户的方式，层层建立"责任区"，整合各方资源、动员各方力量，形成上下联动、各方配合、齐抓共管工作格局。

（五）始终注重提升基层组织力

党的十九大报告强调，"党的基层组织是确保党的路线方针政策和决策部署贯彻落实的基础"。党的基层组织处于脱贫攻坚的最前沿，既是党在贫困地区领导脱贫攻坚的旗帜和堡垒，又是党与贫困地区人民群众联系沟通的桥梁和纽带。习近平总书记强调："要把扶贫开发同基层组织建设有机结合起来……把基层党组织建设成为带领乡亲们脱贫致富、维护农村稳定的坚强领导核心，发展经济、改善民生，建设服务型党支部，寓管理于服务之中，真正发挥战斗堡垒作用。"[①]

在脱贫攻坚实践中，怒江州委高度重视把扶贫开发同基层组织建设有机结合起来，在政策、人才、资金、项目等方面向基层倾斜，全面夯实基层组织基础，确保党支部成为坚强战斗堡垒，抓好以村党组织为核心的村级组织配套建设，抓班子、强队伍、树导向、增活力，为打赢脱贫攻坚战提供了坚强有力的保证。

怒江州坚持强化阵地建设，要求突出基层组织的政治功能，强化党组织的责任意识，防止宗教势力等不利因素趁虚而入；推动各乡镇、村充分发挥党支部的战斗堡垒作用，带动贫困群众脱贫致富；大力开展干部下基层活动，推动优秀干部践行为民宗旨，转变工作作风，扑下身子察实情，走入田间地里问民需，体验群众的生产生活，了解群众的疾苦冷暖，真心与人民群众交朋友，倾情解民忧。怒江州重视建强脱贫攻坚"主力军"，以加强"三基建设"为抓手，让脱贫攻坚一线队伍强起来；加大村干部能力素质培训，让村干部提升为民服务的本领；进一步压实"两包三到"责

---

① 习近平：《做焦裕禄式的县委书记》，中央文献出版社 2015 年版，第 22 页。

任，强化"三支队伍"管理，对"三支队伍"实行动态实时考勤管理。怒江州创新探索建立干部任用"三个导向"：建立最优秀的干部担任党支部书记的导向，形成"干部当支书、支书当干部"的支部建设机制；建立党员在基层培养发展的导向，形成"入党在一线、一线能入党"的发展党员机制，对工作优秀、符合培养和发展条件的驻村工作队员和结对帮扶干部按农村党员发展；建立干部在基层锻炼提拔的导向，形成"基层先提拔、提拔到基层"的干部选用机制。

（六）始终注重党员干部全链条能力提升

"致富不致富，关键看干部。"习近平总书记提出要求："各级党委和组织部门要注意从扶贫开发工作一线考验干部，把干部在扶贫开发工作中作出的实绩作为选拔使用干部的重要依据。"[①] 脱贫攻坚是一项需要持续投入的长期性工作，扶贫干部必须下得去、待得住、干得好。脱贫攻坚一线更是培养干部的"主阵地"、识别干部的"主战场"、选拔干部的"主渠道"。怒江州委坚持从"选育管用"全链条发力，构筑起系统完整的党员能力提升机制，在脱贫攻坚一线历练干部队伍，为打好打赢脱贫攻坚战提供坚强组织保证。

怒江州委树立鲜明的选人用人导向，按照"用三年时间，每年选派三分之一的干部到基层一线"的总要求，坚持"硬抽人、抽硬人"，严格执行"八不派"的选派标准，把真正心系基层、想到基层一线干事而且能干得成事的干部选拔到基层一线，锤炼意志品质、提高能力素质；坚持把政治标准放在首位，对脱贫攻坚一线工作实绩突出、群众公认度高的干部优先提拔重用，优先晋升职级。怒江州委注重干部能力提升，积极争取社会各界人才培养、人才交流等方面的支持，不断丰富培训内容，拓宽培训渠

223

---

① 习近平：《在部分省区市扶贫攻坚与"十三五"时期经济社会发展座谈会上的讲话（节选）》（2015 年 6 月 18 日），载《习近平扶贫论述摘编》，中央文献出版社 2018 年版，第 47—48 页。

道，创新培育方式，基本形成了"大培训、大教育"的干部教育培训工作格局。针对驻村工作队员，在"十大员"分工的基础上开展业务能力培训，由行业扶贫部门分类分批对"十大员"进行精准业务培训，全面提升驻村工作队员业务能力水平。怒江州坚持通过打造从严管理、从严监督、从严考核的管理链条，增强扶贫干部发展的内在动力；同时强化对党员干部的关爱保障，充分发挥正向激励作用和反向鞭策作用，激发党员干部担当作为的"源动力"。

（七）始终注重从实际出发

习近平总书记在深度贫困地区脱贫攻坚座谈会上曾指出："'分则力散，专则力全。'造成各地深度贫困的原因各不相同，集中优势兵力打歼灭战要从各地实际出发，充分发挥我们集中力量办大事的制度优势。"① 打赢深度贫困地区脱贫攻坚战，需要找准导致深度贫困的主要原因，采取有针对性的脱贫攻坚举措。

怒江州的致贫因素复杂，各地发展情况差异较大，面临的挑战来自不同方面。怒江州委坚持以人民为中心的发展思想，根据怒江州的实际情况和民族、宗教、地形等特殊因素，因地制宜，统筹脱贫攻坚谋划布局。同时坚持实事求是，鼓励各地因地制宜探索攻克深度贫困堡垒的路径，大胆探索，容错纠错，以精准的方法聚焦脱贫攻坚。怒江州坚持选对、派准第一书记和驻村干部，打通精准扶贫的"最后一公里"。根据贫困村资源禀赋和发展实际，把熟悉党群工作的干部派到班子战斗力不强的贫困村，把熟悉经济工作的干部派到产业基础薄弱的贫困村，把熟悉社会工作的干部派到矛盾纠纷突出的贫困村，促使党员干部充分发挥自身作用，带领群众走出一条脱贫奔小康的路。

"十三五"期间，怒江州 16.4 万建档立卡贫困人口中有 95859 人被纳

---

① 习近平：《在深度贫困地区脱贫攻坚座谈会上的讲话》，人民出版社 2017 年版，第 14 页。

入易地扶贫搬迁规划，共规划建设 67 个集中安置点，通过实施易地扶贫搬迁，全州 10 万贫困群众搬出了大山，迁入了传统民族文化与现代文明相融合的崭新社区。怒江州坚持把产业扶贫作为稳定脱贫的根本之策，大力发展以草果为主的绿色香料产业，同时因地制宜发展蔬菜、水果、中药材、生猪、肉牛等高原特色种植养殖业，群众收入水平大幅提高，实现了生态效益和经济效益的"双丰收"。与此同时，怒江州一大批重大项目得以加快推进，全州经济社会发展按下了"快进键"。怒江美丽公路及南延线建成通车，兰坪丰华通用机场投入使用，保泸高速公路建成通车，怒江州结束了无航空、无高速的历史。畅通的县、乡、村组公路，不仅解决了群众的出行难问题，也成为惠及民生、绿色发展、脱贫致富、乡村振兴的强大"引擎"。

"绿水青山就是金山银山。"怒江州坚持探索全州生态脱贫道路，州委带头把生态扶贫、生态脱贫和生态优先、绿色发展理念结合起来，加快推进怒江、澜沧江流域生态恢复，建立生态环境保护片长制；推动组建林业脱贫攻坚专业合作社，将重点生态工程和产业发展项目安排给合作社实施，贫困群众参与生态建设获得更多劳务收入；推动林业、旅游业可持续发展，贡山县成功创建国家级"绿水青山就是金山银山"实践创新基地，全国生态文明示范州创建为全州经济社会发展提供新动力。

怒江州实现了"每天都在变化，每时都在进步"，夯实了党在边疆民族地区的执政基础。

（八）始终注重个体示范与群体示范

脱贫攻坚需要模范引领，发挥先进典型作用，感召更多群众聚集到干事创业的队伍中来，形成脱贫攻坚的强大力量，达到以点带线、以线促面的效果。

在怒江州的脱贫攻坚实践中，一大批个体示范树立了先进典型：怒江州"人民楷模"高德荣，"背篓医生"管延萍，"最美奋斗者"邓前堆……

这些先进人物的事迹在全州产生了强大的道德感召力。此外，敢打硬仗的"背包工作队"在易地扶贫搬迁工程中尽全力动员；不畏艰险、久久为功，赢得"云岭楷模"称号。怒江州委鼓励驻村扶贫工作队在各村打造"样板示范"，以看得见、摸得着的"实体"成效，做给群众看，带着群众干。怒江州通过宣传个体与群体的典型案例，充分发挥了脱贫攻坚模范的"旗帜"作用，给广大贫困群众精神上"补钙"、意志上"充电"，极大调动了贫困群众脱贫致富奔小康的积极性主动性。

四、怒江州抓党建促脱贫攻坚
面临的挑战与未来发展

2019 年 4 月 10 日，习近平总书记在给怒江州贡山县独龙江乡群众的回信中写道："脱贫只是第一步，更好的日子还在后头。""十四五"时期是我国由全面建成小康社会向基本实现社会主义现代化迈进的关键时期，也是全面开启社会主义现代化强国建设新征程的重要机遇期。怒江州在认真总结"十三五"期间怒江州的发展成就、发展亮点、发展经验的基础上，清醒认识到巩固拓展脱贫攻坚成果、接续乡村振兴所面临的各项挑战，把握抓党建促乡建的未来发展方向，科学谋划怒江州"十四五"时期经济社会发展和二 三五年远景目标任务。

（一）进一步明确抓党建促乡建的总体目标和主要原则

脱贫攻坚有目标，党建工作也要有目标。怒江州抓党建促脱贫的总体目标是坚持以习近平新时代中国特色社会主义思想为指导，切实贯彻落实中央关于全面从严治党的重大部署，以提升组织力为重点，建设更加坚强的战斗堡垒，以党建引领基层治理，巩固脱贫攻坚成果，为确保完成党和国家中心工作奠定坚实的基础。

为完成这个目标，怒江州将坚持以下主要原则：一是强化乡村建设责任落实，保持脱贫攻坚定力。推动实现党建与乡村建设同步规划、同向推进、同步考核。二是创新工作制度机制，激发乡村建设活力，实现对村"两委"干部和驻村扶贫工作队从过去的"粗放型"管理向"精细型"管理转变。三是建强农村基层组织，提升乡村建设能力。尝试组建联合村党组织，推动脱贫攻坚由单兵作战向集团作战转变，统筹推进连片开发、联动攻坚、抱团发展。

（二）构建"党建引领下的脱贫攻坚与社会共治"核心议题

面对脱贫攻坚走向乡村振兴、移民搬迁形成的城乡融合治理、多民族社区铸牢中华民族共同体意识等论题，怒江州委将积极化解党建"一张网"动员能力不足问题，充分发挥社会各方力量，构建党建嵌入社会治理的基本路径。注重社区活力的自然生成，聚焦促进多元参与，落脚"人的培养"、"干部的培养"、"党员的培养"方案。通过党内民主、协商民主和基层民主的程序，整合"基层"范围内的多元参与力量。

（三）探索基层党建共治共建共享新模式

一是推动"结构性互嵌"，实现基层党建与社会治理结构互嵌。二是实行"参与式共建"，通过多元参与达到基层社区共治，培养基层共同体意识。三是推进"协商式共治"，发挥政府、社会和市场的协同作用，连接基层各专业委员会，借力社会专业性组织，以基层代表会议形式提升基层民主决策。四是实现"整体性共享"，从愿景规划、规范形成和文化塑造等方面缔造共同价值，让利益相关者成为行动者，共享基层持续发展新成果。

（四）分类指导、分类施策，实现基层党建协调共进

乡村振兴中的党建工作，需要进一步坚持"整合"逻辑，实现不同区域、不同搬迁点的党建整合；针对行业系统党建，坚持"驱动"逻辑，增强自身动能，激发自身活力；针对"两新"组织党建，坚持"覆盖"逻辑，实现"两新"组织党建的全覆盖。

（五）聚焦核心问题、抓住关键环节，推动基层党建持续为民服务、持续巩固脱贫成果

聚焦核心问题，就是集中围绕怒江州的基本民生问题开展基层党建工作，将基层精细化治理、公共服务提供等作为头等工作，着力解决脱贫人口、搬迁居民衣、食、住、行、健康、教育、养老等后续问题。

（六）及时总结抓党建促脱贫的新经验、好做法，讲好党建促乡建的怒江故事

创新故事内容建设机制，重视用生动案例和数据讲故事，突出服务社区民众讲故事；推动平台渠道和载体机制建设，充分运用图书、图片、影视、纪录、口述、文献等多样化的展示载体讲故事；准确把握传播规律，科学设置议题，将立场观点内化于日常话语体系，善于求同存异，扩大共识等。

打赢怒江州脱贫攻坚战，不仅是一个经济问题，更是一个政治问题，事关民族团结、社会和谐、边境安宁，事关全面建成小康社会全局，事关国家形象，在全国脱贫攻坚战略中意义重大、影响深远。

怒江州在脱贫攻坚的伟大实践中坚决贯彻落实习近平总书记重要指示批示精神和党中央决策部署，全体党员干部增强责任感、使命感、紧迫感，发扬连续作战的优良作风，全力以赴、只争朝夕；各级领导班子、领

导干部挺身而出、英勇奋斗；基层党组织和广大党员发挥战斗堡垒作用、先锋模范作用，确保夺取怒江州脱贫攻坚战全面胜利。

怒江州决战决胜脱贫攻坚展现出了坚定意志，付出了巨大努力，所取得的成效是历史性的、决定性的，证明了抓党建促脱贫的整体部署是科学的、系统的，展现了新时代中国共产党的责任与使命、奋斗与担当。怒江州的成功经验为中国的脱贫事业贡献了伟大的怒江方案、怒江智慧。

本章作者

中国人民大学马克思主义学院　杨德山教授

中国人民大学马克思主义学院　陈家刚教授

中国人民大学马克思主义学院博士生　葛雯

参考文献

陈明珍：《云南"直过民族"四十年民生发展状况》，《社会主义论坛》2019年第2期。

高志明：《神话资源转化的本质——以傈僳族神话为例》，《长江大学学报》2020年第1期。

李国明：《浅谈沧源佤族地区的"直接过渡"问题》，《鸡西大学学报》2012年第10期。

刘苏荣：《深度贫困地区教育扶贫面临的问题及政策建议——基于云南省怒江州的565份调查问卷》，《西南民族大学学报》2020年第2期。

刘文光：《"直过民族"经济社会发展障碍因素探析——以云南"直过民族"为例》，《前沿》2010年第13期。

怒江州社会主义学院课题组、李红枣：《少数民族地区多元宗教与社会和谐问题研究——基于怒江宗教工作情况的调查分析》，《云南社会主义学院学报》2017年第4期。

宋媛：《2019云南脱贫攻坚报告》，《新西部》2020年第Z1期。

王芳、刘加平：《怒江中游新地域民居建设策略——以怒族、傈僳族民居为例》，《华中建筑》2012年第2期。

王元辅：《云南民族"直过区"经济社会发展调查》，《云南社会科学》2007年第1期。

汪三贵、胡骏：《从生存到发展：新中国七十年反贫困的实践》，《农业经济问题》2020年第2期。

杨国强：《加快怒江峡谷特色生态畜牧业发展的对策措施》，《云南畜牧兽医》2018 年第 5 期。

杨添富：《云南直过民族地区脱贫攻坚决战期面临的问题及对策》，《新西部》2020 年第 3 期。

周恩来：《政治报告 一九五一年十月二十三日在中国人民政治协商会议第一届全国委员会第三次会议上的报告》，《黑龙江政报》1951 年第 7 期。

朱洋洋、李纶：《傈僳族民族变迁研究综述》，《名作欣赏》2014 年第 6 期。

宋媛、宋林武：《决不让一个兄弟民族掉队：图说怒江扶贫与跨越 50 年》，云南人民出版社 2018 年版。

晓根、刘文光编：《全面建设小康社会进程中的云南"直过民族"研究》，中国社会科学出版社 2011 年版。

杨栋会：《云南民族"直过区"居民收入差距和贫困研究》，科学出版社 2012 年版。

责任编辑：刘江波　魏　慧

图书在版编目（CIP）数据

一步千年：中国减贫事业的怒江实践／中共怒江州委，怒江州人民政府，
　中国人民大学 编 . —北京：人民出版社，2022.8
ISBN 978 - 7 - 01 - 025383 - 1

I.①一…　II.①中…②怒…③中…　III.①扶贫 - 概况 - 怒江傈僳族自治州
　IV.① F127.742

中国国家版本馆 CIP 数据核字（2023）第 030829 号

一步千年

YIBU QIANNIAN

——中国减贫事业的怒江实践

中共怒江州委　怒江州人民政府　中国人民大学　编

人 民 出 版 社 出版发行

(100706　北京市东城区隆福寺街 99 号)

北京汇林印务有限公司印刷　新华书店经销

2022 年 8 月第 1 版　2022 年 8 月北京第 1 次印刷
开本：710 毫米 × 1000 毫米 1/16　印张：15.25　插页：6
字数：214 千字

ISBN 978 - 7 - 01 - 025383 - 1　定价：105.00 元

邮购地址 100706　北京市东城区隆福寺街 99 号
人民东方图书销售中心　电话（010）65250042　65289539

版权所有·侵权必究
凡购买本社图书，如有印制质量问题，我社负责调换。
服务电话：(010) 65250042